森　裕城

日本の政治過程

―選挙・政党・利益団体研究編―

木鐸社

序文

2016年7月末，自宅に一通の封書が届いた。中に入っていたのは，筆者が学部生の頃から作成作業にかかわっている総選挙データベースJED-M[1]に関する事務的な書類であったが，直筆の手紙も同封されており，それは次の文章で締めくくられていた。「先生は，講義のために相当な準備をなさると伺いました。水崎先生の蔵書から遺贈された著作を読み直されて，お考えも深くなったことと存じます。講義録を本になさることを考えてみて下さいませんか。今日，明日というわけではございませんので，ゆっくりお考えくださいませ」。封書の差出人は，木鐸社の坂口節子氏である。

坂口氏が何方から筆者の講義のことをお聞きになったかは，何度尋ねても教えていただけないので，現在も定かではない。それはさておき，筆者は上記の封書を受け取る以前に坂口氏にお送りした手紙の中で，2014年12月に逝去された水崎節文先生（岐阜大学名誉教授）の蔵書の一部を譲り受けたときのことを書いたことがあった。先生の書斎の机がある場所から最も近い書棚に，『投票行動』，『政治参加』，『レヴァイアサン』等の現代政治分析に関する書籍と，今中次麿，具島兼三郎，嶋崎譲，戸沢鉄彦，信夫清三郎，横越英一の政治学の原論にかかわる書物がセットで配置されていたのを発見し[2]，大学教育もしくは学問のあるべき構えについて深く考えさせられた，と綴ったのだが，その箇所に坂口氏が反応されたというわけである。

講義録なるものを出版するという展開は，まったくの想定外であり，40代後半の段階でそれをするのはあまりにも生き急いでいるような気がして，イエスともノーとも言えない時期があった。しかし，その後，自分自身の研

1　衆議院選挙の投開票結果のデータを市区町村単位で収録した総選挙データベースJED-Mについては，水崎（1991），水崎・森（2007）参照。

2　ここで名前を挙げた政治学者の学統については次の書籍・論文を参照。今中次麿については今中次麿先生追悼記念事業会編（1982），具島兼三郎については『追想　具島兼三郎』刊行委員会編（2006），嶋崎譲については嶋崎（1983），戸沢鉄彦については戸沢・黒田（1967），横越（1983），信夫清三郎については信夫清三郎先生追悼文集編集委員会編（1994），横越英一については横越編（1983），横越・伊藤編（1994）。以上に関連して，田口（1983; 1985; 1990; 2001; 2005）も参照されたい。

究・教育実践のなかじきりの機会として考えればよいのではないかと思うに至り，本書をまとめることにした次第である。

本書を執筆するに当たっての最大の悩みは，講義録そのものとして本書を作成するかどうかという点であった。筆者は現役の大学教員であり，講義の内容は毎年変化している。教授法としての仕掛けも試行錯誤を繰り返している。それゆえ，現時点における講義内容をそのまま文章化してしまうことには抵抗があった。そこで，本書では，筆者の既発表の論文のいくつかを活用しつつ，学問としての政治学に立脚した政治過程分析の基本的な構えを示すことを主眼に置いた読み物の作成を目指すこととした[3]。研究書でもなく，教科書でもないという意味で読み物なのであるが，文章の作成・改変に際しては，研究される側である日本の政治過程の数十年と研究する側である政治学者の数十年の両方を，人間の物語として読んでいただけるように，講義案を作成する場合と同種の工夫を施した。

筆者が大学の教壇に立つに当たって意識していることを予め記しておきたい。筆者は，大学に入学したばかりの学生に，大学の講義を受講する上での注意事項を語っている。そのうちのひとつに「現象・レンズ・イメージの３点セット」がある[4]。実際の講義の中での語りを再現すれば，次のようになる。「大学の講義では，現象そのものを語っているわけではありません。現象そのものを語るのであれば，半期15回の講義では，とても足りません。そもそもの話として，現象そのものを語ることが可能であるかどうかという問題もあります。では，大学の講義の目的はどこにあるのでしょう。ここで紹介したいのが，『現象・レンズ・イメージの３点セット』という考え方です。既知の現象であっても，専門的なレンズを通して見ると，裸眼で見た場合とは異なるイメージが浮かび上がってきます。学術的なレンズに関する認識を深め，その使いこなしを体験学習するのが大学の講義です。半年もすれば，高校生の頃には見えなかった景色が見えるようになってきます。高校時代には見えなかった景色を見ること。これこそが大学で学ぶことの醍醐味だ

3　本書では意識的に学問という言葉を用いている。学問が何を意味するかについては，南原繁の「大学と学問」(南原2007：250-260)，増田四郎の『大学でいかに学ぶか』(増田1966)，真下信一の「学問する心」(真下1979：4-10)の中で議論が尽くされているので，それらを参照していただきたい。

4　レンズという表現は，多くの学術書・教科書に登場するものであるが，筆者にとっては，佐藤(1989)，佐藤編(1990)が重要であった。

と思いますが，どうでしょう」。

政治現象を扱うに当たって，データを用いて議論を展開することの重要性も講義で強調していることである。その際，意識している点は，データがどのように収集されているかについての経験談を入れ込むことである。社会調査の実践に重きを置く社会学とは異なり，近時，「魚は海や川にとりに行くのではなくて，スーパーに買いに行くものだと思っていた」という話に近いことが，政治学の業界で発生している。「データは自分で集めるものじゃなくて，インターネットでダウンロードするものだと思っていた」。この点については，確かにそうであるかもしれない，と思うところもある。データの二次利用の効用も大いに認めなければならないだろう。しかし，学部教育の段階においては，少し，踏みとどまって考えてみてもよいのではないか，というのが筆者の見解である。

卒業研究が視野に入ってくる大学３回生(３年生)以上に対しては，上述の「現象・レンズ・イメージの３点セット」の話に加えて，現象をどのような位置・角度から捉えるかについて力点を置いた講義を展開するように努めている。同一の現象であってもそれを見る位置・角度によって見える景色が変わってくるというのは当たり前の話かもしれないが，そこにこそ政治現象の特質があり，また存在拘束性の問題を理解することによって先行研究の読み方も変わってくる可能性があるというのが要点である(横越1962：14-19)。こうした話は，興味深いことに，大学１回生(１年生)の時期の人々にはまったく伝わらない。しかしながら，大学３回生の秋頃になると何かを了解したかのような表情を示す受講生が出てくるというのが，筆者の経験則である。

ここまでの言及ですでに示唆してきたところであるが，学部生に対して政治学を講義していく場合には，講義内容そのものについての考究だけではなく，学生の学習段階に応じた語り口や補助線の導入が重要なのではないかと筆者は考えている。毎年，大学の書籍部において販売される各種の教科書を見て，「いったい，誰がこれを読むのだろう」と思う人は少なくないだろう。筆者自身の経験を踏まえて言えば，学部生向けの教科書を読むのは，実は大学教員なのではないかと思うのだが，いかがだろう。なぜ，専門家である大学教員が学部生向けの教科書を読むのか。「なるほど，そのような語り口や補助線を使えば，伝わるのか」という発見を求めているからである。本書では，筆者が日々の講義で活用している語り口や補助線をさまざまな形で紹介してみたい。

本論を読み始めていただくに当たって，大学の講義におけるゴールはどこにあるのかについて，筆者の考え方を知っておいていただけたらと思う。場面を，もう一度，新入生と顔合わせをする４月に戻そう。大学生のことをよく知らない方々は，新入生の姿を見て，「若いということは素晴らしい」等の感想を抱くようであるが，実物の大学生はそれほど明るくはない。この大学でよかったのか，この学部でよかったのか，この分野でよかったのか。そういった思考に縛られた学生が実に多いのである。中には不本意入学というケースもある。深く考えることなく政治学を専攻したというケースも少なくない。

筆者は，大教室の黒板に色付きのチョークで絵を描きながら，このように話すことにしている[5]。「精神科医の先生が執筆した本の中に面白いことが書いてあったので，その話をみなさん向けに少しアレンジして紹介します。進路選択における戸惑いについてです。人間は好みの色の水を求めて井戸を掘る存在だ，という設定をとるのですが，勿論，これはたとえ話なので，そういうものだと思って聞いてください。話を続けます。今，あなたは好みの色の水を求めて井戸を掘っている。しかし，なかなか好みの色の水は出てこない。赤い色の水を求めていたら，黄色の水が出てくる。緑色の水を求めて井戸を掘ったら，白い色の水が出てくる。そうこうするうちに，自分が何色の水を求めているのかが，わからなくなってくる。さあ，どうするか。希望する色の水と出会うまで，あちこち穴を掘り続けるのか，という話です。精神科医の先生は次のように言います。井戸というのは，掘り方が浅いと色のついた水が出てくるが，実は，どの井戸も深く掘り進めていけば，皆，地下水脈につながっているのです，と」。

この大学で学ぶということ，この学部で学ぶということ，この分野を学ぶということ，これらはすべてひとつの色の水に過ぎない。であるとすれば，その先にある地下水脈とは何か。この問題は個々人の納得にかかわるものなので，誰かが決めるものではなく，自分ひとりで決めてよいものなのだということを伝えた後，実際の講義では「参考までに」ということで筆者の考えるいくつかのキーワードを提示するのであるが，ここでそれを示すことはしないことにする。本書を読了いただければ，十分に伝わるのではないかと思

5　以下で紹介する語りは，泉谷(2006：199-203)に登場する「地下水脈」の話を，筆者が学生向けにアレンジしたものであることを記しておきたい。

うからである。

本書の内容と構成について簡単に記しておきたい。政治そのものに対する理解がなければ日本の政治過程は理解のしようがない，という考えに基づいて，政治とは何か，それはどのような原理を有しているのかを論じることから本論は始まる。その際，中学・高校の授業における説明のされ方を踏まえた上で，読者が無理のない形で中盤以降の議論に入って行けるように気を配った。その後は，日本の選挙，政党，利益団体を順番に論じている。「日本の政治過程」というタイトルからすれば，それ以外のテーマも扱ってしかるべきであろうが，本書においては研究者としての筆者の守備範囲の中で議論を尽くすことにした[6]。自分自身がかかわりを持ったものであれば，研究の動機，何かを発見したり何かに気づいたりしたときの高揚，自分が見た景色を自分ではない誰かに確認してもらうための試行錯誤とそれが成就したときの喜び，研究の展開における偶然と必然の不思議な絡み合いなどを，ありのままに語ることができると判断したからである。

本書には掲載しなかったが，思い入れのある作品のひとつに『京都市政史』所収の「文教観光」(森2012a)がある。これは，京都市の依頼を受けて，戦後京都市政における文教観光政策の変遷をまとめたものである。叙述の大半は，京都市歴史資料館の方々が作成してくださった資料編に基づいて行ったが，京都市青少年科学センターで展示されている朝永振一郎博士の色紙を紹介している箇所などは，筆者のこだわりを示したものである。「ふしぎだと思うこと　これが科学の芽です　よく観察してたしかめ　そして考えること　これが科学の茎です　そうして最後になぞがとける　これが科学の花です」という朝永博士の言葉は，長きにわたって筆者の研究・教育実践の支えとなっているものである[7]。

多様な内容を含む本書の各部に通底しているものは何か。筆者が常に意識してきたのは，研究者側の都合を優先して「意図したこと」を現象に関連づ

6　政治過程論の全体像については，伊藤・田中・真渕(2000)，松田・岡田編(2018)を参照していただきたい。

7　人間にかかわる現象ではなく，自然にかかわる現象を研究対象にするという点で，自然科学と社会科学には決定的な違いがある。しかし，研究対象を追いかけるのはどちらも人間であり，その営みには学問としての共通性が存在する。この意味で，筑波大学の関係者であれば誰もが知っている朝永博士の言葉は，社会科学分野の我々に対しても，一定の示唆を与えるものであると筆者は受け止めている。

けて作品化するのではなく，研究対象とした現象について「気づいたこと」をシンプルな形で記録にとどめ，次につなげていくという構えである。これはひとつのテーマを長期にわたって，とりわけ世代を超えて追究していこうとするときのコツであり，場合によっては「葛藤」さえもありのままに記すことが重要だというのが筆者の考えである[8]。本書は，先述の通り，筆者にとってのなかじきりの意味しか持たないものであり，「政治学も厄介な時代に来たものだが，急がば廻れだな」という水崎先生の言葉[9]を指針として，今後も本書のようなスタイルの学問を実践していければと考えている。

本書をまとめるに当たり，資料整理・図表作成・校正等で，益田高成氏(新潟大学法学部准教授)の助力を得た。木鐸社の坂口氏には，行き届いたご配慮をいただいた。ここに記して感謝の意を表したい。

2022年秋　美浜町久々子の民宿いそやにて

森　裕城

8 「意図したこと」,「気づいたこと」,「葛藤」の含意については，松田(2008)参照。

9 この言葉は，岐阜大学図書館が発行する冊子『寸胴』に掲載されていた水崎(1992)の中に記されていたものである。筆者がそれを読んだのは，大学３回生の秋であった。

目　次

日本の政治過程

選挙・政党・利益団体研究編

第1章

政治とは何か

1　人間・社会・政治

社会の秩序を形成・維持するための人間の営みを政治という。本節では，この一文にどのような意味が込められているかを，人間 → 社会 → 政治という順番で説明する。

(1) 人間

「□□とは何か」を論じる際に押さえておきたいのは，□□に何が入るにせよ，それに適合的な論じ方があるという点である。「政治とは何か」というテーマは，政治学分野の根っこにかかわるものであるから，将棋でいうところの定跡のようなものが存在する[1]。第1手から王将の駒を独立的に動かす棋士が少ないのと同様に，「政治とは何か」を論じるに当たって，いきなり政治という用語の解説から始める政治学者は少ない。

すぐれた政治学のテキストの著者は，人間とはどのような存在か，という問題から説き始めている[2]。その理由は明白である。この地球上には，さまざ

1　将棋の羽生善治九段は，「将棋には，いろいろな戦法ごとに，指し始めから駒組みを進めて本格的な戦いに入るまで最善と思われる手順があり，それらを定跡といいます」と述べた後，次のような解説を加えている。「山登りにたとえると，定跡とは登山道のようなものです。登山道は，多くの人が通ってできた道ですから，踏み固められていて歩きやすくなっています。山を登っていくのですから，険しさや厳しさはあるものの，登山道をはずれて道なき道を登るよりも安全に進んでいくことができます。……昔から『定跡を覚えたはずが弱くなり』と言われたりしますが，それは定跡の手順を丸暗記しただけで定跡手順の一手一手の意味を理解していないことから起こるものです。定跡の手順の意味をしっかり理解できれば，相手が定跡をはずしてきても，それをきっちりとがめることができるようになります」(羽生2014：3-4)。

2　本章の書き出し部分を構想する際に，筆者が最も意識したのは，黒田展之，那須宏，

まな生物が存在するが，政治を「する」のは人間だけだからである。本書も，政治学の先人が築いた良き伝統に従い，人間とはどのような存在であるか，という問題から叙述を開始することにしよう。

人間とはどのような存在か，と改めて問われると，何をどのように考えたらよいかで戸惑うかもしれない。ここで注意したいのは，生物学上の種としてのヒトとは何かを問うているのではないという点であり，哲学や心理学的なやり方で人間のあるべき姿あるいは自分自身がしっくりくる生き方を問おうとしているわけでもない，という点である[3]。無理に構えず，シンプルに思考すれば，「人間はひとりでは生きていけない存在である」という，誰もが幼少の頃から聞かされてきたフレーズを思い起こすことができるだろう。

以上の話は，言葉の観点からも，深めることができる。たとえば，2018年に出版された『広辞苑　第７版』（岩波書店）で人間という言葉の意味を調べてみると，次のように記されている。

> にん-げん【人間】①人の住む所。世の中。世間。じんかん。②（社会的存在として人格を中心に考えた）ひと。また，その全体。→ 人類。③人物。ひとがら。

水崎節文，村上公敏，森田勉が1967年に共著で刊行した『科学としての政治学』である。この書の冒頭部分は，次に引用するように，「人間」という言葉から始まっている。「人間は，生存していくために，社会をつくり，生活資料を生産しなければならない。いかなる人間も，他の人々から離れて生活することはできない。人間は社会のなかでのみ生活しうる」（黒田ほか1967：3）。『科学としての政治学』は，タイトルの響きから自然科学に寄せた政治学であると誤解する読者がいるかもしれないが，著者らの意図は全く異なっており，むしろ社会科学≠自然科学という前提に立ち，①政治現象の当事者であるはずの分析者自身が政治現象を分析対象として客観的に捉えることが可能であるかを問うとともに，②政治現象に混在する法則に縛られた動きと法則を超える人間の主体的な動きを統一的に論じようとしているところに大きな特徴がある。

3　本書の議論は政治学の守備範囲の中で行うものであるから，「人間のあるべき姿」や「自分自身がしっくりくる生き方」の問題には深入りしないことにするが，筆者が学部時代に受講した人文系の講義の中で紹介されたものの中では，「価値の理法」，「人倫の理法」，「時空の理法」の組み合わせと「実存理性」という観点から独特な倫理学を提示した金子武蔵の著作（金子1957），「意味への意志」の重要性を示したフランクル（Viktor Emil Frankl）の著作（フランクル1956；1957；2002）が，30年持続するインパクトを有するものであったことを記しておきたい。前者の解説として小林（1989），後者の解説として返田（1981）参照。

よく知られているように，人間は，個々の「ひと」という意味と，「ひと」の集合体に関連する「世の中」，「世間」という意味の両方を持つ言葉なのである（和辻2007；村上・公文・佐藤1979：20；小林1998：第1章）。我々が，人間という言葉を使っている時点で，既に，他の誰かの存在を想定していることになるのだが，このように記すと，「なんだ，当たり前の話ではないか」と思う読者がいるかもしれない。しかし，政治の話は，このような当たり前の話を確認することから始めるのが定跡なのだ。

人間はひとりでは生きていけない。それゆえ，我々は，自己の生活のために，他の人間との関係に入り込んでいかざるを得ない。その結果として生じるのが，次に説明する社会である。

(2) 社会

社会学者の富永健一は，『社会学講義　人と社会の学』の中で，社会を次のように説明している（富永1995：14-15）。

> 社会とは，複数の人びとの集まりである。これには，つぎの点を除いて，大きな異論は出されないであろう。つぎの点とは，街頭の群衆や，劇場の観衆や，たまたま乗り合わせた電車の乗客などは，複数の人びとの集まりではあるが，いまだ完全な意味で社会とはいいがたい，ということである。すなわち社会は，複数の人びとの集まりが，一定の条件をみたすものとして定義されねばならない。
>
> ではその一定の条件とは何か。ここではそれを，つぎの四つの条件によってあらわすことにしよう。
>
> (a) 成員相互のあいだに相互行為ないしコミュニケーション行為による意志疎通が行なわれていること。
> (b) それらの相互行為ないしコミュニケーション行為が持続的に行なわれることによって社会関係が形成されていること。
> (c) それらの人びとがなんらかの度合いにおいてオーガナイズされていること。
> (d) 成員と非成員とを区別する境界が確定していること。
>
> すなわち，これらの四つが，人びとの集まりが社会をなすために必要な条件であると考えたい。

高校までの学習における用語法では，「日本社会」や「国際社会」という規模のものだけを社会と呼んだと思われるが，上記の定義に従えば，家族・親族・学校・企業・官庁・労働組合・村落・都市……と，さまざまなものが社会に該当することになる。我々は，まず家族という社会の中で生活をはじめ，次に学校という社会の中でたくさんのことを学習し，さらに職場という社会の中でさまざまなことを経験し，最終的に日本社会，国際社会といった巨大な社会の中に自己を位置づけるようになるのである。

本書の読者の中には高校を卒業したばかりの人もいるだろう。そのような場合，日本社会や国際社会がリアルに感じられないかもしれない。もし,「すべてはテレビやインターネットの画面の向こう側で起こる出来事である」という感覚しか持てないのであれば，本書の内容について背伸びをしてわかったふりをすることなく，またそれと同時に，今，自分自身がリアルに感じている社会(学校，部活・サークル，バイト先など)の問題に目を向けてほしいと思う。なぜなら，次に説明するように，政治はどのような社会にも存在するものだからである。

(3) 政治

複数の人間が集まって社会を形成すれば，そこには必ず対立・抗争がある。我々は，自らの生活を実りあるものにするために，社会における対立・抗争に向き合っていかなければならない。やり方はいろいろあるだろう。話し合いによる調整もあれば，力を使っての対処もある。そうした諸々の人間の営みを政治と呼ぶ。本節の冒頭で掲げたように，政治とは「社会の秩序を形成・維持するための人間の営み」なのである。

日本語の政治は英語のpoliticsに対応する言葉である[4]。politicsという言葉

4　日本政治思想史の研究者である苅部直は，初学者向けの政治学のテキスト『政治学をつかむ』の中で，現在日本人が口にする「政治」という言葉はpoliticsという西洋語の訳語であると解説している。「……中国古典に由来する漢語である『政治』と，前近代日本の和語『まつりごと』と，西洋思想におけるpoliticsの三者の意味内容が，はたしてぴったり重なるかどうかという厄介な問題も，実はある。しかし，西洋の政治思想の受容をへた，明治時代以降の日本人が『政治』と口にする場合は，politicsの訳語としての用法に基づいていると考えてよいだろう。その点で，西洋政治思想の伝統は，現代の日本人の思考の基盤に，すでに組み入れられているのである。継受のしかたがどれほど精

は，古代ギリシャのポリス（都市国家）に起源があり，ポリスにおける人間の共同生活のための活動全般を指し示すものであった。今日の考え方に従えば，政治と文化，経済，宗教は区分されることになるわけだが，当時においてそれらは未分化であり，politicsにはあらゆる社会的営為が含まれていたと考えなければならない。「人間は政治的動物zoon politikonである」というアリストテレス（Aristotelēs）の有名な規定は，こうした文脈において理解し得るものである（政治学事典編集部編1954：712）。

このように人間→社会→政治という順番で話を進めてくると，日本社会の政治，国際社会の政治だけが政治ではないということが理解できるだろう。また，政治家と呼ばれる人々のやっていることだけが政治だと早合点してしまうこともなくなるだろう。むしろ，政治家のやっていること＝政治，という理解が，いかに日本政治や国際政治の現実を見えなくさせているか，ということにも気づけるようになるだろう。

家族の中にも政治はあるし，教室や部活の中にも政治はある。そして，それを政治であると考えずに，実は，政治に深くかかわってきたという人も多いのではなかろうか。その場合，「別に，好きでやっているわけではないけれども，誰かがやらなければならないから，やっている」という，あの感覚こそが政治の原体験だったということになるだろう。

飛行機が空を飛ぶ原理を理解するときに，紙飛行機を使うことが有用であるように，政治の原理を理解するときには，学校，部活・サークル，バイト先の政治を考えることが有用になるときがある。政治を，原理のレベルで学ぶに当たっては，自分自身がピンとこない事象を頭に思い浮かべるのではなく，等身大の感性で理解できる事象を頭に思い浮かべることを推奨する[5]。そ

確なものであったかは，議論すべき重大課題として残るにせよ」（苅部2011：33）。かつての日本人が使用していた「政事（まつりごと）」という言葉が何を意味していたかを検討したものとしては，丸山（1997）に収められている丸山眞男の「政事の構造」と平石（1990）がある。丸山論文，平石論文の解説としては，田口（1993：63-70），原（2017：第2章）がわかりやすい。現代の日本人の思考において，各種の翻訳語（個人，社会，自由，権利等）がどのように作用しているかを検討したものとして，柳父（1982）も参照。

5　高畠通敏は，1978年に刊行された『政治学』の「はしがき」で，「今日の学生諸君は，物理学の勉強をはじめるにあたって『雨は空から降ってくる』という常識や体験をもっているというほどには，政治についての常識や体験をもっていない疑いが強い。そういうところでいかに学問的知識をつめこんでも，それは生きた知識にならないことは当然」と書いている（高畠・関編1978）。この問題は，現在において，より深刻化しているとい

うした「微視政治」の思考の積み重ねは，確実に，日本政治や国際政治といった「巨視政治」の理解につながっていくことだろう[6]。

2　政治の特質

前節では，政治そのものについて説明した。本節では，政治学の初学者が政治を分析的に捉えるに当たって留意すべき点をいくつか提示する。

(1) 政治に対する思い込みを脱することの重要性

政治というと，「選挙で投票する」，「政治家が議会で討論する」というシーンを思い浮かべる人が多いと思う。それも確かに政治であるが，それだけが政治であると考えるのは，かなり視野が狭いと認識したいところである。

高校までの授業で，政治＝選挙に行くこと，政治＝政治家の諸活動……と教え込まれることの弊害は大きい。そういうこと以外のことは政治ではないと思い込んでしまうからである。本来的に政治とされるべき現象が見えなくなってしまっているのであれば，それは問題であろう。もし，選挙が「やらせ」でしかない状態なのであれば，そこに政治，つまり社会の秩序を形成・

えるだろう。こうした状況において政治学を講じるに当たっては，いきなり知性の領域で政治を語るのではなく，感性の領域で政治を語る助走期間を十分に持つ必要がある。望まれる段取りを記せば次の通りである。①感性(類推論理)で政治を扱えば，最初は楽しくおしゃべりができるが，やがて限界にぶつかる。直接経験に関連づけた語りや，たとえ話を利用した解説では，納得できなくなるからである。そのあたりで，②知性(形式論理)の有用性を認識する機会を与え，学術的営為の存在意義を知ってもらう。直接経験と関連づけたり，たとえ話の助けを借りたりしなくても，政治現象に関する説明ができること(してよいこと)を理解していくのである。③研究者を目指す人であればそこで終わってもよいが，そうではない人に向けては，一定の期間を経た後，感性(類推論理)と知性(形式論理)を対立的なものとして捉えるのではなく，両者を統一する理性(弁証法論理)という途があることを示唆する。「卒業論文のテーマは，学術的に通用するものであることは当然のこととして，自分の人生にとっても何らかの意味を持つものであることが望ましい」という助言は，この点で，重要なのだと思う。以上のようなステップが正しく踏まれるからこそ，30年持続するインパクトのある大学教育が実現すると筆者は考えるのであるが，いかがだろうか。形式論理とは異なる独自の論理として類推論理と弁証法論理の構造を示した上で，感性(類推論理)→ 知性(形式論理)→ 理性(弁証法論理)という図式を示唆した議論として，松井編(1993)，松井(1998)参照。

6 「巨視政治」と「微視政治」については，永井(1984：7)，綿貫(1976：121-122)参照。

維持するための人間の営みとしての実質はない。頭でっかちになって，一般的に「政治とされているもの」に興味を持ったふりをしていないか，一度，問い直してみてほしい。

こうした点の重要性を指摘する論者は少なくない。たとえば，社会学者の日高六郎は，『戦後思想を考える』という書籍の中で，次のように述べている（日高1980：25）。

> 私は，教室で，いっこうにすすまない戦後思想史を語っている。私は，学生たちに目先の政治論議などしない。非政治的と見える日常生活の全体が，もっとも政治的となっていることが，現代社会の特徴であると考えるから。私は，大半はまったく非政治的な学生たちに，生活の場のなかで機械人形であることはつまらないということを話す。生活と意識のつくりかえは，いま私たちにとって，とくに肝心な問題だと思うから。

ここで記されている「非政治的と見える日常生活の全体が，もっとも政治的となっていること」の意味については，本書の中で，適宜，解説を入れていくことにしたい。

(2) 政治が「何でもあり」になる理由

政治というと，そこに崇高な志がなければならないと感じる人がいるかと思う。しかし，実際の政治は，たいていの場合，綺麗事では終わらない。いわゆる「何でもあり」の状態になってしまうことが普通である。なぜなら，政治は，人間の人間に対する営みだからである。戦後日本の政治学を牽引した丸山眞男は，『丸山眞男集　第３巻』（丸山1995）に収められている「政治と人間」の中で次のように論じている。政治の本質に触れた文章なので，ぜひ，繰り返し読んでいただきたい。

> 政治の本質的な契機は人間の人間に対する統制を組織化することである。統制といい，組織化といい，いずれも人間を現実に動かすことであり，人間の外部的に実現された行為を媒介としてはじめて政治が成り立つ。……現実に動かすという至上目的を達成するために，政治はいきおい人間性の全部面にタッチすることになるのである。たとえば学問の人

> 間に対する影響力はもっぱら人間の理性的部分を対象とする。従って学問的説得は，あくまで理性による理性に対する説得であり，相手が説き手の弁舌に感心したり，まるめこまれたり，或いは説き手の人間的魅力にひきつけられてその説を承認したとしても，それは学問的説得とはいえない。恋愛の働きかけはもっぱら――というと言いすぎだが少くとも大部分――人間の情動（エモーション）に訴えようとする。また商品取引というような経済行為の働きかけは主として人間の物質的欲望に訴える。これらに対し政治の働きかけは，理性であろうと，情緒であろうと，欲望であろうと，人間性のいかなる領域をも必要に応じて動員する。要するに現実に動かすのが目的なのだから，政治には働きかけの固有の通路がない。宗教も，学問も，経済も，それが政治対象を動かすのに都合がよければいつでも自己の目的のために使用する。だから逆にいうと，宗教なり学問なり恋愛なりの働きかけで，手段と目的との一義的連関を失って，要するに相手を自分に従わせること自体が至上目的となったときには，それはすでに自己を**政治的な**働きかけにまで変貌しているのである。

政治という現象には，人間の醜さがあらわれている，と言うことができるかもしれない。政治に興味がないという人の中に「そういう醜いものは見たくない」という拒絶意識が作用している可能性はないだろうか。もしそうであるのならば，それは人間として「まとも」な感覚と評してよいものなので[7]，その部分は，捨てる必要がないことを強調しておきたい。むしろ，そういう感覚を維持した上で，冷徹な分析眼で現象を的確に捉えることこそが，政治学では重要とされているのである。

政治にかかわる現象を冷徹に捉えるに当たっては，人間の社会的行為にはいくつかの種類があるとされていることを知っておくとよいだろう。ここではヴェーバー（Max Weber）の『社会学の根本概念』の中の指摘を紹介しておくことにする（ヴェーバー 1972：39）。

---

7 「まとも」な感覚という表現は，竹中千春の『世界はなぜ仲良くできないの？　暴力の連鎖を解くために』に登場するものである（竹中 2004：13-17）。竹中は，人々が争う姿を見たくはないという感覚の方が「まとも」であると記し，それを肯定的に捉えた上で，それでも我々は，政治現象に向き合っていかなければならないことを，初学者に向けて丁寧に語っている。

> すべての行為と同じように，社会的行為も，次の四つの種類に区別することが出来る。(一)目的合理的行為。これは，外界の事物の行動および他の人間の行動について或る予想を持ち，この予想を，結果として合理的に追求され考慮される自分の目的のために条件や手段として利用するような行為である。――― (二)価値合理的行為。これは，或る行動の独自の絶対的価値―――倫理的，美的，宗教的，その他の―――そのものへの，結果を度外視した，意識的な信仰による行為である。―――(三)感情的，特にエモーショナルな行為。これは直接の感情や気分による行為である。――― (四)伝統的行為。身に着いた習慣による行為である。

近年の政治学では，１番目の目的合理性を基準として，政治アクターの行動を捉えることがひとつの作法になっているが，当然のことながら，分析対象に関するすべての行為がそれに当てはまるわけではなく，現象を複眼的に捉えることが重要となることはいうまでもない。たとえば，政界で成り上がろうとする当人の行為は１番目の目的合理的行為として把握することが妥当であるとしても，そのために動員される人々の行為は，２番目の価値合理的行為，３番目の感情的行為，４番目の伝統的行為として把握することが妥当であることが多々ある。

(3) 秩序観の問題

政治というものが存在しない世界に対する憧憬の念から，社会の中に対立・抗争がなくなれば政治は必要なくなるのではないか，と考える人がいるかもしれない。それは，その通りである。しかし，社会が完全に整序された状態に至ることは「ない」と言わなければならない。どうして，我々は，そうした絶対的秩序に到達できないのであろうか。ここでは２つの論点を挙げておく[8]。

第１に，そもそもの問題として，秩序のイメージをめぐって対立・抗争が起こってしまうという点が挙げられる。どのような状態が絶対的秩序である

8　以下で述べる秩序観の問題については，近代日本の政治思想における秩序観の競合問題に焦点を当てた坂本(1991)より多大な示唆を得たことを記しておきたい。

かというのは，自己の社会的な立ち位置に伴う主観的な問題にならざるを得ないので，ある勢力が考える秩序が別の勢力にとっては秩序ではない，ということが発生してしまうのだ。ある集団にとっての最高の秩序が，実は，別の集団を抑圧することで成立しているということはよくある話である。古代ギリシャのポリスについても，市民と呼ばれた人々が公的活動に専念できた理由として，奴隷制度の存在を挙げることができる。古代ギリシャの政治こそが理想だと主張する言説に対して，必ず投げかけられる疑問である。

第２に，対立・抗争は社会発展の契機であるという点が挙げられる(黒田ほか1967：14)。人間の歴史は，対立・抗争の歴史であったとよく言われるが，その結果として，社会が発展してきたという事実を見逃してはならない。社会の中に対立・抗争がなくなるということは，社会の停滞を意味するわけであるから，我々は意図的に社会の中にある対立・抗争を，すべて摘み取ってしまわないようにするための仕掛けを随所に施しているのである。

以下に示すのは，福澤諭吉の言葉である。江戸時代の末期に西洋社会を見聞したときの感想を福澤自身が口頭で述べたものであるが[9]，西洋の秩序観を持ち合わせていなかった福澤の面食らい方が面白い。何事についても，わかったふりをすることを好まず，自分自身の頭で考え抜くことを大切にした福澤の個性がよくあらわれた文章である(福沢1978：132-133)。

> ……ソレカラまた政治上の選挙法というようなことが皆無わからない。わからないから選挙法とは如何な法律で議院とは如何な役所かと尋ねると，彼方の人はただ笑っている，何を聞くのかわかり切ったことだというような訳け。ソレが此方ではわからなくてどうにも始末が付かない。また，党派には保守党と自由党と徒党のようなものがあって，双方負けず劣らず鎬を削って争うているという。何のことだ，太平無事の天下に政治上の喧嘩をしているという。サアわからない。コリャ大変なことだ，何をしているのか知らん。少しも考えの付こう筈がない。あの人とこの人とは敵だなんというて，同じテーブルで酒を飲んで飯を食っている。少しもわからない。ソレが略わかるようになろうというまでには骨の折れた話で，その謂れ因縁が少しずつわかるようになって来て，入

9　この箇所については，多くの政治学者が著書や論文などで引用している。代表的なものとして，円藤(1967：1)，岡沢(1988：1)，有賀・阿部・斎藤(1994：89-90)参照。

組んだ事柄になると五日も十日も掛かって，ヤット胸に落ちるというような訳けで，ソレが今度洋行の利益でした。

「巨視政治」においても「微視政治」においても，政治を分析的に捉えるに当たっては，秩序のイメージを調整する必要が生じてくる。社会の一般構成員が，秩序＝絶対的で揺るぎないもの，という秩序観を保有することには何ら問題はないが，政治を分析的に捉えようとする者は，秩序＝相対的なものであり小康状態(騒ぎがおさまって落ち着いている状態)に過ぎない，という秩序観を持つことが求められる[10]。政治学が大人の学問である，と言われるゆえんのひとつは，このあたりにあるといえよう。

3　政治を分析的に捉える

本節では，政治を分析的に捉えるとはどういうことかに関して，導入的な議論を行うことにしたい。以下の文章を読むに当たっては，国の政治を考えながら読むのもよいが，自分自身が現在所属している社会の政治を考えながら読んでもらってもよい。

(1)「する者」と「される者」の二分化

社会の秩序を形成・維持するための営みである政治は，当該社会を構成するメンバー全員で「する」のが理想である。しかし，現実の社会においては，政治を「する者」と「される者」の二分化が見られるのが一般的である。そうした事態を問題視することは可能であるが，あまり建設的な議論にならないであろう。

そもそもの問題として，全員で政治を「する」というのは，不可能な場合が多いのである。社会が同質的であり，規模が小さく，そこで扱われる内容がシンプルなものであるならば，みんなで「する」ということも可能であろうが，社会の規模が大きくなり，分化が進んでいけば，そこで扱われる内容も複雑になるので，政治をみんなで「する」ということができなくなってくる。

10　ここで小康状態という言葉を使用することについては，徳本(1987：263)の叙述から示唆を得た。

政治を「する者」と「される者」の二分化が避けられないのであれば，それを前提として，現実の政治を分析していくことが重要となる。戦前・戦中・戦後の長期にわたって活躍した政治学者の戸沢鉄彦は，「される者」から政治を捉えることを好んだ人物であったが[11]，政治を「する者」が「される者」をどのように統制しているかについて興味深い議論を展開している(戸沢1936)。焦点が当てられるのは，「する者」と「される者」の目的が一致しているかどうか，どのような統制手段が用いられているか，の２つである。そのあり方によって，以下のように，①指導，②支配，③操縦という類型が導き出される。

① 指導：政治を「する者」と「される者」の両者が同一の目的を求める。政治を「する者」が「される者」を動かす手段は，教導・奨励・援助である。

② 支配：政治を「する者」と「される者」は同一の目的を求めていない。政治を「する者」が「される者」を動かす手段は，強制(究極的には物理的強制力に依存する)である。

③ 操縦：政治を「する者」のみに目的があり，「される者」は無関心である。政治を「する者」が「される者」を動かす手段は，相手の無知や判断の不足に乗じた欺瞞，煽動，代償の付与である。

以上のような議論に触れると，政治は「する者」の問題以上に「される者」の問題が重要であるということに気づけるだろう。政治思想家マキャヴェリ(Niccolò Machiavelli)が著した『君主論』以来の伝統の影響で，政治学には「する者」の術としての性格が濃厚にある。しかし，現代の社会において，マキャヴェリズム(目的のためには手段を選ばない，権力的な統治様式。権謀術数主義)のような政治学，あるいはエリート層の帝王学としての

11　戸沢鉄彦は黒田展之を聞き手とする対談の中で，「政治というものは，政治される者の方から見た見方のほうがよいという風に考える様になりました」と述べている(戸沢・黒田1967：121)。戸沢の政治学，あるいは政治学者としての戸沢を紹介したものとして，横越(1962；1983)，田口(1983；2005)，横越・伊藤編(1994)がある。

政治学を必要とする人は，かなり少数派ではないか[12]。また，そういった事柄に興味を抱ける人も，少数派なのではないか。であるとすれば，求められるのは，政治を「される者」から捉える視角であろう。さまざまな事情から，政治を「される者」になるしかないとしても，それは政治に無関心であることと同義ではない，ということを，まずは理解しておきたい。

(2) 自治と統治の間で

政治を「する者」と「される者」の二分化は，それが短期的・部分的・便宜的なものにとどまるかどうかで，問題の重さが変わってくる。全員で政治を「する」という建前の下で，たとえば，具体的な業務の担当者をくじ引きで決め，それが入れ替わっていくという形式をとれば，そこでは自治としての政治が維持されていると言うことができるであろう。

しかし，「する者」と「される者」の関係性が固定化し，さらに構造化していくと，話は変わってくる。社会の中に統率者(単独もしくは少数の者)がいて，何事においても統率者が主体となって社会の秩序を作り出すことが当たり前になると，統治としての政治が顕在化してくることになる。「する者」と「される者」の問題が，長期的・全体的・本質的なものにまで発展するということである。

ただ，現在の世界においては，純粋な自治も完全な統治も存在しないと言ってよいだろう。それは「巨視政治」においても「微視政治」においても，である。基本的には統治がベースにあったとしても，統率者の行動を一定の制限の下に置く政治の姿が標準化している。統率者に制限を課すのは社会の構成員であることが多く，自治の要素に配慮した統治が行われているということなのである。つまり，理屈の上では，統治される者と統治する者の同一性という状態が成立しているのだ。

12　この点は，多くの大学が一般教養という位置づけで，政治学という科目を開講している理由に深く関連する。近時，あまり意識されなくなっているが，教養教育には歴史的に次の２つがある。第１は，支配階級たるにふさわしい教養的人格の陶冶を目指すリベラル・アーツである(人間が人間を支配するわけであるから，支配者は人間に関するあらゆることを知っておかなければならない，という思想が背後にある)。第２は，民主的社会の担い手たるにふさわしい学術的教養を身に付けた市民を育成しようとするジェネラル・エデュケーション(一般教育)である。戦後日本の大学で重視されてきたのは，当然のことながら，後者である(松井1989；近藤2017)。

しかし，こうした話は，理屈の妙味を味わうだけではなく，現実の問題としてそれが機能しているかどうかを，検討してみないといけない事柄である。建前としては，十分に自治の要素も考慮されているのであるが，当該社会のメンバーがそれを効果的に作動させる知恵を持っていないがために，政治を「する者」の都合が常に優先される構造が生まれてしまい，ほとんど統治と言ってもよいような状況が生まれてしまうケースが見受けられるからである。

(3) 権力行使の実態

統治と自治の問題を分析的に捉えるに当たって役立つのが権力という概念である。高校の「政治・経済」という授業では，権力とは「他人を自己の意思通りに服従させることのできる力」と教えるのが標準である。これはまったくその通りなのであるが，権力行使にはいくつかのパターンがあることを知ると，権力にまつわる現象がより深く理解できる[13]。話をわかりやすくするために，５つの選択肢(A，B，C，D，E)があるというケースを考えよう。想定されるのは，次の３パターンである。

第１のパターンは，政治を「する者」がAを選び，人々がそれに従うしかないという事態である。権力行使の最もわかりやすい形態であるといえよう。しかし，現代の日本において，このようなわかりやすい権力行使が見られることは稀である。なぜなら，「みんなで決める」という建前が徹底化されているからである。

[A]　B　C　D　E

第２のパターンは，政治を「する者」が選択肢B，C，Dの３つを隠した上で，人々に「選択肢はAとEです。どちらがいいですか？」と言ってくるような場合である。提示されたEは，明らかに見劣りのするものであり，人々はAを選ぶことになるわけであるが，これで人々が本当にAを選んだことになるのか，という問題が残る。

13　権力論の名著としてルークス(Steven Lukes)の『現代権力論批判』（ルークス 1995)を挙げておきたい。ルークスは１次元的，２次元的，３次元的という用語法で権力現象を説明している。

A　B　C　D　E

第3のパターンは，政治を「する者」がさまざまな手段で「Aがよい」と人々に思い込ませた後で，「選択肢はA，B，C，D，Eです。どれがいいですか？」と言ってくるような場合である。人々は当然のようにAを選ぶわけだが，やはり，これで人々が本当にAを選んだことになるのか，という問題が残る。

以上をまとめると，次の通りである。現代社会では「みんなで決める」という建前が徹底化されつつあるので，政治は外見的に自治の要素を帯びることになる。しかし，政治を「する者」たちは，その建前を上手に利用し，政治を「される者」が「自ら選択した気分になる状況」を作り出そうとしているかもしれない，ということである。それが巧妙に行われてしまえば，自治としての政治は有名無実と化し，実質的には統治としての政治と何ら変わらないことになってしまうのである。

注目されるべきは，①提示された選択肢ではなく，何が提示されなかったかということであり，②説明されたことではなく，何が説明されなかったかということなのであるが，結局のところ，先述のような「操縦」によって，政治を「される者」は，政治を「する者」が許容する範囲の中で「選択した気分」になっているだけなのかもしれず，政治学のレンズを使うと，その景色がリアルに見えてくるのである。

4　政治学を学ぶことの意義

社会の秩序を形成・維持する人間の営みである政治は，さまざまな事情によって特定方向に歪んでいく傾向を有している。その現状に対して，多方面から光を照射することによって現実政治のリアルな姿を浮かび上がらせ，「政治に随伴する人間疎外」（黒田ほか1967：196）の実相を明らかにすることこそが，政治学という学問が担うべき社会的な役割であると筆者は考えている。「さまざまな事情」とは何か，「特定方向に歪んでいく」とはどのような状態を意味するのか，「多方面から光を照射する」とは何を含意するのかについては，次章以下でより具体的に言及していくので，ぜひ，読み取っていただきたいと思う。

「そのようなことを学んで何の意味があるのですか」と問いたくなる人がいるかもしれない。それは，「そのようなこと」を知らない人たちによって構成される社会と，「そのようなこと」を知った人たちによって構成される社会があったとして，どちらの社会の方が自己の生活[14]が実りあるものになるかを考えれば，自ずと答えは出るのではないだろうか。こうした事柄について，国の政治で考えてピンと来ないようであれば，まずは自分自身が現在所属している組織の問題で，具体的な事例に即して，自分の頭で考えてみることを推奨する。

14　生活の再考が求められるようになって久しい。現代の生活を再考するに当たって重要となるのが，自分自身に対する認識である自己認識と，社会・自然に対する認識である対象認識を，いかに生活という場において統一させるかという実践的課題に対する認識である(松井1983)。人文・社会・自然の全領域を万遍なく学ぶことを求めない現在の大学のカリキュラムでは，こうした点が見えにくくなっていることに注意を促したい。①自然の問題が文科系の学問から切り離されている状況に再考が求められる。ここで留意したいのは，自然を学ぶことと自然科学を学ぶことは，必ずしも同義ではない点である。求められるのは，自然の問題を人間・社会の問題と関連づけるという発想であり，ひとつのアプローチとして地理学の学問的展開を知ることが有用であるように思われる。かつての地理学では，自然環境が人間・社会のあり方を規定するという環境決定論が支配的であったが，ある時期以降，人間・社会は自然環境の影響を受けながらも一定の自由度を保持しているという前提をとる環境可能論の発想が強くなり，「自然環境が人間の活動をどの程度規定するのか，その程度を具体的に明らかにすること」が重要課題として位置づけられ，フィールドワーク重視の実証的な研究が積み上げられている(小林2012：17)。地理学の体系については『人文地理学事典』(人文地理学会編2013)参照。②文科系の内部について述べれば，人文系と社会系が別居状態になっていることの弊害が指摘されなければならない。制度的な誘導に従って勉強を進めるほど，自己認識は深いが対象認識が浅い(自分語りの用語法は専門的であるが社会に関する語りの用語法は中高生並みで止まっている)，あるいは対象認識は深いが自己認識が浅い(社会に関する語りの用語法は専門的であるが自分語りの用語法は中高生並みで止まっている)，というバランスを欠いた状況が発生し，その帰結として，現実の生活から乖離した自己実現や社会改革の実践に対する意気込み(もしくは実践に対する煽り)の深刻な空回りが起こっているように見受けられる。

第2章

近代政治の基本原理

前章で解説したように，社会の秩序を形成・維持するための人間の営みを政治という。この一文を文字通りに読めば，秩序が作れるのであればどのようなやり方をとってもよい，ということになるわけだが，そういうわけにはいかないところが国の政治の難しさである。つまり，国の政治には，かなり明確な枠が付されているのである。本章では，その枠のことを「近代政治の基本原理」と捉え，なぜそのような枠に従って政治をしなければならないのかを，歴史的な背景に留意しつつ概説することにする[1]。

1　国家

国の政治について論じる前に，そもそも国とは何かという議論をしておく必要があるだろう。ただ，国という言葉は多義的であるので，本節では誤解をなくすために国家と記したいと思うが，さて，国家とは何であろうか。

(1) 国家の要件

国家に関する政治学の議論には，長い歴史があり，内容も幅広く深いものとなっている。政治学の初学者が，いきなりそのような議論に挑みかかるのは得策ではない。むしろ，現在，現実の世界において，何が国家とされているかを確認し，国家のイメージを具体的に持てるようになることの方が大切であろう。

この点で，手がかりとなるのが，国際法分野の議論である。国際法のテキ

1　本章の内容は，黒田ほか(1967)の第Ⅰ部第3章「近代政治の基本原理」，第Ⅱ部第1章「現代社会と政治」，第2章「現代国家と政治構造」の内容を踏まえて執筆されたものであることを記しておく。

ストでは，国家の要件を論じるに当たって，1933年に署名され，翌年に発効した米州諸国間の「国家の権利及び義務に関する条約」(モンテビデオ条約)の第１条を紹介するのが慣例となっている(中谷ほか2016；玉田・水島・山田2017)。

> 第１条　国際法上の人格としての国家はその要件として，(a)永続的住民，(b)明確な領域，(c)政府，及び(d)他国と関係を取り結ぶ能力を備えなければならない。

モンテビデオ条約が成立する以前に，国家という概念がなかったわけではない。国家とは何かについての共通認識は十分にでき上がっていたわけだが，1933年に，それがある条約の中で規定として明文化されるに至ったということである。

「永続的住民」が示すのは人の問題である。「明確な領域」が示すのは領土の問題である。「政府」が示すのは統治の問題である。「他国と関係を取り結ぶ能力」が示すのは国際関係の問題である。モンテビデオ条約がユニークなのは，他国と関係を取り結ぶ能力を，国家の要件として挙げていることである。これは，米州諸国間で結ばれた条約という事情を反映したものといえるだろう。

上記の４つのうち，言葉の説明を要するのは，政府であろう。日本語では，行政府を指すものとして限定的に用いられる傾向があるが，この場合の政府(ガヴァメント)は，統治機構全般を指す言葉として理解される必要がある。つまり，立法・行政・司法のすべての部門がこの言葉には包含されているのである。

(2) 国家の役割とそれを遂行するための装置

国家の特質を，前章との関連で，もう少し述べておこう。複数の人間の集まりを社会と呼ぶが，国家は，国内において最大の社会である全体社会(日本であれば日本社会)の中の個人のすべてを構成員とする団体である。日常的な団体という言葉の語感からすると違和感が生じるかもしれない。しかし，国家という存在を形式的に捉えれば，それは団体なのである。しかも，国内に対しては最高を主張し，国外に対しては独立を主張するという最高独立性を備えた団体なのである。

国家が国内で唯一無二の存在でいられるのは，他の団体が担えない役割を担っているからである。それを端的に述べれば，社会の構成員全体の利益，すなわち公益の増進である。他の団体が私的かつ部分的な利益の増進のために動くとすれば，国家は社会全体の共通の利益のために動くのであり，このあたりに国家の存在理由があるといえよう。

国家がかかわるべき公益の範囲は，時代とともに変わってきている。かつての国家は，消極国家，もしくは夜警国家と言われるものであり，その役割は防衛と治安の維持に限られていた。当時においては，国家は人々の自由を侵してはならないという規範があり，その活動範囲は小さい方がよいと考えられていたのである。しかし，時代を経るに従って，国家の役割は広範なものになっていった。防衛と治安の維持に加えて，国民の生活全般を豊かなものにすることも国家の役割とされるようになったのだ。そのような状態に至った国家の姿を，積極国家と呼ぶ。

国家は，その役割を遂行するために，「一定の領域内の人々の行動に一定の枠を与えるための仕組み」としての支配装置を持っていなければならない。猪口孝のユニークな国家論である『国家と社会』は，支配のための組織機構を，次の9つに整理している（猪口1988：65-80）。

① 軍隊（国家に対抗する社会集団を組織的に弱体化し，他の国家と競争していく時に重要となる）
② 警察（社会の秩序を維持する役割を果たし，支配のための社会的基盤をつくる。警察の活動範囲は国家が社会から勝ち得ている信頼に大きく依存する）
③ 情報組織（国家存亡にかかわるかもしれない情報を収集，分析し，時には，戦略を練り，謀略をくわだてる組織）
④ 中央官僚制（国家に期待される役割の増大とともに肥大する）
⑤ 内閣（政治の最高指導者が作るチーム。そのメンバーは最高指導者自身が選ぶ）
⑥ 議会（国民の代表が法律を審議作成し，政府の政策を監視する機能を持つ）
⑦ 地方政治（草の根の政治。支配という色彩が中央政治よりも薄い。中央地方関係の設計が問題となる）
⑧ 裁判所（法律が遵守され，正義が実現されるように，犯罪者には罰

を，不適切な法律には見直しを命令する）

⑨ 税務署（官僚制の一部をなすものであるが，国家歳入を確保する役割を持つがゆえに，特別に取り上げられなければならない）

国家の支配装置として税務署が登場することに唐突さを感じる人がいるかもしれない。しかし，これも間違いなく国家の支配に欠かせない装置なのである。近代以降の国家は，さまざまな性格を持っているが，政治・法制面では「立憲制」，税制面では「租税国家」が注目されてきた。かつての国家は，自ら生産に携わる国家であり家産国家と呼ばれていたが，現在の国家は自ら生産に携わるのではなく，租税に依拠して国家の活動を行う租税国家なのである（木村 1958：68-70；黒田 1993：84-86）。

(3) 国家の正当化

人々は，国家をどのようなものとして捉え，その存在について納得してきたのだろうか。ここで国家の正当化の問題を議論しておきたい。

国家に対する人々の態度は，極論すれば，それを否定するか肯定するかのどちらかになる。前者の場合の極端なものがアナーキズム（無政府主義と訳される）である。つまり，人間の自由を制約するものを一切拒否するという思想である。ただ，国家の存在なくして社会の秩序を形成・維持できるのか，という現実問題の前に，それは考え方としては成立するが，現実論としては説得力に欠けるというのが大方の評価であろう。

国家の存在を認めるしかないのであれば，それを正当化する理屈が必要となる[2]。かつての国家は，人間ではない何かの存在に絡めて正当化された。人間の生活を，超越的な存在から説明するものを宗教と呼ぶが，国家もそうしたものとの関連で了解されたのである。君主（世襲による国家の統治者）が国家の統治権を保有することを神から認められたという王権神授説は，その典型的な例である。

しかし，ある時から，人間ではない何かの存在を使って国家を正当化する理屈は採用されなくなっていった。国家を説明する際に，超越的な存在を登

2　国家が圧倒的な実力を持つ時期においては，国家を正当化する理屈が必要とされないこともある。ただし，それは短期的な現象として捉えられるべきであろう。

場させずに，徹底的に人間の側から説明する論法が開発されたからである[3]。その典型が社会契約説である。自由な諸個人の契約によって国家が成立したとする考え方の総称であるが，現在も多くの国家において，こうした考え方が採用されている。

社会契約説には，バリエーションがある。ここで，社会契約説の代表的論者であるイギリスの思想家ホッブズ(Thomas Hobbes)，同じくイギリスの思想家ロック(John Locke)，フランスの思想家ルソー（Jean-Jacques Rousseau)の議論を簡単に紹介しておこう。

ホッブズは，狂気の時代とも称されるピューリタン革命期に，その思索を深めた思想家であった。彼は，自然状態における諸個人の関係は「万人の万人に対する闘争」となっており，その状態を脱するために，人間は社会契約をして国家を作るのだと論じ，国家への絶対服従を説いた。ホッブズの議論においては，依然として国王が絶対的な権力を持つことになるが，その論理構成は王権神授説と完全に別物になっていることに注意したい。

ロックは，名誉革命を支える理論を提供した思想家として知られている。彼は，ホッブズとは対照的に，自然状態における諸個人は，自由・平等であったが，それをより確実なものとするために国家を作ったのだと論じた。国家の役割は，現在ある秩序を守り，それを妨げる偶発的な事件を処理することにあるわけであるから，もし国家がこの限定された目的の範囲を逸脱するようなものであれば，人民には抵抗権の行使が認められることになる。

ルソーは，絶対王政が続くフランスの政治体制を根本的に批判した思想家である。彼は，人間は生まれながらに自由・平等であるが，文明が進歩したがゆえに不自由・不平等が諸個人を支配するようになったと見立て，社会契約を結び直すことによって社会を再編成することを提唱した。諸個人が自己の有する一切の権利を放棄して，それを一体としての人民に移譲し，諸個人の利害の単なる総和ではない，一体としての人民の意志である一般意志にすべてを委ね服するべきだ，というのがルソーの主張である。ルソーの思想は，フランス革命期の人々に多大な影響を与えたことで知られている。

3　これは神の存在を認めるかどうかという話とは無関係の議論であることに注意したい。多くの論者は神の存在を認めていたが，にもかかわらずあえて信仰の問題とは切り離し，国家は人間が作り出したものである，という議論を試みたのである。国家権力の議論に信仰の問題が直接的に絡むことによる凄惨な「流血史」とそれに対する法思想的な展開については，小池(1993)参照。

以上の説明で誤解しないでほしいのは，王権神授説にせよ，社会契約説にせよ，どちらもフィクション[4]であるということである。かつての人々が，国家をそのように正当化し，納得しようとしたということであって，王権神授説や社会契約説の内容そのものは史実ではない[5]。

2　近代政治の基本原理の形成

本節では，近代政治の基本原理の形成を解説する。キーワードは「立憲主義」,「基本的人権」,「権力分立」,「民主主義」である。

(1) 立憲主義

国家の構造を詳細に知りたいと思ったときに手がかりとなるのが憲法である。憲法は英語でconstitutionという[6]。英和辞書でconstitutionを引くと，次のような意味が書いてあるはずである。①構成，構造，組織，②体格，体質，③性質，気質，④設立，制定，⑤形成，編成，⑥憲法，⑦政体。英語でいうところの憲法には，国家の構造を示したもの，という語感がある。

一国の政治を憲法に基づいて行うことを立憲主義というが，とりあえず適当に憲法と呼ばれるものを作り，それを遵守したふりをしておけば立憲主義になるわけではないところに留意しなければならない。フランス人権宣言の第16条には，次のように書かれている(高木・末延・宮沢編1957：133)。

> 第16条　権利の保障が確保されず，権力の分立が規定されないすべて

4　政治思想におけるフィクションの取り扱いにかかわる諸問題については，松田(2016a；2016b)参照。

5　王権神授説だけではなく，社会契約説のような史実に基づかない議論を軽視する風潮は，現在よりも過去の方が強かったと思われる。たとえば，科学志向の強い人々の間では，ダーウィン(Charles Robert Darwin)が『種の起源』で示した考え方(自然淘汰と適者生存)を社会全般に拡張する議論が受け入れられていた時期があった(田口・佐々木・加茂1973：第３章)。社会契約説は，さまざまな紆余曲折を経て，再評価されて現在に至っているのである。近代日本における社会進化論受容の実相については，中野目(1993：第2章)，田中(2019)参照。マルクス主義については，次章で扱うことにする。

6　constitutionという英単語を紹介することを通して，憲法の意味を読者に把握させようとする憲法学のテキストは多い。服部ほか(1966)，辰村・武居編(2007)，佐藤(2015)を例示しておく。

の社会は，憲法をもつものでない。

なぜ，国家の設計図ともいえる憲法に「権利の保障」と「権力の分立」が盛り込まれていなければならないのか。以下では，そのような考え方が一般的になっていった経緯を，歴史的に振り返ってみよう。

(2) 基本的人権

近代政治の基本原理を概説するに当たっては，近代のひとつ前の時代とされている中世の終わり頃から話を始めるのが適当だろう。その当時，国王は絶対的な権力を確立していた[7]。他の誰からも制約を受けないという意味で，それは絶対主義と呼ばれている。

しかし，国王が誰からも制約を受けないという状態は，永続的な秩序に至るものではなかった。人間には，国王といえども侵害することのできない権利があるのであり，これを尊重するのが正しい国王の姿であり，それができないのは暴君である，という思想が広がりを見せたからである。

国王の権力を制限する動きが本格化したのは1600年代以降であるが[8]，先行したのはイギリスである。1640年代にピューリタン革命(清教徒革命)，1688年に名誉革命が起こり，その前後の時期に基本的人権の法制度化がなされている。1628年の権利請願，1679年の人身保護法，1689年の権利章典

7　中世の終わりに国王が絶対的な権力を手中にした力学について説明を補足しておく。中世において，社会にまとまりを与えていたのは宗教であったが，いわゆる宗教改革が繰り返される中で大きな変化が生じることとなった。宗教特有の一元性が失われていき，その結果，宗教を運営する人間の組織である教会の影響力が低下したのである。他方，世俗の権力は，もともとは多元的であったが，貨幣経済の進展とともに，その領域性に対応した一元的な権力構造が求められるようになり，最終的に国王がそれを担うことになった。中世における宗教の一元 → 多元化，世俗権力の多元 → 一元化の進行については，宇野(2013)を参照。

8　国王の権力を制限する動きの起源を探ったときに，最も早い時期の成果として指摘されるのがマグナ・カルタ(1215年)である。当時のイギリスの国王の専制があまりにも理不尽であったために大きな混乱が起こり，貴族などの要求に応じて国王が勅許状に署名をさせられるまでに追い込まれてしまったという事件であった。逮捕拘禁に関する国王大権の濫用の制限，正当な裁判手続きの保障，課税権の制限等の内容を含むものであったが，特定の国王の失態として，かなり例外的な事象として捉えられるにとどまり，次に大きな動きが見られたのは400年後のことであった。

がそれに当たる。

国王の権力を制限するだけではなく，世襲による君主という存在そのものを消滅させるというやり方をとった国もある。アメリカは，1775年から83年にかけて独立戦争を遂行し，国王の存在しない国を作ることに成功した。その精神はヴァージニア権利章典，独立宣言の内容によくあらわれているが，基本的人権に対する言及の箇所が注目されるところである。1789年に始まった革命の帰結として国王を処刑したフランスでも，「人および市民の権利の宣言」(人権宣言)が出されており，問題の本質は基本的人権の確立であったことが理解できよう[9]。

以上の通り，絶対主義との戦いは，基本的人権の獲得をめぐる闘争として展開したわけだが，最終的には次のようなものが確立されることとなった。①個人の自由を国家の干渉から保全する自由権，②国家の積極的行為を求める国務要求(請求)権，③国家の政治に能動的に参与する参政権である。その後，基本的人権の内容は次第に拡張され，④人間が人間らしく生きる権利である社会権が20世紀に入ってから加わることになる。

(3) 権力分立

国王の権力が制限されていく過程で意識されたのは，巨大な権力が国民の自由を圧迫しないようにするためにはどうすればよいか，という問題である。その答えとして説得力を持ったのが権力分立という考え方である。権力分立という考え方は，多数の人々による長い期間の議論を経て定着したものであるから，その内容は実は相当に込み入ったものなのであるが，議論の展開はおおよそ次の3段階に整理される(今中1977；2000)。①国家権力の中に複数の要素があることを区別するに至った段階，②区別された権力の要素を分離させなければならないと考えるに至った段階，③分離させたものを相互に牽制させることによってひとつの秩序を作り出そうと考えるに至った段階。

権力を分立させるという発想そのものは中世から存在したが，それを基本的人権の保護の問題と関連づけて，明確な近代政治思想として仕立てた

9　ここで言及したマグナ・カルタ，権利請願，人身保護法，権利章典，ヴァージニア権利章典，独立宣言，人および市民の権利の宣言については，高木・末延・宮沢編(1957)，初宿編(1986)等で確認することができる。

のはロックであった。ロックは，立法権，執行権，連合権(戦争・講和・同盟・条約その他の交渉を行う権力)の３つの権力を挙げ，立法権を議会に，執行・連合権を君主に帰属させることを提唱した。これに対してモンテスキュー（Charles-Louis de Montesquieu)は，明確な三権分立の議論を展開した。『法の精神』の第２部第11編第６章「イギリスの国制について」から該当箇所を引用しておこう。「各国家には三種の権力，つまり，立法権力(la puissance législative)，万民法に属する事項の執行権力および公民法に属する事項の執行権力がある。第一の権力によって，君公または役人は一時的もしくは永続的に法律を定め，また，すでに作られている法律を修正もしくは廃止する。第二の権力によって，彼は講和または戦争をし，外交使節を派遣または接受し，安全を確立し，侵略を予防する。第三の権力によって，彼は犯罪を罰し，あるいは，諸個人間の紛争を裁く。この最後の権力を人は裁判権力(la puissance de juger)と呼び，他の執行権力を単に国家の執行権力(la puissance exécutrice)と呼ぶであろう。……もしも同一の人間，または，貴族もしくは人民の有力者の同一の団体が，これら三つの権力，すなわち，法律を作る権力，公的な決定を執行する権力，犯罪や個人間の紛争を裁判する権力を行使するならば，すべては失われるであろう。」（モンテスキュー 1989：291-292）

権力分立論が生まれた初期においては，国王や貴族にも，重要な役割が期待されていた。ロックやモンテスキューの出自や経歴を考えると，彼らの議論の含意を容易に読み取ることができる。当時の時代的制約を現代の視座から批判的に議論することもできるが，むしろ，政治思想が机上の空論としてではなく，実際の権力の問題と向き合う中で生まれたものであったことを重視すべきであろう。

権力分立論が思想の問題から具体的な制度の問題として議論されるようになるのは，やや後になってからのことである。その現場となったのが建国期のアメリカであり，立法・行政・司法だけではなく，中央・地方関係における分権の問題まで含めて，その後の世界の国々の参考事例となる議論が尽くされることになった。

(4) 民主主義

基本的人権と権力分立に関する思索の深まりと制度化の進展によって，人間の解放は格段に進んだといえる。次の課題は，そのままではバラバラになりかねない人間を，何らかの形で統合して，社会の秩序を形成・維持する営みである政治の中に位置づけ直すことである。ここで重要となるのが，人間の統合は意思のレベルにおいて実現可能性が見出せるという発想である。人間解放の側面と人間意思の統合の側面をセットで捉えたときに，民主主義という考え方に基づく政治の姿が浮かび上がってくることになる(横越1964a：87-106)。

多数の人々の存在をどのような形で入れ込んだならば政治はうまく作動するか，という基本的な問題に立ち返って考えてみよう。国民が立法・行政・司法のすべての部門に関与し，直接的に権力をコントロールするということは，理屈の上では成立する。しかし，現実問題として，大規模国家では国民全員が政治のすべてにかかわることは不可能であるし，望ましいとも言えない。能力の問題があるからである。事案の解決までに要する時間的な問題もある。

国民が政治のすべてに，直接的にかかわることを避けるのであれば，必然的に浮かび上がる策は次のものとなる。それは，国家権力の中で最も重要な部門，すなわち法の制定を担当する部門に代表を送ることである。具体的には，議会を選挙によって選出された議員で構成されるものに作り替え，そこで法律を作り，他の権力部門にそれを執行させる役割を与えるのである。

歴史を顧みれば，中世においても議会は存在した。しかし，それは身分制議会と呼ばれるものであり，次のような特徴があった。①国王のイニシアティブに従って不定期に開催されるものであり，恒常的な機関ではなく(国によっては長期にわたって開催されないこともあった)，身分別(僧侶，貴族，市民，農民等)に会合が行われた。②議会の役割は，国王の課税に対して賛否を表明する程度のもので，取り扱われる議題は限られていた。③議会における議員の行動は，自己の選出母体の意向に忠実であることが求められていた(命令委任関係)。

これに対して，近代に新しく生まれ変わった議会は，次のような３つの原理を有するものであった(政治学事典編集部編1954：206-209)。①国民代表の原理(議員は，いかなる地域，いかなる選挙人団から選出されようとも，ひとたび選出されたならば全国民の代表であり，選出母体の訓令には拘束されない)，②審議の原理(国民代表である議員たちが，公開の議場で実質的な審議を行うことによって，最善の国家意思を形成する[10])，③行政監督の原理(行政職務を担当する官吏は，議会を通じて表明される国民の意思を忠実に実行するような存在でなければならない。そのために議会は，行政府の権限と行動に対して，不断に監視的な立場をとる)。

国民全体なるものが想定され，その意思を具現化するための制度が構想されるようになった時点で，近代政治の基本原理に基づく政治過程に関する古典的な理解ができ上がったといえよう。それをわかりやすく示したものに落水理論がある[11]。図2は，最上位に権力の源泉としての国民が存在

10　議会で意思決定を行う場合，異なった見解をいかにして統一するかということが問題になる。本来ならば，全員一致に至るまで討論と説得がなされるのが理想であるが，それが現実として不可能であれば，より望ましい手段が見い出されなければならない。ここで登場するのが多数決の原理である。多数決の原理は，相対的多数派の意思を全体の意思とみなすことによって，この問題を解決しようとしたものである。留意したいのは，多数決の原理においては，対立する見解は討論と説得を通じて相互に学び合い，より客観的なすぐれた判断が可能になるという認識と意思決定の過程こそが重視されている点である。多数決の原理とそれに似た言葉である多数支配はまったく別の概念であると考えなければならない。多数決の原理については，ケルゼン(2015)，横越(1962：144)参照。

11　落水理論は，横越英一がバーカー (Ernest Barker)の議論(バーカー 1968：46)を引きながら提示したものである(横越 1962；1964a)。バーカーの著作の中では，落水理論的な発想は時代的な遺物として否定的に扱われていたが，横越は「討論としての民主主義」を重視するバーカーやリンゼイ(Alexander Dunlop Lindsay)の議論(リンゼイ 1964)を踏まえつつも，落水理論を時代状況に制約されない考え方として，次のように解説している。「統治に関しては，さまざまな機関が存在する。これらの機関の相互関係をどのようにみるかについては，2つの異なった考え方がある。それは，いわば前にのべた『同意としての民主主義』と『討論としての民主主義』のちがいを，統治の過程に投影したものである。I 民主主義は国民を権力の源泉とするとの考え方。それは統治機関の権力が国民からあたえられ，流れでたものとみられる点で，落水理論(waterfall theory)とよばれる。おなじ統治機関のなかでも，国民に直接選挙された立法機関の地位が高く評価され，また直接民主制の諸制度は，当然設けられるべきものとみられる。II 民主主義とは，統治に関係する各部門が独立しながら依存しあって，微妙な均衡をつくるところにあるとの考え方。古典的な三権の分立を拡大して，国民のうちの政治に参加する部分すなわち選挙民および政党を，他の統治機関とならぶ統治の部門とするとともに，これらの各部門の関係を単なる牽制としてではなく，機能の分担による協業とみるのである。この考え方によれば，立法機関も，なんらとくべつの地位をあたえられないし，これらのうちのいずれかの部門が主権性をえることは，たとえそれが選挙民であっても，民主主義とはいえないこととなる。超民主主義(ultra-democracy)は，民主主義の破壊とみられ，そう

図２　落水理論からみた政治過程

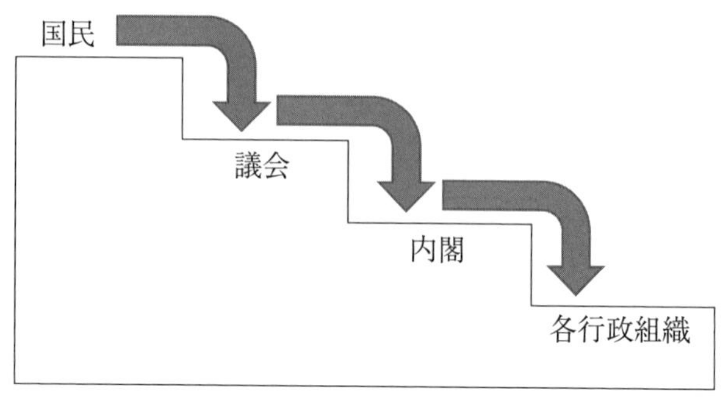

し，そこから流れ出た水が，段階的になっている滝を，上段から下段へと下降していくさまを示している。最初に水を受けるのは立法機関である議会であり，執行機関は国民からではなく議会から水を受けることになっている。国民から直接的に水を受ける議会が序列として上位になることが直観的に理解できよう。

図中にある内閣について，ここで補足的な説明をしておきたい。内閣は，国王が執行権を有すると考えられていた頃は，国王に従属する機関であった。しかし，ある時期以降，内閣は議会に従属する機関であると位置づけられることとなった。近年の政治学では，議院内閣制と大統領制を対置するものと位置づけて説明することが多いが，歴史的な文脈に沿って考えるならば，まず，官僚内閣制（国王に従属した内閣制）と議院内閣制を対置するところから議論を始めた方が，理解が進むことであろう[12]。

では，大統領制とは何かということが問題になるが，これは世襲の国王を持たない人工国家として生まれたアメリカにおいて成立した制度であり，三権分立の考えを徹底的に具現化したユニークな制度である。周知のように，

した危険性をもつ点で，直接民主制の諸制度の採用には消極的となり，国民の権力がのびていく状況のなかでは，均衡の回復のために，議員の独立性の復活とか，国民にむすびついた下院に対抗して，上院を強化すべきである，ということになる」（横越1964a：185-186）。

12　水木惣太郎は，官僚内閣制と議院内閣制を対置して次のように述べている。「内閣は必ず他の信任を在職の要件としており，したがってこれにたいして責任を負うことになっている。それが君主の信任を在職の要件とする場合を官僚内閣制といい，議会の信任を在職の要件とする場合を議院内閣制という」（水木1963：231）。

アメリカ政治においては，有権者は立法府の形成と行政府の形成の両方に関与する。

3　近代政治の基本原理の拡張

前節では,「立憲主義」,「基本的人権」,「権力分立」,「民主主義」をキーワードとして近代政治の基本原理を解説したが，現実の政治過程においては，時代を経るに従って民主主義の要素が拡張していくことになった。その結果，当初は深く考えられていなかった選挙制度の問題や，そもそもその存在が想定されていなかった政党という組織をどのように位置づけるかが議論の焦点になった。

(1) 選挙制度の整備

近代政治の基本原理に基づいて政治が始まった頃は，統治機構の中に民主主義の要素を入れることは抑制的であった。しかし，選挙権は次第に拡張されていくことになった。その大きな理由は，有権者として認められていなかった人々の側が政治参加を求めたからであるが，権力の側にあった人々の考え方の転換も重要であった。政治参加の動きを押さえつけて体制を不安定化させるよりも，新しい勢力の「体制統合」を試みた方が現体制の維持につながるという判断がそこにあったといえよう(吉瀬1991)。

このように，選挙権拡大をめぐっては，下からの意向と上からの意向が複雑に錯綜することとなったが，それは概ね次のような選挙制度改革として帰結した。ここではエッセンスのみを記すことにしよう(水木1963；1967)。

第１は，制限選挙から普通選挙への流れである。近代議会がスタートした頃には，ほとんどの国において，選挙権の行使には特定の厳しい資格要件が定められていた(財産・収入・納税額・教育程度・信仰・人種・性別など)。それを制限選挙と呼ぶ。近代議会政治の発展は，選挙権拡張の歴史であり，これらの資格要件は徐々に緩和され，やがて普通選挙に至る(年齢要件は残されている)。

第２は，不平等選挙から平等選挙への流れである。有権者の投票が同じ価値を持ち，財産・納税額・人種・性別等で差別されない原則を平等選挙という。この原則に反する不平等選挙の方法には，①特定の有権者に２票以上の投票を認める複数投票制と，②有権者を納税額等によっていくつかの選挙人集団にわけ，その間で選出される議員数と選挙人数の比率に差を設定する等級選挙制がある。

第３は，間接選挙から直接選挙への流れである。直接選挙とは，有権者が直接に議員を選出する制度であり，有権者の投票が中間の選挙人の選出に限定される間接選挙と区別される。

第４は，公開選挙から秘密選挙への流れである。秘密選挙とは，有権者が誰に投票したかを秘密にする制度であり，投票の自由を確保するために不可欠なものである。これに対するのが公開選挙であり，記名または投票所において口頭で投票先を申告する方式をとる。

普通・平等・直接・秘密は，どれが欠けていても，民主主義の実現という観点から問題が指摘される。たとえば，プロイセンでは，普通選挙と等級選挙制を同時に導入するというパターンが見られた(水崎1967)。多くの人々を有権者としては認めるが，一票の重さには差をつけた，ということであり，この事例は，制度の作り方ひとつで議会の構成は変わり得ることを示している。国民の声が選挙を通じて議会に適切に反映されるためには，選挙権が単に量的に拡大されるだけではなく，投票の価値においても平等であり，有権者の自由な意思が発揮される環境が整えられていなければならない[13]。

(2) 政党の登場とその位置づけ

最後に，政党の登場とその位置づけについて，解説を加えておきたい。近代政治の基本原理に基づく統治機構は，当初は，政党という存在を想定していなかった。しかし，議会制度の発達と普通選挙制度の確立によって，政党抜きでは物事がうまく作動しないという状況が生まれた。政党が必要とされた理由は２つある[14]。

13　こうした諸点に関しては，過去の人々が向き合った課題であり，現在における選挙制度論の重要論点ではないと考える向きがあるが，その評価は間違っていると言わなければならない。岩崎美紀子の近著が指摘するように，日本における一票の較差問題は深刻であり，それと同時に，政治と政治学の両方でそのことの意味が重く受け止められていないという問題がある(岩崎2021)。選挙制度の解説といえば，「小選挙区制か比例代表制か」という議論が定番であるが，それは選挙制度論全体からすると依然として部分の議論でしかないことを指摘しておきたい。

14　以下で述べる内容は，政治学の標準的なテキストが扱っている内容と同一であるが，世論と政府の連結環という言葉や政府機関を運転するという表現については，中村第1に，どのように素晴らしい選挙制度を整えて選挙を実施しても，それだけで民主主義が作動するわけではないという問題がある。社会に存在するさまざまな利益や意見は，それ自体としては混沌としたものである。それを何かが吸収した上でいくつかの問題にまとめ，さらに具体的な政策や争点に変換して提示し，議会や内閣での政策決定過程に反映させていく必要があるのであるが，世論と政府の連結環としての役割を担ったのが政党であった。

第2に，権力分立の発想によって分割状態となった立法部と行政部が，場当たり的なやり方ではなく，一定のメカニズムに基づいて連動する仕組みを整える必要が生じていたが，そうした政府機関を運転する役割を担ったのも政党であった。議会の多数派となった政党のメンバーが内閣を形成し，その内閣のメンバーが各行政機関のトップになることによって，議会 → 内閣 → 各行政機関という水の流れが確実なものになったといえよう。

政党という存在が，近代政治の基本原理に組み込まれるに当たっては，その性格づけをめぐって大きな論争があったことも指摘しておきたい。政党が，ただ単に，自らの党派の利害を主張するだけでは，その存在を公的なものとして認めることはできない。近代政治の基本原理の中で政党に公的な立場を与えようとするのであれば，それなりの条件があってしかるべきである。端的に記せば，国民政党でなければならない，という要請である。こうした中で参照され続けたのが，1770年にバーク(Edmund Burke)が記した「政党とは，その連帯した努力により彼ら全員の間で一致している或る特定の原理にもとづいて，国家利益の促進のために統合する人間集団のことである」という政党の定義である(バーク2000：81)。バーク自身は，依然として影響力を保持する国王と結託する議員集団と差別化するために，党派的利益ではなくナショナル・インタレストを追求する存在を徒党ではなく政党と呼んだのであるが，バークの定義は時代的制約を超えて，後の時代においても参照されるものとなっている[15]。

政党が近代政治の基本原理に組み込まれていくプロセスについては，ドイツの国法学者トリーペル(Heinrich Triepel)の議論がわかりやすい。トリーペルは，1927年の時点で，近代憲法の政党に対する態度の変遷を，①敵視，②無視，③承認および法制化，④憲法的編入の4段階に区分して説明してい

(1970：78)に示されていたものであることを記しておきたい。

15　バークの政党論の歴史的文脈については，岸本(2000)参照。

る(トリーペル1929)。つまり，近代国家の理念は，国政における政党の存在を予定していなかっただけではなく，否定的・排撃的であったが，政党の発達と議会への進出という現実を前にして，次第に寛容な態度を取り始め，やがて憲法との融合をはかっていこうとしているということなのであるが，現代における政党政治の展開については，後章で扱うことにしよう。

第3章

政治現象の現代的展開と政治学

我々は，現在の政治について，現代政治と呼称している。単純に同時代の政治という意味で使っている場合も多いが，近代政治との性質の相違を意識して現代政治という言葉を使用している場合も多い。政治について近代政治と言うときと，現代政治と言うときは，どのような点が異なっているのだろうか。

初学者に向けてわかりやすく答えを示せば，次のようになるだろう。近代政治の基本原理に沿って政治が展開されている状態が近代政治であり，近代政治の基本原理から逸脱する形で政治が展開されるようになると現代政治という言い方が用いられる傾向がある。ただし，近代政治から現代政治に移行するに当たって，近代政治の基本原理のすべてが無効化されるわけではない。近代政治の基本原理は実によくできており，強靭であるから，そう簡単に壊れはしない。あくまで近代政治の基本原理がベースにあって，そこからの逸脱がどのようにパターン化されているかが焦点となるのである。

政治現象が現代的展開を見せるようになってから，すでに100年以上が経過しているので，現代政治という言葉が指し示す内容は広範囲なものになっている。本章では，その内容を例示した上で，現代政治を分析する側の政治学者たちがどのような対応を示してきたかを解説する[1]。

1　政治現象の現代的展開

政治現象の現代的展開を例示してみよう。第1は，人間の変化である。近

1　本章の内容は，横越(1964a)の第1章「現代社会と政治学」，黒田ほか(1967)の第Ⅱ部第1章「現代社会と政治」，第2章「現代国家と政治構造」,「あとがき」，古川・黒田編(1973)のⅤ「現代の政治理論」の内容を踏まえて執筆されたものであることを記しておく。

代政治の主役として想定されていたのは，「財産と教養」のある理性的な市民であった。ところが，選挙制度を整備することによって進められた民主主義の拡張は，衝動や欲望に突き動かされる大衆を政治の舞台に招き入れる事態を作り出した。市民の自由な競合こそが予定調和的な秩序を生む，という前提が近代政治の基本原理にはあったが，それが崩れたのである。市民社会的状況に取って代わった大衆社会的状況において，秩序はどのように構築され得るかという大きな課題が浮上したのだ。前章では，国民を全能的な存在として最上位に置く落水理論を紹介したが，そのような発想で現実政治を捉えることが率直に言って難しい時代が到来したのである。

第２は，国家の守備範囲の拡張に伴う政治過程の変化である。近代国家が誕生した当初は，国家の活動は防衛や治安維持に限定されるべきだという考え方が支配的であった。しかし，現代では，経済活動はもとより，国民の健康・福祉から文化に至るまで，国家が関与しない領域はないと言い切ってよいほどに，国家の守備範囲は拡張している。こうした状況において注目されるのが行政機能の肥大化であり，官僚制の台頭である。近代政治の基本原理においては，国民が選挙で代表者を選ぶ → 議員が議会で徹底的に討論する → 議会での決定に従って行政が行われる，という展開が自明視されていたが，現代に入ってからの政治の中心は選挙や立法ではなく，行政に移らざるを得ない状況が生まれているのである。

第３は，政治過程における集団化と憲法外的アクターの顕在化の問題である。上記１・２の変化に伴って，近代政治の基本原理の補完的な存在であった政党や，近代政治の基本原理との関係ではその存在を位置づけ難い圧力団体が，政治過程の中心的役割を占める状況が生まれたのである。2020年代を生きる人々には，政党や圧力団体が政治過程で影響力を行使することは，それほど違和感のある事態であると思えないかもしれないが，こうした事象は明らかに近代政治の基本原理からの逸脱，すなわち，政治現象の現代的展開として捉えられるのである。

第４は，社会主義国家の登場である。近代政治の基本原理は，資本主義国家を前提として構築されたものであったが，新しく生まれた社会主義国家は，近代政治の基本原理の根幹を否定するような国家建設を実践したのである。たとえば，三権分立は明確に否定され，民主集中制の名のもとに権力の一元化が図られた。その基盤にはプロレタリア民主主義という発想に基づく独特な民主主義思想があり，現在我々が考えるところの民主主義はブルジョア民主主義というレッテルが貼られ，本当の権力現象を隠蔽するための飾りに過ぎないというような論理のもとで批判の対象になったのである。

第５は，グローバル化の進展に伴う国家の軋みである。近代政治の基本原理においては，国家による統治は一国内で完結することが想定されている。ところが，近年，国境を越えるモノ・カネ・ヒト・情報の動きが巨大なものとなっている。社会の実態とそれを統治する仕組みとの間に大きな空間的ギャップが生じてきているわけで，こうした問題にどのように対処するかが問われている。

2　社会主義国家登場の衝撃と民主主義論の深まり

(1) マルクス主義

前節のうち，第４の論点，すなわち社会主義国家登場のインパクトについて，議論を補足しておきたい。最近の政治学では，近代政治の基本原理に依拠した政治以外の政治が語られることは少なくなっているが，数十年前は，必ずしもそうではなかった。近代政治の基本原理に基づく政治は，むしろ根本的な部分で問題を抱えており，それを乗り越えていかなければならないという論調の方が優勢な時期があったのである。以下で解説するマルクス主義を全面的に肯定する議論は，今日においては政治論としての現実性を消失させてしまっているといわざるを得ないが，現状の政治に対するラディカルな批判原理としての意味は依然として保持しており，若い世代の人々も，「なぜ，当時の人々は，マルクス主義の政治理論に憧憬の念を抱いたのか」を考えながら，読み返してみる価値のあるものであると筆者は考えている[2]。

マルクス主義は，マルクス(Karl Marx)の思想を源流とする諸思想の総称である。マルクス主義は実に多様な展開を見せたので，それをひとつの思想として語るのは難しいのだが，マルクス本人は，「ラディカルであるとは，事柄を根本において把握することである」，「人間にとっての根本は，人間自

2　マルクス主義は多義的である。どのような人物，書籍を介して学ぶかによって，マルクス主義の理解は大きく変わってくるのが実情であろう。筆者の場合は，初期マルクスの思想を意識的に読み直そうとする真下信一やその流れをくむ宮本十蔵，松井正樹の書籍や講義を通してそれを学んだことを記しておきたい。

身である」(マルクス1974：85)という徹底したヒューマニズムの観点から，自らが生きた時代を捉え切ろうとした人物であった。

マルクスが着目したのは疎外という現象である。疎外とは，「人間が自己のために行なうことが，その成果をも含めて自己から疎遠なものとなり，かえって敵対的にさえなり，自己をも非人間化してしまう過程のこと」である(松井1983：50)。多くの人々は，より人間らしい生活をするために労働に従事しているわけであるが，働けば働くほど，人間らしさを失っていくという現象はどのように説明されるべきか。

この問題の答えを，マルクスは資本主義のメカニズムの中に見出したのであった。生産手段を所有し，それを資本として活用し得る者だけが自由を謳歌し，生産手段を所有しない者は，自ら生産したもののすべてを受け取ることができず，搾取され，人間性を奪われていくというメカニズムである。マルクスの見立てに従えば，近代政治の基本原理は，資本家階級にとっては封建的桎梏からの解放と自由の実現であったとしても，被支配階級の立場にある多数の労働者にとっては，搾取と抑圧を覆い隠すイデオロギーに過ぎないことになる。

つまり政治の本質は，経済的に支配する階級が他の階級を抑圧する機能にほかならず，そのために組織されたものが国家である，と説明されるのである。しかも，このような権力構造は，経済構造の変動とともに必然的に消滅することになっており，それを現状に即して解明することが政治学の課題とされたのである。マルクス主義に立脚すれば，政治学は「自己否定を究極の課題とする科学」[3]と位置づけられることになる。

マルクスの政治思想は，20世紀を通して，世界に多大な影響を与えた。その影響は哲学の世界に限定されるものではなく，現実政治に対しても圧倒的な影響力を示した。今となっては昔の話であるが……という位置づけにならざるを得ないが，1960年代には，ソ連をはじめ東欧諸国，中国，キューバなど世界の３分の１にわたる領域が社会主義の国となっていたこと，これらの国々が前章で解説した近代政治の基本原理を正面から否定する政治体制を構築し得ていたことを，我々は，記憶にとどめておく必要があろう。

日本においても，多くの人たちがマルクス主義者を名乗った。「現在の日本

3　この言葉は，那須宏が『科学としての政治学』の中で記したものであるが(黒田ほか1967：20)，その含意については黒田展之の解説を参照(黒田1979：70)。

は資本主義であるが，やがて，必然的に社会主義の時代が到来する。そうなれば，政治の様式もすべてが一新されることとなるだろう」という言説が一般化しかけた時代があったのである。この点は，大学や県・市立の図書館の書庫で1950年代～60年代にかけて執筆された政治学のテキストをひもとけばすぐにわかることである。それらの書籍において，近代政治の基本原理が肯定されるのは「現時点」に限定される暫定的な話であり，将来的には否定されるべきものである，という書き方が一般的になされていたことを確認できる。

(2) 対立する民主主義観とポリアーキー論の登場

資本主義から社会主義への移行は本来的には経済の問題である。しかし，それこそが政治の問題を規定すると捉えるのがマルクス主義の思考法である。こうした思考法において，政治の何がどのように変わるのかのすべてを解説することは困難なので，ここでは民主主義観の転換の問題のみを記しておきたい。

今日の若者には想像のつかない話かもしれないが，社会主義国家は自分たちの国こそが民主主義だと主張した。資本主義国家の民主主義はブルジョア民主主義と称されるべきものであり，社会主義国家の民主主義であるプロレタリア民主主義こそが，真の民主主義であると主張したのである。

ブルジョア民主主義とプロレタリア民主主義の相違は何か。これは同時代の知識人にとっても難問とされたものであるが，ひとつの簡便な説明方式として，次のようなものがある[4]。すなわち，民主主義のひとつの定義として誰もが知っている government of the people, by the people, for the people というフレーズの中の by the people を成し遂げたことに満足した状態で足踏みしているのがブルジョア民主主義であり，for the people を追い求めるのがプロレタリア民主主義であるという説明方式である。社会主義国家の政治は，外

4　現在から70年以上前，ユネスコは，「民主主義をめぐるイデオロギー衝突について」と題するシンポジウムのために，世界の500人の思想家を対象とした調査を実施している。E H，カー（Edward Hallett Carr）を議長とする専門委員会が1948年に準備した質問書の内容と寄せられた回答のいくつかについては，『世界』1952年８月・９月号で読むことができるが，当時においては，リンカーンの「人民の人民による人民のための政府」における「人民による」と「人民のための」を対立的に捉える傾向があったことがうかがえる。この調査に関する解説として横越（1964a：88-89）参照。

見的には前衛を自称する集団による強硬な統治に見えてしまうかもしれないが，それは国民の中の圧倒的多数派である労働者階級の解放のために行っているものであるから，プロレタリア民主主義こそが真の民主主義である，という理屈が，一応は成り立つ。

by the peopleに重きを置くブルジョア民主主義とfor the people に重きを置くプロレタリア民主主義のどちらが真の民主主義か。資本主義国家の側も社会主義国家の側も，敵対する陣営の論法を詭弁であると論難し，さらに，さまざまな論者が真の民主主義とは何かをめぐって議論を展開したために，民主主義をめぐる混乱は収拾がつかない状況に陥った。その結果，政治学の世界において，民主主義という言葉に対する学術的関心は著しく低下することとなった。民主主義が何を指すかがわからなくなってしまったわけであるから，それは致し方のないことであったといえよう[5]。

こうした状況の下で，斬新な手法を用いて民主主義論を再興させたのが，アメリカのイエール大学の教授であったダール(Robert Alan Dahl)である。彼は，分析概念としては使いものにならなくなってしまった民主主義という言葉を使用することを一旦放棄し，新たにポリアーキー（Polyarchy)という言葉を使用することを提唱して，注目を集めた。その集大成ともいえる著作が『ポリアーキー』（原著の刊行は1971年)である(ダール2014)。

ポリアーキーは，「多くの」を意味するpolyと「支配・政体」を意味するarchyを組み合わせたものである。anarchy（無政府状態)，monarchy（君主制)，oligarchy（寡頭制)と対比するとその含意は了解しやすいであろう。ポリアーキーという言葉の示す内容は，既存の民主主義の概念とほぼ同一なのであるが，以下で述べるように，ダールはいくつかの重要な仕掛けを施したのであった。

ダールは，人々の理想の中にしか存在しない民主主義に対して，現実に存在しうる政治体制としてポリアーキーを位置づけた。そして，ひとつの政治体制がポリアーキーであるかどうかを判別する際に，「参加」という要素と「競合」という要素が基準になると提案したのである。

図３－１にあるように，横軸に「包括性(参加)」，縦軸に「自由化(公的異

5　ここでは話をわかりやすくするために，ブルジョア民主主義とプロレタリア民主主義の対立を図式的に取り上げたが，実際には，もう少し議論は複雑である。民主主義の多様化に関する当時の認識については阿部(1973)を参照。

議申立て)」をとると，ポリアーキーの度合いが表現されることとなる。この図を用いれば，アメリカは右上に位置づけられ，模範的なポリアーキーの国だということになる。他方，人々の形式的な「参加」は許されているが，「公的異議申立て」が認められないようなソ連は，「包括的抑圧体制」に位置づけられ，ポリアーキーとは呼び得ないことになる。社会主義国家は，プロレタリア民主主義を標榜することはできても，ポリアーキーを標榜することはできないのである[6]。

ポリアーキー論における「自由化(公的異議申立て)」とは具体的に何を指すのか。ダールが重視したのは，選挙過程におけるエリートレベルの自由な競合と，社会過程における利益集団の自由な競合である。選挙と利益集団が両輪となって民主主義を稼働させているとダールは考えたわけであるが，それは当時のアメリカ政治の現状を肯定的に語ることと，ほぼ同義であった。

図３－１　ポリアーキーへの経路

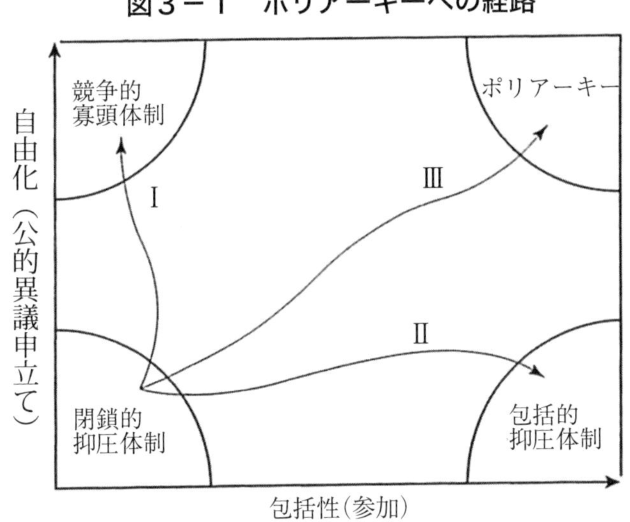

出典：　ダール(2014：14)

6　中野実は，ダールのポリアーキー論について次のように述べている。「近代デモクラシーの全面的止揚をめざす社会主義諸国においてその多くが，いわゆる＜民主集中制＞を採用していることを考えれば，かかるダールの構想は，きわめてプロブレマーティシュといえるだろう」(中野 1997：274)。

ブルジョア民主主義とプロレタリア民主主義が鎬を削ったのは，今となっては昔の話である。プロレタリア民主主義が地球上から消えつつある現在において，ダールのポリアーキー論はその役割を終えたかのように，現代政治学の分野では読まれなくなりつつある。仮に大学の講義の中で扱ったとしても，筆者が教養部の大教室でポリアーキー論を学んだ1990年代初頭とは異なり，その有用性が伝わりにくくなっているように感じられる。最近になって，岩波文庫として『ポリアーキー』が再販されることとなったわけだが，その解説を記しているのが政治思想史研究者の宇野重規氏である点に，時代の変化があらわれているといえよう。

(3) 社会主義国家の挫折

1980年代後半以降，マルクス主義や社会主義に対する関心は急速に萎み，今日の政治学の講義においては，近代政治の基本原理を正面から否定する議論があったという話は取り上げないのが標準であるといってよいだろう。ここで浮上するのが，「マルクスは間違っていたのか」，「マルクス主義を信奉した人たちは間違ったことを実践していたのか」という疑問である。この点については，現在も，議論が積み重ねられているところであると記しておきたいが，それらの議論は，大筋で３つに分けることができるのではないか，というのが筆者の見立てである。

第１は，現実に誕生した社会主義国家が，マルクスが提示したシナリオとは異なる地域で誕生した事実に着目するものであり，そのことが遠因となって社会主義国家は持続しなかったと考える議論である。マルクスの議論では，社会主義国家の誕生は，資本主義が高度に発展したところで必然的に起こることになっていた。しかし，実際には，農業を主軸とする，かなり遅れた地域で社会主義国家が誕生したのである（その初めての事例がロシアである）。本来的に社会主義国家の誕生は，歴史の必然性によって導かれるものでなければならないが，人為的に誕生させた社会主義国家の場合は，それを維持するための措置を長期にわたって講じざるを得ず，またその過程において利己的な行動をとる政治家が続出したことによって，社会主義国家は短命化することになったと考えるものである。

第２は，予言の自己破壊という側面に着目する議論である。政治アクターが，社会科学の理論を知ってしまうことによって，理論の予測する通りに行動し，その結果として理論が現実化してしまうことを予言の自己成就というが，予言の自己破壊はその反対である。政治アクターが，社会科学の理論を知ることにより，そこで予言されていることを回避するために動いたがゆえに，結果として現実が変わってしまうことを指摘するものである。歴史に if の議論は禁物であると言われるが，もし，マルクスが登場せず，マルクスが予言を発しなければ，資本主義は今日のように持続できなかったかもしれない（辻村1984：79）。マルクスの議論を警句と捉え，資本主義が社会主義の要素を自らに取り込んでいった結果として生まれたのが福祉国家である，という理解は，今日，一般的なものとなっている[7]。かなり早い時期から，こうした現象の意味を指摘し続けてきた加藤榮一は，ソ連社会主義の崩壊について次のように述べているが，重要な指摘であるといえよう。「ソ連体制が崩壊したとき，資本主義が社会主義に勝利したのだと声高に説く論者が多くいたが，これは一知半解の意見だといわなくてはならない。勝利したのはたんなる資本主義ではなく，社会主義を吸収して自己改造した資本主義なのである。しかしイデオロギーの世界では，戦いは『勝者がすべてを獲得する』（winner takes it all）という結末に至るのが常であって，あたかも『純粋』資本主義が『純粋』社会主義を滅ぼしたかのように，その影響は拡がっていくのである。」（加藤榮2006：314）

第３は，情報技術の発展と経済の金融化の問題を重視する議論である。この点については，2018年に出版された『唯物論研究年誌』23号の特集「21世紀の＜マルクス＞　生誕200年」における座談会「マルクス研究の過去・現在・未来」における平子友長の発言をつなぐことで解説してみたい。社会哲学の研究者である平子は，社会主義体制の崩壊を述懐しつつ，他方で勝利したはずの資本主義の側にも，現在，混乱が見られると指摘している。

> 私は1985年から１年間，東ドイツに滞在していろいろな経験をしたこともふまえ，その後，社会主義体制の崩壊は，間違ったマルクス解釈をしたからではなく，資本主義世界システムが1980年代以降根本的に変化したからであると考えるようになりました。最も決定的な変化は

7　①第一次大戦後の同時代的な課題への対応の中で，一方でソ連型社会主義が生まれ，他方で資本主義の側にも大きな変容が生じたこと，②その結果として生まれた福祉国家のいくつかの型のうちのひとつが日本型福祉国家であったことを論じる書籍は多いが，筆者にとっては，主として財政的な側面からそれを説明した松本（2002）が有益であった。

IT技術の驚異的な発展でした。それ以前の大工業段階では，ソ連・東欧圏もそれなりに西側先進諸国にあまり後れをとらない大工業技術水準を保ってきました。ところが本格的なITの時代に入ると，そこでもう決定的に差をつけられてしまいました。

ソ連・東欧圏は，自力でIT技術を開発することができませんでしたから，ソ連でさえも西側の最先端技術を導入しないと，軍事製品さえ生産できませんでした。経済制裁とか課徴金を課されるとか散々いじめられて，結局，外貨を稼がなければどうしようもなくなって，東欧社会における生活の貧困化が拡がりました。私が東ドイツに留学していた時代には，新鮮な野菜や肉が店頭から消えていきました。西側ではこれを社会主義体制の貧しさの象徴として批判しました。しかし新鮮な肉や野菜を東ドイツが作っていなかったわけではありません。外貨稼ぎのために西側に輸出しているから消えていただけなのです。(中略)

ソ連東欧の社会主義を崩壊させた究極の要因は，1980年代以降に世界資本主義の段階が根本的に変化したことにあります。IT技術に支えられて需要と商品の差別化が進行し，それ以前の大量生産大量消費とは異なるきめ細かい経営戦略が求められるようになりました。ソ連東欧の社会主義の崩壊以降，資本主義が本格的にグローバル化していくとともに，国民国家の統治能力の限界が露呈してきました。アメリカやイギリスなどの資本主義の中心部分では，もはや生産によって富を得るのではなく，ある種の金融マネーゲームで，信じられない額の貨幣を獲得する金融資本家が生まれました。「本来貨幣は実体経済から離れてどこまでも自己増殖することはできないはずだ」と思いつつも，現実がそうなっているから，「もしかしたらこれでやっていけるのではないか」と思ってしまう。現代の経済理論は，ある種の政策の正当化か，あるいはそれに対する批判としてしか，機能していないように見えます。(中略)

……ここ30年，大屋さんの言うすうっとマルクスが引いていった時代とは，世界資本主義的に見ても大混乱の時期でした。カオスが地球上を覆い，しかも全体としては誰も秩序化を志向していないという凄い時代に今，入っているような気がしています(大屋ほか2018：18-27)。

情報技術の発展に取り残されたことにより社会主義は敗北したが，勝利したはずの資本主義もグローバルな規模で展開されるマネーゲーム化の流れの中で，制御不能になっているという指摘が重要である。かつての顔とは異なる新たな顔を見せている資本主義が，今後，どのように展開するかは依然として不透明なのである。また，そのことが政治の世界にどのような影響を与えるかも，見通せない部分が残されている。

この他，金融（金を融通する）という制度が各方面で発達したことにより，窮乏化に向かうはずの労働者が各種のローンで短期的な資金を容易に得られるようになったこと，政府が税収だけではなく，国債などの借金で財政をまわせるような時代が来たことも，大きな変化であった。ただし，これについても，資本主義が抱える問題を「先送り」しているだけの話である，という批判があり（シュトレーク 2016），資本主義が勝利したのかどうかは，依然として論争の中にあることを付記しておきたい。

3　現代政治学の興隆

(1) 政治のリアルな姿に着目する議論の登場

すでに前節の途中から現代政治学の解説に踏み込んでしまったわけだが，本節では仕切り直しをして，現代政治学の来歴について解説したい。本節の内容は，現代政治学を学ぶに際してのイントロダクションに当たる部分であり，通常多くの大学では，この箇所から講義がスタートするのではないかと思われる。以下，考察時期を20世紀の初頭に戻して，話を始めることにしよう。

ある学問分野を深く理解しようとする場合，当該分野の最新の動向を追うことも重要であるが，当該分野が生まれたときの事情を知ることも重要であろう。1908年に刊行された２つの書物は，その後の政治学に多大な影響を与えるものであった。ウォーラス（Graham Wallas）の『政治における人間性』（ウォーラス 1958）であり，ベントリー（Arthur Fisher Bentley）の『統治過程論』（ベントリー 1994）である。

２つの書物が誕生した1908年はどのような時代だったのだろうか。何よりも重要なのは，20世紀における大きな社会変動の影響である。資本主義における独占化の進展，巨大な社会機構の形成，膨大な有権者の登場，さまざまな集団の噴出は，近代の政治理論が想定していなかったものであり，これに対応する何らかの学問的刷新が求められていたのであった。

イギリスのウォーラスは，近代の政治理論が自明視してきた人間の政治的合理性に疑問を呈した。そして，現実の政治を動かしているものは，人間の衝動や欲望であることを喝破し，それを心理分析によって考察していくことを提唱した。人間性のリアルな認識から現代における政治を把握していくことの重要性を強調したのである。ウォーラスの研究は，その後，アメリカのリップマン(Walter Lippmann)やメリアム(Charles Edward Merriam)によって継承されていくことになった。こうした流れはやがて政治行動論という分野に結実していく。

アメリカのベントリーは，法制度論や国家学に偏重してきた旧来の政治学を「死せる政治学」と批判した。そして，現実の政治を動かしているものは，人間の集団活動であると喝破し，集団の織りなす政治過程を体系的に論じることを試みた。集団のリアルな認識から現代における政治を把握していくことの重要性を強調したのである。ベントリーの作品は，政治過程論の源流と呼び得るものである。

ベントリーの議論は，初学者にはわかりにくいと思われるので，もう少し解説をしておきたい。ベントリーの研究の特徴は，人間の集合的活動である集団活動を徹底して重視した点にある。そして，集団間の圧迫と抵抗の結果として均衡が生まれ，それが政治的な秩序になっているという議論を展開している。近代の市民社会秩序を前提とした政治理論では捉えられない，現代の政治現象を把握する新たな手法を開発する営みであったと評することができよう。

社会に存在する諸集団のうち，政治学が分析対象とすべき集団はどのようなものであるべきか。ベントリーは，政治を狭義に捉えた場合は統治機関(議会・大統領・行政官庁・裁判所等)が重要となるが，それを政治集団と捉えるだけでは政治学の分析としては不十分であることを指摘した。だからといって，政治を広義に捉えすぎると，広範な社会集団の諸々の動きまでを考察に含めなければならなくなり，それでは社会学と変わらなくなることから，それも望ましいことではないと指摘した。その上でベントリーが着目したのは，狭義と広義を媒介する中間の領域であり，政党や圧力団体といった社会集団の政治機能に焦点が当てられたのである(辻1950)。

(2) 政治のリアルな姿を捉えた諸研究を体系化する試み

政治現象の現代的展開に対応した政治学の刷新は，さまざまな実証的研究を生み出した。しかし，その成果の多くは政治過程の一局面を描いたものに終わる傾向が強く，政治学の研究が進めば進むほど政治の全体像が見えなくなるという副作用をもたらした。ここで求められたのが，さまざまな研究を結びつけるための政治学の一般理論であり，その需要に応えたのが政治システム論であった。

政治システム論の代表的政治学者として知られたのがシカゴ大学のイーストン(David Easton)である。彼は，政治学の研究対象が何かについて考え抜き，最終的に政治学の対象は「社会に対する諸価値の権威的配分である」という結論を下したことで有名である(イーストン1968；1976；1980)。この定義において重要なのは「権威的」という言葉であろう。価値は政治によらずともさまざまな形で配分されるが，その中で，人々が服従しなければならないと考えるような拘束力を有する配分のことを，イーストンは政治と呼んだのである。なお，「社会に対する」とあるのはfor a societyの訳であるが，目的論的意味ではなく，全体社会(国家的なひろがりを有する唯一無二の存在としての社会)に対するものであると考えるのが文脈的に正しいとされる[8]。

イーストンは以上のような定義を示した上で，政治システムに関するモデルを示している。図３－２がそれである。このモデルは循環をひとつの特徴としており，まず政治システムに対する入力(要求・支持)の局面があって，次に政治システム内における変換の局面があって，さらに政治システムからの出力(決定と行為)の局面があって，それがやがてフィードバックされ入力に戻るという局面がある，という設定をとるのであるが，これは近代政治の基本原理に基づいて政治を説明しようとする発想とは別次元の議論であり，ここにおいて政治学は，憲法学の助けを借りて自己の議論を展開する状況

8　イーストンの議論を参照しながらも，for a societyを省略して政治を議論する論者も多いので，解説を入れておきたい。本文でも述べたように，イーストンが対象とするのは，国家と同規模の社会における権威的配分である(巨視政治)。しかし，それ以外の小さな社会(たとえば家族，学校，組合等)においても，人々を拘束する権威的配分が発生する場合があり，これを微視政治として積極的に捉えようとする向きがある。このあたりの詳しい解説については，綿貫(1976：121-122)を参照されたい。この他，for a societyの箇所を，一定の意図の下であえて「社会のために」と訳してみせる論者も少なくない(ひとつの例として，ベイ(1979)における横越英一の「訳者あとがき」を挙げておきたい)。イーストンの政治の定義に関しては，近時，形式的な教え方がなされがちであるが，その周辺には多数の豊かな議論があることを記しておきたい。

図3－2　政治システムの単純モデル

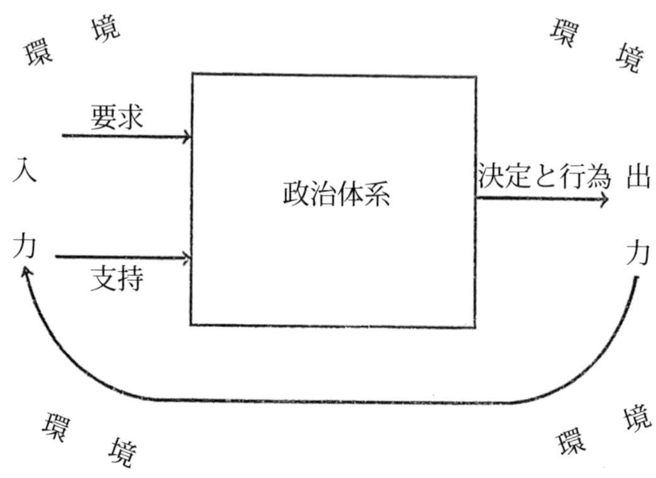

出典：イーストン(1968：130)

を，完全に脱することができたといえよう。

イーストンの政治システム論は，多くの政治学のテキストで紹介されるものであるが，おそらく，学部の1回生にはピンとこない代物であろう。その理由を，筆者の経験に基づいて，簡単に記しておきたい。筆者がイーストンの政治システム論と授業の中で出会ったのは，大学院に入学した後のことであった。そういう考え方があることは知っていたものの，非アメリカ政治学的な政治学の論じ方に馴染み過ぎていた筆者には，どうしてもそれが政治を語ったものであるとは思えず，率直にいって困惑した。あまりにも筆者がそうした気持ちを表情に出してしまったからだろうか，筆者の指導教官であった蒲島郁夫教授は，アメリカの大学院時代を振り返りながら，次のような補足的な説明をしてくださった。「イーストンの議論は，これから先，自分自身の研究がどのようなものであるかを他人に示すときに，とても有用なんだ。たとえば，自分の研究はインプット局面に関する研究であると言えば，それだけで，言葉を重ねなくても，了解可能となる。イーストンの図式は，政治学の分析枠組，もしくは政治分析の地図だと割り切って考えればよいのであって，その有用性は，さまざまな政治体制の国から留学生が集うアメリカの大学院に行けば，すぐにわかる」[9]。

以上のように，イーストンは実証的研究を重視する政治学に壮大な地図を提供したわけであるが，研究作法に対するこだわりも徹底したものであった。イーストンは，『政治分析の基礎』(イーストン1968)の中で，それを８点にまとめている。以下に引用するのは，日本におけるイーストン研究の第一人者である山川雄巳による要約である(山川1982：61)。「(1)社会行動における規則的なものを探求し，知見を理論的に一般化すべきである。(2)理論は，原則として関連行動への引照によってなされる検証手続きに服すべきである。(3)行動の観察・記録・分析のための厳密な方法や技術が開発され，使用されるべきである。(4)データの記録と発見の陳述の精密性を期するために，数量化と測定の論理的手続きが必要である。(5)価値判断と経験的説明とは異なる。両者は分析的に区別されるべきである。もっとも，行動論者は，両者を混同しないかぎり，どちらの命題を述べてもかまわない。(6)研究は体系的でなければならない。理論に導かれない調査研究は無益であり，データにささえられない理論は不毛である。(7)知識の応用は重要だが，これにさきだって，社会行動の理解と説明に関する基礎理論の開発が重要である。(8)社会科学は人間状況の全体とかかわる。社会諸科学の相互関連の認識と自覚的統合が重要である。」

9　蒲島(1988：第２章)，蒲島・境家(2020：第１章)に同趣旨の叙述があるので参照されたい。イーストンの議論が，政治に関心を有する人々ではなく，政治学に関心を有する人々に向けられたものであることは，同時代的にイーストンの理論を日本に紹介し続けた山川雄巳の次の言及からもうかがえる。「政治体系理論は，1950年代以降，主としてアメリカ政治学界で開発されてきた新しい政治理論である。この理論がひとつの重要な課題として意識されるようになったのは，のちにくわしく述べるように，『膨大な経験的資料を意味深く体系化できる政治学的一般理論』の必要性が，当時強く感じられていたことを契機としている。そしてこのような要望に答えようとする志向を集約的に象徴する言葉が，《政治体系》(political system)である。すなわちそれは，個々の政治現象を，たんに局所的・孤立化的に分析するだけではなくて，むしろこれらを相互に関連づけ，現象の意味深さと複雑性をまし，全体的観点のもとに統一的な体系として把握しょうとする理論的意欲を表現しているのである」(山川1968：3)。

4　ポスト行動論革命と日本政治学

(1) 行動論とポスト行動論

イーストンの政治学を語る上で，欠かしてはならない出来事がある。行動論革命を提唱していたはずのイーストンが，アメリカ政治学会会長として行った演説の中でポスト行動論革命に言及するに至った，というものであるが，その経緯は以下の通りである[10]。

当初のイーストンは，行動論を主張していた。その内容は，政治学の学術的発展として肯定的に捉えられる部分が多くあったわけであるが，政治学者の研究上の都合を前面に押し出したかのような研究姿勢は，規範とのかかわりにおいて政治学の存在意義を求める人々からの批判を誘発することとなった。行動論政治学は非政治的政治学であり，政治ではなく政治もどきを扱っているに過ぎないという批判である。ベトナム戦争の泥沼化と社会運動の興隆といった時代状況も強く影響し，次第にアメリカ政治学会の中で学会主流・反主流の対立が顕在化することとなった。

イーストンがアメリカ政治学会の会長に就任したのはこうした時期であったが，彼は1969年９月のアメリカ政治学会第65回年次大会において，「政治

10　以下の叙述は，山川(1982)に依拠している。ところで，「行動論」が何を意味するかについては，それ自体が大きな問題となるが，同書では次のような興味深い説明がなされているので紹介しておきたい。①アメリカにおける行動論は「社会科学を科学として再出発させようとする運動」であったが，「この運動の名称は，あえていえば何でもよかったであろう。たとえば社会科学運動でもよかったのである」(山川1982：59-60)。②「それはひとつの運動として，当然，社会的側面をもっていた。行動論は，多数の人びとをまきこんだ大規模な組織的運動でもあったのである。そのようなものとして，運動には指導層が存在し，かれらは戦略や戦術をもってキャンペーンを遂行した。換言すれば，行動論は学際政治(interdisciplinary politics)でもあったのである。キャンペーンの主たる対象は，学界内の研究者たちとならんで，大学・研究機関の管理者，研究費支給源としての政府機関，それに民間財団に求められた。とくに連邦政府が，運動の目標のひとつであったことは注意しておくべきであろう。行動論がたんなる学派といったものとは異なる性格をもっていることが，この点にも現われている。つまり，行動論は科学運動であるとともに，非自然科学系の学界を横断的に連合した圧力活動でもあったのである」(山川1982：41-42)。

学における新しい革命」という演説を行い，人々を驚かせた。行動論の成果を踏まえた上で，政治学を次の新しい段階に進めよう，というのが演説の趣旨である。にもかかわらず，多くの人はそれをイーストンの変節と捉えたのであった。イーストンが提唱したポスト行動論の特徴は，山川の著作において，以下のように要約されている（山川1982：314-315）。「(1)研究においては，分析テクニックの洗練性よりも，得られる知識の実質的有意味性が大切である。(2)行動論は経験的保守主義のイデオロギーを隠しもっている。(3)行動論的研究は，現実問題を回避している。(4)政治学はみずからの価値的前提を自覚する必要がある。価値の研究とその理論的展開は，政治研究の本質的要素である。科学は没科学的でありえない。(5)専門的学者はすべて知識人の社会責任をまぬがれない。その責任とは，文明の人間的価値を擁護するという任務をはたすことである。(6)知識人は，かれの知識を実現させるための特別の責任をおっている。(7)それゆえ，大学や学会にしても，今日の社会的・政治的闘争のたんなる傍観者ではありえない。知的職業の政治化は望ましいし，また不可避である。」

(2) 日本政治学の展開

アメリカ政治学の動揺は，同時代の日本政治学に多大な影響を与えた。たとえば，日本政治学会の年報は，1976年度に「行動論以後の政治学」という特集を組んでいる（日本政治学会編1977）。その特集に掲載された論文は，方向性もバラバラで，そこから何かがスタートするという予感を決して人々に抱かせるものではなかったが，逆にそのことが，後の日本政治学のあり方を強く規定することとなった。そもそも行動論政治学が定着していない日本において，ポスト行動論の動きに飛びつこうとすること自体が，日本政治学の構造的な問題を示しているという批判を誘発し，その結果，日本政治学において本格的な行動論政治学がスタートすることになったからである[11]。

日本政治学は行動論の段階に踏みとどまらなければならないと考える人たちが創刊した雑誌に『レヴァイアサン』（1987年創刊）がある。春と秋に刊行された『レヴァイアサン』は，その後，30年にわたって日本政治学に多大な影響を与えることとなった。また，『レヴァイアサン』に集った政治学

11　この問題に関する当事者による回顧の一例として，田辺・辻中・真渕(1994)，辻中(2015)を挙げておきたい。

者が中心となって刊行された「現代政治学叢書」全20巻(東京大学出版会)は，日本における実証的政治学が定着する基盤を提供するものであった。著者とタイトルのみを以下に記そう。猪口孝『国家と社会』，山口定『政治体制』，中野実『革命』，三宅一郎『投票行動』，蒲島郁夫『政治参加』，今田高俊『社会階層と政治』，小林良彰『公共選択』，薬師寺泰蔵『公共政策』，大嶽秀夫『政策過程』，岩井奉信『立法過程』，岡沢憲芙『政党』，辻中豊『利益集団』，村松岐夫『地方自治』，恒川恵市『企業と国家』，猪口邦子『戦争と平和』，山本吉宣『国際的相互依存』，田中明彦『世界システム』，佐藤英夫『対外政策』，猪口孝『ガバナンス』，蒲島郁夫・竹中佳彦『イデオロギー』。

最後に，現在進行形の現代政治分析の動向に，少しだけ触れておこう。イーストンがポスト行動論革命を提唱して50年以上が経過し，雑誌『レヴァイアサン』も63号をもって2018年に終刊した現在，行動論とポスト行動論をめぐる政治学史上の深刻な問題は，資本主義と社会主義の問題と同様に，今となっては昔の話となりつつある。大学の講義の中で，それが語られることも，ほとんどなくなっているのではないか。しかし，それは，投げかけられた問いが解決したことを意味しない。

結局のところ，日本政治学は依然として行動論に踏みとどまらなければならない状況にあるのか，ポスト行動論に向けて動き出すべきであるのか。あるいは，そうした議論の立て方自体が無効になっているのか。論争を仕掛けた政治学者たちは，この問題に決着をつけないままに，引退の時期を迎えてしまったように見える。

日本政治学の現状はどのようなものか。現代政治のリアルな姿を追う研究は，百花繚乱に近い状態にあるが，研究成果をどのような地図の上に位置づけるかという問題については，悩みが小さくなっているように見受けられる。この点において，資本主義と社会主義の対立にかかわる問題が消えたことの意味は大きいと言わなければならない。同一の政治経済体制内の現象に研究対象が限定されるので，かつての政治システム論のように議論の抽象度を無理に上げることなく，精緻な議論が展開できるようになったからである。

そうした議論群のひとつの到達点として，建林正彦・曽我謙悟・待鳥聡史による『比較政治制度論』がある(建林・曽我・待鳥2008)。資本主義国家の憲法構造を前提として，さまざまなレベルの政治制度のあり方が，政治アクターの認識・行動や政策の相違にどのような影響を与えるかという観点から，政治過程を体系的に叙述し尽くそうとしている点に，この書の最大の特徴がある。「政治制度論」という響きから，かつての政治学の主流であった政治機構論を想像する読者がいるかもしれないが，この書における関心はそれとはまったく異なっている。各国の政治制度にどのような理念が込められているかではなく，偶然を含むさまざまな事情によって作り出されてしまった制度がどのような政治的帰結をもたらしているかに焦点が当てられている。いわば，何が制度を作り出したかではなく，制度が何を作り出すかという説明図式の転換が試みられているのである。そして，その知見を①選挙制度，②執政制度，③政党制度，④議会制度，⑤官僚制，⑥司法制度，⑦中央銀行制度，⑧中央・地方関係制度という括りで整理しているわけであるが，それも興味深い。入手しやすい書籍なので，各自，手に取っていただきたい。

第4章

政治過程分析の基礎

政治現象の現代的展開は現在も進行中である。それを追いかける現代政治分析の手法も日進月歩といえるだろう。大学の講義ならば，こうした状況に対応して最新のものを扱うべきである，と考える方は多いと思うが，本章ではあえてその逆をいきたいと思う。以下で紹介する議論は，現役の政治学者からするとやや古さを感じるものであるかもしれない。しかし，30年以上持ちこたえてきた安定感の高い議論であり，おそらくこれから先もしばらくの間は活用が見込まれるものばかりである。次章以降で展開される応用的分析の基礎となるものも多く含まれている。

1　政治分析と憲法

(1) 憲法で国家の構造を把握する

政治過程分析の話なのに，なぜ憲法が出てくるのか，と思う読者がいるかもしれない。この点については，憲法という言葉の意味を理解すると，疑問は氷解するだろう。第2章で解説したように，憲法は英語でconstitutionという。構成，構造，組織を意味する言葉である。つまり，憲法は，国家の構造を示したものなのである[1]。

日本はこれまでにいくつの憲法を持っていたであろうか。国家の構造を示したものが憲法であると考えれば，いつの時代にもそれらしきものが時の権

1　1788年に世界初の成文憲法といわれるアメリカ合衆国憲法が発効して以降，国家の構造は憲法典という文書によって示されることが一般化している。イギリスのように成文憲法を持たない国もあるが，もはや，それは例外的な事例であると考えた方がよいかもしれない。アメリカ合衆国憲法をはじめとする世界の憲法とその解説を収めた有益な書として，高橋編(2012)がある。

力者によって作成されており，議論は拡散していくことになるだろう。しかし，近代憲法という括りで憲法を考えると，話は変わってくる。ある憲法が近代憲法と呼ばれるには，人権保障と権力分立の規定がなければならない，という決まりがあるからである。第2章でも紹介したが，フランス人権宣言(1789年)の第16条には，「権利の保障が確保されず，権力の分立が規定されないすべての社会は，憲法をもつものでない」(高木・末延・宮沢編1957：133)と書かれている。

このような視座に立てば，歴史的に見て，日本には2つの憲法が存在したことになる。明治が始まって20年以上を経てから制定された大日本帝国憲法と戦後に制定された日本国憲法である。前者は「万国対峙」の追求と自由民権運動への対抗という時代状況の下で準備されたものであり，日本が近代国家であることを証明するために作成されたものであった。その立憲主義は

表4－1　大日本帝国憲法と日本国憲法

＜大日本帝国憲法＞					条文の数	%
第1章	天　皇	第1条	～	第17条	17	22.4
第2章	臣民権利義務	第18条	～	第32条	15	19.7
第3章	帝国議会	第33条	～	第54条	22	28.9
第4章	国務大臣及枢密顧問	第55条	～	第56条	2	2.6
第5章	司　法	第57条	～	第61条	5	6.6
第6章	会　計	第62条	～	第72条	11	14.5
第7章	補　則	第73条	～	第76条	4	5.3
					76	100.0

＜日本国憲法＞					条文の数	%
前文						
第1章	天　皇	第1条	～	第8条	8	7.8
第2章	戦争の放棄	第9条			1	1.0
第3章	国民の権利及び義務	第10条	～	第40条	31	30.1
第4章	国　会	第41条	～	第64条	24	23.3
第5章	内　閣	第65条	～	第75条	11	10.7
第6章	司　法	第76条	～	第82条	7	6.8
第7章	財　政	第83条	～	第91条	9	8.7
第8章	地方自治	第92条	～	第95条	4	3.9
第9章	改　正	第96条			1	1.0
第10章	最高法規	第97条	～	第99条	3	2.9
第11章	補　則	第100条	～	第103条	4	3.9
					103	100.0

外見的なものに過ぎないという批判は多いが，国民の権利を保障する思想や権力分立主義の思想は，一応，条文の中に書き込まれている。後者は戦後の占領期にGHQの影響下において作成されたものであり，近代憲法の名にふさわしい内容を備えている。

中学・高校の授業で多くの人が憲法を学習してきたと思うが，この機会に日本という国家の構造がどのようなものであるかという意識を持って，憲法を再読してみてほしい。表４－１は，２つの憲法の章立てを示したものである。この表を見るだけでも多くのことに気づくだろう。

(2) 憲法を手がかりとすることの限界

一国の政治過程を分析するに当たっては，憲法を読むことがその第一歩となる。国会とは何か，内閣とは何か，裁判所とは何かといった事柄については，政治学者が執筆したテキストよりも，憲法学者が執筆したテキストの方が，安定的な知識を提供していると筆者は考えている[2]。しかしながら，政治過程分析を具体的に進めていく段階になると，憲法を手がかりとすることに自ずと限界が生じることを指摘しなければならない。理由として次の２つが挙げられる。

第１に，国家の権力構造が憲法によって全面的に表現されているか，という問題がある。わかりやすい例として大日本帝国憲法を挙げてみたいが，図４－１に示されているように，統治にかかわるかなりの部分が憲法によって規定できていなかった。それゆえ，戦前・戦中の日本に関しては，憲法を読むだけでは政治過程分析の準備として不十分であるといわなければならない。

図４－１　大日本帝国憲法制定時の国家機関

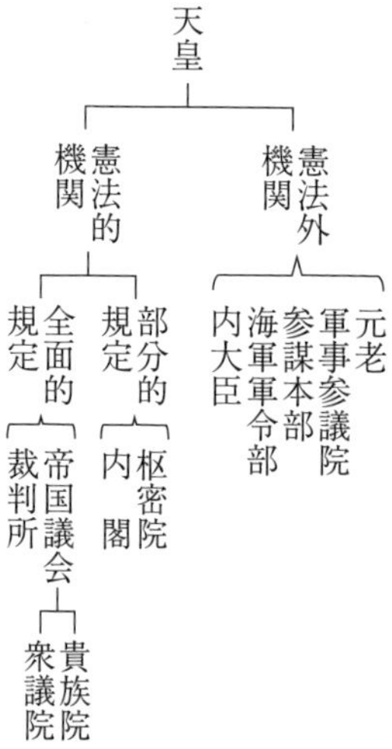

- 天皇
  - 憲法的機関
    - 全面的規定
      - 帝国議会
        - 貴族院
        - 衆議院
      - 裁判所
    - 部分的規定
      - 枢密院
      - 内閣
  - 憲法外機関
    - 元老
    - 軍事参議院
    - 参謀本部
    - 海軍軍令部
    - 内大臣

出典：長谷川(1961：13)

2　日本国憲法に関する標準的なテキストとして，芦部(2019)を挙げておきたい。

では，日本国憲法の場合はどうか。大日本帝国憲法を改正する形式で制定された日本国憲法では，とりあえずは国家の権力作用のすべての領域がカヴァーされていることになっている。とはいえ，憲法の規定は依然として大雑把であり，憲法で規定してもよいと思われるところを法律の規定に委ねている場合も多く，憲法を手がかりに実際の政治過程を捉えようとするとさまざまな壁にぶつかることになる。

第2に，理念と現実の乖離の問題がある。これは日本国憲法において指摘されることであるが，その規定は依然として近代政治の基本原理に沿った形で作られた状態にある。ゆえに，政治現象の現代的展開にかかわる部分については，憲法を読むだけではまったく見えてこない局面がある。たとえば，日本国憲法における国会は，国権の最高機関という位置づけが与えられていながら，実際の政治過程では行政機関の方が影響力を持っているのではないかと疑われる現象がある。第2章で解説した落水理論のように，憲法の理念からすれば，国民 → 国会 → 内閣 → 各行政機関という順に水は流れていかなければならないが，現実の政治過程では水の「逆流」がさまざまな折に指摘されるところである(横越1964b；小林・横越1968)。

政治過程の重要なアクターである政党や圧力団体に関する事項が，憲法には書き込まれていないという点も大きな問題である。現代政治の病理的現象と指摘されがちな圧力団体については致し方がないとしても，政治過程の表舞台で活躍している政党についても，日本国憲法には文言がないのである。こうした実情を踏まえれば，憲法外的アクターが織りなす政治過程を捉えるに当たって，憲法を手がかりとする政治過程分析には自ずと限界が生じることは了解いただけるであろう。

現実の政治は憲法を読めばわかる部分も多いが，わからないところも多々ある。こうした状況の中で，政治学の分野ではどのような道具立てで政治現象を扱っているか。前章で紹介したイーストンのような一般理論の方向で議論を展開するのも不可能ではないが，以下では，どちらかといえば中範囲のレベルの議論を紹介してみたい。個々の内容は独立性のあるものであるから，書かれている内容を無理に連動させることをせず，読者それぞれが有用であると思うものを個別に摂取していただければと思う。

2　選挙分析の基礎

本節では，各種の政治活動の中で，最も多くの市民が行っている投票参加を取り上げ，①人々はなぜ投票・棄権するのか，②人々はどのような基準で政党・候補者に投票するのか，③選挙結果をどのように見たらよいか，について概説することにしたい。

(1) 政治参加と投票行動

まずは，政治参加の形態の中で，投票がどのような位置にあるかを確認しておこう。「政府の政策決定に影響を与えるべく意図された一般市民の活動」を政治参加という。政治参加の形態には，大きく分けて，①投票，②選挙活動(自分の支持する候補者・政党の支援をすること)，③地域活動(地域の問題を解決するために他の人と共同して活動すること)，④個別接触(官僚や政治家に接触を試みること)，⑤暴力(非合法的な行為によって政府の決定に影響を与えること)がある(蒲島1988)。複数ある政治参加の形態の中で，最も多くの人が活用するのは投票である。その理由は，投票に伴う物理的なコストが，他の活動に比べて小さいからであると考えられている。

一般的に，人々はどのようなときに選挙に行き，どのようなときに棄権するのだろうか[3]。それを説明するモデルとして最も有名なものが，ライカー(William Harrison Riker)とオーデシュック(Peter Carl Ordeshook)が提案した次の式である。

$$R = P \times B - C + D$$

R(reward)は投票により有権者が得る報酬，P(probability)は自分の投票が選挙結果に影響を与える主観的な見通し，B(benefit)はある政党・候補者に投票することから得られる効用，C(cost)は投票に伴うコスト，D(democratic value, duty)は投票という行為自体から得られる満足感，を意味している。そして，計算結果が$R > 0$ならば投票し，$R \leqq 0$であれば棄権す

3　以下の叙述は，田中愛治の整理(伊藤・田中・真渕2000：第5章，第6章)に依拠したものである。この他，投票行動分野の体系を示した三宅一郎の『投票行動』(三宅1989)参照。

るということになる。

投票率は長期的に低下傾向にある。それに歯止めをかけようとするならば，P，B，Dの値を上昇させるか，Cの値を下げるしかない。有効な施策を打つためには，①有権者は「自分の票の有効性・影響力」をどのように見積もっているか(P)，②有権者は「どの政党・候補者に投票すれば自分の利益になるか」を理解しているか(B)，③有権者は「投票に関するコスト」をどのように見積もっているか，④有権者の「投票に対する義務感」はどの程度か(D)を把握した上で，それに対応した手立てを考えることが重要になる。

投票－棄権の話から，投票方向の話に移ろう。人々は，投票所に足を運んだ後，どのような基準で政党・候補者に投票するのだろうか。基本的な考え方は２つある。社会学モデルと心理学モデルである。

社会学モデルは，特定の社会的属性が特定の政治的先有傾向を形成するという認識から投票行動を説明しようとするものである。具体的に記せば，「若者だからこのように投票した」，「社会経済的地位の高い人だからそのように投票した」，「農村部の住人であるからあのように投票した」という説明の仕方がこれに該当する。波乱の要素がない無風選挙を説明するときに当てはまりのよいモデルである。このモデルは，それを提唱した研究者の所属大学の名称から，コロンビア・モデルと呼ばれている。

心理学モデルは，上記の社会学モデルが社会的属性から投票行動を直接的に説明しようとし過ぎている点を問題視した研究者グループが開発したものである。社会的属性と投票行動との間にそれらを媒介するものとして心理的要因を重視するところに特徴がある。具体的には，①候補者志向，②政党支持，③政策争点志向，という３つの動機づけがあり，その選好と強度が重要な因子となっていると考えるのである。このモデルは，それを提唱した研究者の所属大学の名称から，ミシガン・モデルと呼ばれている。

投票行動のモデルについては，心理学モデルが登場したあたりで完成形を迎えたと思われたのだが，それに基づく調査が重ねられる中で，多くの有権者が「政策争点を認知した上で，自己の政策上の立場を持ち，自分の立場に近い政党を認知する」というようなことができていないことが明らかになった。簡単に言えば，研究者の考案したモデルが想定するほどには，有権者は洗練されていないことが判明したのである。そこで登場したのが，業績評価投票モデルである。これは，選挙までの過去数年間の業績がよかったと思うときには政権党に投票し，反対の場合は野党に投票する，というものであり，そこに有権者の合理性を確認しようとするモデルである。

図４－２は，田中愛治が提示した投票行動の総合的なモデルである(伊藤・田中・真渕2000：116)。投票行動に影響を与える変数を，長期的・中期的・短期的に分け，上記の３つのモデルの内容がすべて組み込まれている。

図４－２　田中愛治が整理した投票行動の理論モデル

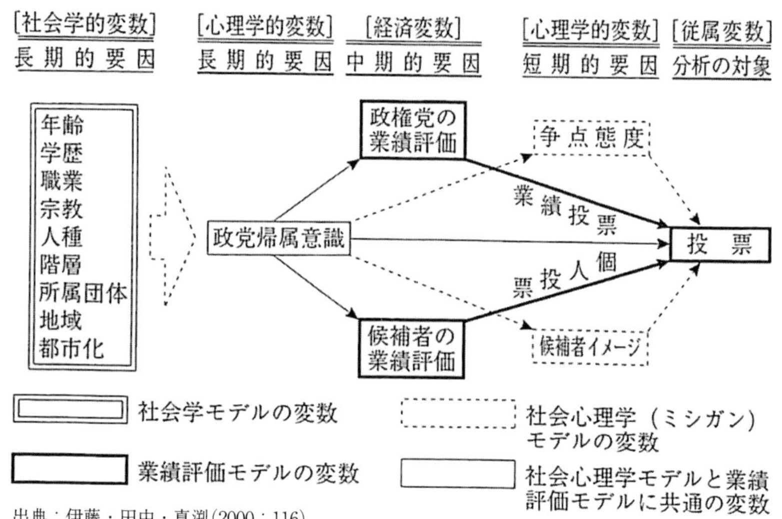

出典：伊藤・田中・真渕(2000：116)

(2) 日本人の政治意識

投票行動の研究は，上記のモデルで扱われている要因をひとつひとつ丁寧に取り上げて，それらの相互連関を調査データに基づいて総合的に検討していくという地道なものである。本書のような書籍で，そのすべてを取り上げることはできないので，以下では，日本人の投票行動に関して多くの人が引っ掛かりを感じている問題である政党支持に限定して解説を試みたい。

日本の選挙過程が複雑に思えてしまう理由のひとつとして挙げられるのが，日本の有権者に支持政党を持たないと考える人が多いという点である。世論調査で「支持政党なし」と答える有権者は一般的に無党派層と呼ばれているが，この層は1980年代後半から急増し，1995年頃になると50％に達するほどになり，選挙結果を左右する一大勢力として注目されることとなった。

かつては，無党派層＝政治的に無定見な人々，という見方がなされていたが，調査が重ねられるにつれて，そのような見方は修正されている。1990年代に入ってからの無党派層は，データから見る限り，必ずしも政治的に無関心であるとはいえないのである（田中1997）。そもそもの話として，無党派層は「層」と呼ぶほどには固定的な集団ではないことも明らかになっている。無党派層のイメージを決定的に変えた調査としては，政治学者のチームによって遂行されたJESⅡ（「投票行動の全国的・時系列的調査研究」）の調査（1993年－1996年）がある。この調査は，同一人物に何度も調査を繰り返すという形式のパネル調査であったが，同一政党支持者（７回のすべての調査で同じ政党を支持していると回答した人）は25.8%，支持政党変更者（少なくとも一度は支持する政党を変えた人）は24.1%，一時無党派（調査期間中に少なくとも一度は支持政党なしと回答した人）は47.7%，完全無党派（７回の調査で一貫して支持政党なしと回答した人）は2.4%という結果であった。大型調査のデータから判明した無党派層の実像は，特定政党の支持と支持政党なしの間を行ったり来たりしている人々，というものであった（蒲島・石生1998；蒲島1998）。

このような日本人の政党支持のうつろいやすさをどのように説明したらよいだろうか。これに関する有力な議論として，三宅一郎が提示した政党支持の幅仮説がある（三宅1985）。日本人の政党支持には何らかの形で「幅」があり，有権者は自らの政治的選好の「幅」の内側にある政党の中から支持政党を選んでいるのではないか，というのがこの仮説の骨子である。世論調査にあらわれる日本人の政党支持は不安定でも，政党支持の「幅」は安定していると考えるわけである。

政党支持が表層的なものであるとすれば，我々は，その基底にあるものに目を向けなければならない。そのような基底態度のひとつとして注目されるのが，保革イデオロギーの自己認識である（蒲島・竹中1996；2012）。図４－３は，「よく保守的とか革新的とかいう言葉が使われていますが，あなたの政治的な立場は，この中のどれにあたりますか。（ア）革新的（イ）やや革新的（ウ）中間（エ）やや保守的（オ）保守的」という質問への回答結果を示したものであるが，日本人の保革イデオロギーの分布には高い安定性が見て取れる。

図4－3　保革（左右）イデオロギー軸上における有権者の分布

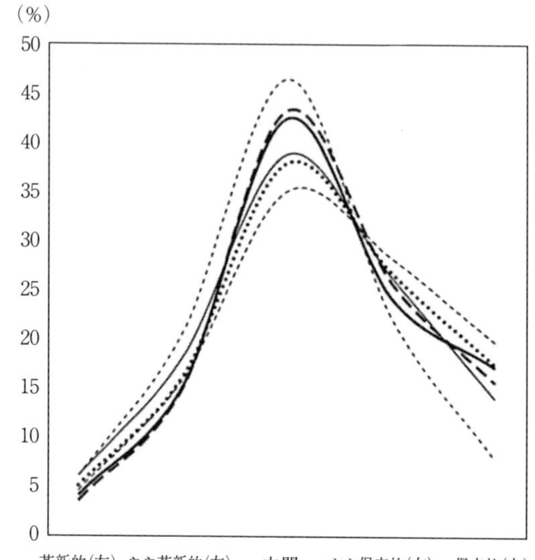

		革新的(左)	やや革新的(左)	中間	やや保守的(右)	保守的(右)	N(人)
‐‐‐‐	1967年	5.9	20.0	45.0	21.5	7.6	467
――	1983年	5.9	17.6	37.5	25.4	13.5	1,352
‐‐‐‐	1993年	4.5	15.4	33.8	27.3	19.0	2,028
••••••	2000年	5.0	15.7	36.6	25.8	16.8	1,977
‒ ‒	2005年	3.5	14.6	41.9	24.9	15.1	1,419
――	2009年	4.0	14.8	41.1	23.4	16.6	1,662

1967年はミシガン調査（「左―右」で回答を求める形式），1983年はJES調査，1993年以降は明るい選挙推進協会調査。
出典：蒲島・竹中（2012：144）

(3) 相対得票率と絶対得票率

選挙結果をどのように見たらよいか，という話に入ろう。選挙結果の解釈において，我々は議席数や議席率に目を奪われがちになるが，それをそのまま民意と捉えることはできない。議席変動には，選挙制度の特性や各政党の候補者擁立戦術が大きな影響を与えているからである。選挙結果から民意を把握しようとする場合には，議席変動ではなく得票変動の実態を丁寧に確認していく作業が欠かせない。

得票変動を把握する際に活用されるのが得票率である。得票率には相対得票率と絶対得票率の２種類がある。相対得票率は得票数を有効投票数で割ったものであり，これは多くの人が「普通の得票率」と考えているものである。これに対して，絶対得票率は，得票数を有権者数で割ったものであり，選挙の研究者が必要に応じて使用するものである。

相対得票率　＝　得票数 ÷ 有効投票数 × 100

絶対得票率　＝　得票数 ÷ 有権者数　 × 100

よく知られているように，この２つの得票率に「相対得票率」，「絶対得票率」という名前を付けたのは，当時，新聞記者であった石川真澄である。石川は，「算数」レベルの計算を用いてユニークな選挙分析を多数発表した人物であったが[4]，彼が，この２つの得票率をどのように解説していたかを以下で紹介することにしたい(石川1978：第２章)。

石川は，簡単なケースを用いて，２つの得票率の意味を説明している。そのケースとは，「いま200人の有権者による選挙で，Ａは40票を得，Ｂは60票を得，その他100人は棄権したとする。次の機会に同じ選挙をしたところ，Ａは60票，Ｂは100票を得，棄権は40人に減った」というものである。「普通の得票率」では次のようになる。

第１回		
Ａ	40票	得票率40.0%
Ｂ	60票	得票率60.0%
棄権	100人	

第２回		
Ａ	60票	得票率37.5%
Ｂ	100票	得票率62.5%
棄権	40人	

Ａは，第２回で前回より20票も増やし，第１回のＢと同じ得票になったのに，得票率では第１回のＢを下回ったことになる。またＢも，得票が大幅に増えたにもかかわらず，得票率は2.5ポイントしか上昇していないことになる。このような不都合が発生するのは，「普通の得票率」が，互いに他の得票の増減から影響を受ける性質を持っているからである。それゆえ，この「普通の得票率」は，「相対得票率」と呼ばなければならないと石川は指摘する。

このような不都合を避けるために，「普通の得票率」を捨て，分母を「有権者全体」としてみたらどうなるだろうか。200を分母として計算をしなおすと以下のようになる。

4　新聞記者である石川が政治現象の定量分析を開始した経緯については，石川(1978)の「はしがき」でわかりやすく説明されているので，参照されたい。

第１回

A	40 票	得票率 20.0%
B	60 票	得票率 30.0%
棄権	100 人	棄権率 50.0%

第２回

A	60 票	得票率 30.0%
B	100 票	得票率 50.0%
棄権	40 人	棄権率 20.0%

Ａ，Ｂともに得票が増大し，しかもＢの方が依然としてＡよりも強いということが素直に表現されていることがわかる。石川は「『有権者総数を分母とする得票率』を，他人の得票に影響されないという意味で『絶対得票率』と名付ける」と記している。

絶対得票率を使用する利点は３つある。①相対得票率で「得票率は60％」と表現すれば，「過半数から信任された」印象を与えるが，その選挙の投票率が70％であれば，絶対得票率では「得票率は42％」となり，有権者全体から見れば決して過半数が信任したわけではないことが了解できる。②各回の選挙結果を比較検討する場合に，解釈が容易になる。③絶対得票率を見ることによって，投票参加の増減の影響に気づきやすくなる。

③については，次のような例で説明がなされている。同じく有権者200人の選挙が２回あったという例である。上側が相対得票率で計算をした場合，下側が絶対得票率で計算をした場合を示している。

第１回

A	50 票	相対得票率 33.3%
B	100 票	相対得票率 66.7%
棄権	50 人	

第２回

A	50 票	相対得票率 45.5%
B	60 票	相対得票率 54.5%
棄権	90 人	

第１回

A	50 票	絶対得票率 25.0%
B	100 票	絶対得票率 50.0%
棄権	50 人	棄権率 25.0%

第２回

A	50 票	絶対得票率 25.0%
B	60 票	絶対得票率 30.0%
棄権	90 人	棄権率 45.0%

相対得票率で見ると，Ａは得票をまったく増やしていないのに，自ら善戦してＢに肉迫したかのようなイメージになる。しかし，絶対得票率で見ると，Ａが強くなったのではなく，Ｂが弱くなったからであることが一目瞭然となる。それだけではなく，Ｂが弱くなったのは棄権の増大の影響であることも，容易に把握可能になるのである。

以上は石川が提示した例であるが，最近の選挙を対象とする分析においては，候補者・政党の敗北の理由を探るときに絶対得票率と相対得票率を併用することが必須になっている。選挙の敗北の基本形には，①当該候補者・政党の基礎票が激減したことにより敗北を喫する（絶対得票率と相対得票率の両方が低下）という負け方と，②当該候補者・政党の基礎票は減っていないが（絶対得票率は横ばい），投票率の上昇によって増大した票がライバルの候補者・政党に流れて敗北を喫する（相対得票率は低下）という負け方の２つがあり，背後にある政治過程はまったく異質のものであるといわなければならない（水崎・森2007：補論）。

表４－２　自民党と民主党の議席数・相対得票率・絶対得票率と投票率

			2003年	2005年	2009年	2012年
小選挙区	投票率		59.86	67.51	69.28	59.32
	自民党	獲得議席数	168	219	64	237
		（候補者数）	277	290	289	289
		相対得票率	43.85	47.77	38.68	43.01
		絶対得票率	25.52	31.58	26.26	24.67
	民主党	獲得議席数	105	52	221	27
		（候補者数）	267	289	271	264
		相対得票率	36.66	36.44	47.43	22.81
		絶対得票率	21.34	24.09	32.20	13.08
比例代表	投票率		59.81	67.46	69.27	59.31
	自民党	獲得議席数	69	77	55	57
		相対得票率	34.96	38.18	26.73	27.62
		絶対得票率	20.19	25.12	18.10	15.99
	民主党	獲得議席数	72	61	87	30
		相対得票率	37.39	31.02	42.41	16.00
		絶対得票率	21.60	20.41	28.71	9.26

注　選挙結果を見る際は，直近の選挙結果と比較するだけではなく，過去の低投票率選挙の結果と比較することが重要となる。2005年と2009年総選挙は，投票率が急上昇しており，浮動票が激しい動きを示した選挙であると考えられる。これに対して，2003年総選挙は低投票率選挙であり，各政党の基礎票があらわれていると考えられる。なお，小選挙区に関しては，候補者数が安定しておらず，この点で比例代表よりも解釈はやや難しくなる。

戦後政治史において，ある政党が大敗したと称された選挙はいくつかあるが，たいていの場合は投票率の上昇が他党に有利に働いたことによる敗北であった。つまり，基礎票を維持した状態での議席上の敗北であり，表４－２にあるように，小泉自民党が圧勝した2005年総選挙（投票率67.5％）における民主党敗北，民主党政権の誕生をもたらした2009年総選挙（投票率69.3％）における自民党敗北が典型である。これに対して，民主党政権３

年余の実績が問われた2012年総選挙(投票率59.3%)における民主党敗北は，基礎票部分の瓦解によって生じているものであり，敗北の意味が全く異なっている。大政党のこのような敗北は，日本の選挙史上特筆すべきものである(水崎・森2007：第5章；森2011；2016a)。

3　政党分析の基礎

(1) 政党とは

政党を英語でpartyという。その語義の基礎にあるのは部分を意味するpartである。社会全体の部分である政党A，同じく部分である政党B，同じく部分である政党C，同じく部分である政党D……が切磋琢磨するからこそ社会全体が良くなっていく，というのが現代における政党政治の秩序観である(サルトーリ1992)。

我々は，大政党の動向だけを捉えて，政党政治を捉えたつもりになってしまうところがあるが，それは間違った考え方である。世界の政党政治に詳しい岡沢憲芙は，「政党の目的は，全体的な政治権力の獲得・行使・維持と表現できる」とした上で，大政党と小政党の相違を整理しながら，政党政治全体の中で小政党が果たす役割の重要性を強調している(岡沢1988：17-18)。

> ……大政党は，文字通り，政権を獲得し，その公約を全面的に実現しようとする。ここで，大政党とは，単独で政権を担当できる党勢を持っている政党，もしくは，必要上，連合政権を形成する場合も，連合交渉の基軸として小政党を招聘できる地位にある政党である。単独で政権を担当する決意を持って議会選挙に，少なくとも定数の半数以上の候補者を擁立する政党であるとも言える。
>
> 小政党は，選挙段階から単独政権樹立の可能性を捨て，部分的な政権参加（連合政権）と部分的な政策実現を目指す。極小政党（ミニ政党，ミクロ政党）の場合には，政権構想を持つには，あまりにも少数の候補者しか擁立できず，そのため，当選者もごく限られている。こうした政党が選挙に参加するのは，少数意見・利益を表明・登録するためであり，壮大な政権構想など持たない。……ミニ政党は，≪数の論理≫が支配する政党政治の下では，通常は，大きな政治的意味を持たない。だが，議会状況が緊張している場合（例えば，与野党伯仲状況）には，行詰り打開役を演じることがあるし，政権党を脅かす≪威嚇

力≫をも持つことがある。また，提示する少数意見が，現時点では，限定的な支持しか獲得できていないとしても，それだけの理由で，ミニ政党の価値を過小評価することはできない。既成政党や既成秩序に対する不満の表明だけではないかもしれない。新しい政策課題を提示し，未来政策を先取りする方向指示機能を演じているかもしれないからである。

「政権を目指さない政党は政党とは呼べない」という考えを持っている読者がいるかもしれない。そのような考え方があることは認めるにしても，だからといって「政権を目指さない政党」を政治分析から外してよいことにはならない。

(2) 政党間競合と政党内競合

政党政治の論じ方について考えよう。ここで意識したいのは，個々の政党を見るだけでは，政党政治を論じたことにはならない，という点である。話をわかりやすくするためにスポーツ観戦を例にしたいが，たとえばサッカーの試合を観戦したとする。たいていの場合，素人は，特定の選手の活躍，あるいはお気に入りのチームの勝ち負けだけを捉えて一喜一憂する。それに対して，玄人は，どの選手が個人として活躍するか，どちらのチームが勝つかではなく，試合全体を捉えた上でよい試合というものに期待する。よい試合などというものがあるのか，という疑問を持つ人がいたら，近くのサッカー好きに聞いてみるとよい。おそらく，よい試合としょっぱい試合の差を熱弁してくれるに違いない。

これに似た発想で政党政治を捉えるのが政党システム論である。権力をめぐって複数の政党がどのような相互作用を展開しているかを捉える視点である。かつては，一党制，二党制，多党制というような括りが一般的であったが，サルトーリ(Giovanni Sartori)の研究が発表されて以降，7区分法で捉えるのが定番となった(表4－3)。政党の相対的規模，政党間のイデオロギー距離，イデオロギーへの感情移入の程度，競合の求心性・遠心性，政権交代の可能性などの要因も入れ込んだ上で，政党システムの議論がなされるようになったのである。

サルトーリの政党システム論のポイントは次の3点である。第1は，政党システムに競合が存在するかどうかで全体を大きく2つに分けるという点である。第2は，非競合的な政党システムの中で2つの区分を設定するという

表4－3　サルトーリによる政党制の類型

		政党制	政党数	政権交代の可能性	特徴	国家
単独政権型政党制	非競合政党制	一党制	1	無	たった1つの政党のみが法律上にせよ事実上存在を許される。抑圧的で対抗集団に対しては不寛容である。	中国，ソ連，ハンガリー，チュニジアなど
		(1)全体主義一党制			強いイデオロギー指向を持ち，強制力，動員力が大きい。勢力範囲の全面的拡大と完全かつ総合的な社会化を目指す，サブ・グループに対しては，自律性を破壊しようとする。	
		(2)権威主義一党制			イデオロギー指向は弱く，サブ・グループに対しては排除性を持つが非政治集団の存在は認める。	
		(3)プラグマティック一党制			イデオロギー指向は無関係であり，強制力，動員力も小さい，サブ・グループの存在についても寛容である。	
		ヘゲモニー政党制	多	無	複数政党の存在は認められているがすべてヘゲモニー政党に対抗し得ない衛星政党であり，政権交代もおこり得ない。	ポーランド，東ドイツ，メキシコ，シンガポール
		(1)イデオロギー指向ヘゲモニー政党制			イデオロギー指向が強く，一定の衛星政党のみが認められ，指定のイデオロギーの下での競合が許される。	
		(2)プラグマティズム指向ヘゲモニー政党制			イデオロギー指向は低いが政権維持の手段として野党の存在が認められている。	
	競合型政党制	一党優位制	多	無	支配的政党以外にも政党は存在し，制度的にも政権獲得のチャンスを持つが結果的に特定の政党の長期支配が続く。	日本，インド
		二党制	2	有	二大政党が多数を目指し競合する。多数党が単独政権を組織する。	イギリス(1981年まで)，アメリカ
連合政権型政党制		限定的多党制	3 ｜ 5	有	政党間のイデオロギー距離は小さく連合政権は2党の上に成り立っており，政党間の対立も穏健である。	西ドイツ，ベルギー，スウェーデン，デンマーク
		分極的多党制	多	有	政党間のイデオロギー距離は大きく反体制政党が存在する。政党間の対立もはげしく，政権交代軸が分極化しているために不安定である。	イタリア，第4共和制フランス，ワイマールドイツ
		原子化政党制	多	有	抜きんでて支配的な政党が存在せず，多くの政党が乱立している。	マレーシア

出典：　黒川・大井・岩井・関根(1983：70)

点である。第3は，競合的な政党システムの中で5つの区分を設定するという点である。今日の感覚でいえば，競合の存在しない政党システムなど存在するのかという疑問があるだろうが，これは社会主義諸国の政党システムを分析する上で重要な操作であったことを付記しておきたい。

サルトーリの議論の特長が最もよく出ているのは，上記の第3のポイントである。まず，二党制を例外として扱っている点は大胆な判断であったといえよう。次に，多党制の中にある多様性を捉えているところは興味深く，多党制＝不安定という俗説を批判し，「穏健な多党制」を指摘した点が注目される。最後に，どの区分にも属さない日本のようなケースを説明するために，一党優位政党制という区分を新たに創出したあたりは，我々日本人にとっては響くところである。一党優位政党制についてのサルトーリの説明を引用しておこう。「一党優位政党制は競合的システムの一番外れに位置を占めるシステムである――あまり端っこにあるために誤って一党制と分類されていることもあるくらいである。……一党優位政党制は政党多元主義の一タイプであり，政権交代は実際には長期にわたって生じないかもしれないが法的に禁じられているわけではない。政治システムは公然かつ効果的な異議表明の機会を十分に与えている。」（サルトーリ 1992：335）

以上は政党間競合に関する議論の紹介であったが，分析の目的に応じて，政党内競合を捉えることが重要になるときもあるので，それを記しておきたい。たとえば，政党の中の政治家や派閥の動きが政治過程に大きな意味を持っている場合は，政党を一枚岩の単体として扱うことに無理が生じてくる。日本のように政権交代が発生しない国の場合，政党間競合に加えて政党内競合に分析のメスを入れなければならない。

(3) ダウンズの空間競争モデル

話を政党間競合に戻し，それを捉える上で多くの政治学者が活用しているダウンズ（Anthony Downs）の空間競争モデルを紹介したい（ダウンズ 1980）。ダウンズは経済学専攻であったが，政治学者が政治現象を難しく解釈するのを批判的に捉え，経済学的な手法を用いて政治現象をシンプルに議論したことで有名である。当初はダウンズの議論に対して批判的な政治学者が多かったようであるが，今日では選挙・政党政治論の古典に位置づけられるものになっているといってよいだろう[5]。

5　ダウンズの議論を紹介した文献は多いが，その中で，最もわかりやすい解説を提供しているのが，森脇（1981）である。

ダウンズの議論においては，投票者と政党の選挙における行動は次のように説明される。投票者は，複数の政党の提示する政策のうち，どの政党のものが自らに最も効用をもたらすかについて政党間の差を計算し，自己の効用を最大化する政党に投票する。一方，政党は，何らかの理念に基づいた政策を実現するために選挙に勝利しようとするのではなく，選挙で勝利するために有権者の選好に合わせた政策を提示しようとする。

以上は，アクターに完全な情報が与えられている場合の議論である。しかし，現実の世界では投票者や政党が完全な情報を入手することは考えにくい。それをしようとすれば，莫大なコストがかかるし，そもそも高度な政治的知識が必要となる。投票者の多くは，政党の政策を精査し，その効用を計算することなどできないだろう。

ここで登場するのがイデオロギーの有用性の議論である。完全情報を得ることができない投票者と政党の両者が，不確実性を減らすためにイデオロギーに依存するようになるとダウンズは議論を展開する。投票者は，政党の示すイデオロギーによって，個々の政策を精査することなく情報獲得コストを節約しながら政党間の差異を知ることができる。また政党の方も，イデオロギーを基準に，多くの投票者を引きつけるような政策を提示することができるようになる。

このような前提のもとに，ダウンズは選挙分析に空間競争モデルを導入し，さまざまな議論を展開した。ここでは彼の議論の中で最も知られている二党制下の選挙における基本的なモデルを紹介しておこう（図４－４，４－５）。図中の横軸はイデオロギー尺度，縦軸は有権者数をあらわしている。図４－４は，イデオロギー軸上における有権者の分布が，正規分布の場合である。ここで25の位置に政党Ａ，75の位置に政党Ｂをおくと，２つの政党は得票の増大を見込んで，中央に接近することになる。これに対し，図４－５のようにイデオロギー軸上の有権者が両極化して分布している場合は，政党は中央に動くと支持が減少するので，当初の位置から動こうとはしない。

ダウンズのモデルを使用すると，一般に不可解と捉えられている新党現象のメカニズムも容易に説明され得る場合がある。図４－６では，有権者はやや左寄りの分布となっている。それに対応した形で，大政党のＡとＢが左寄りに位置している。こうしたときにはＣのような新党が出現する可能性が高くなる。なぜ，有権者の少ない場所に新党が登場するのか。その理由は，大政党Ｂを右側に引っ張るためである。Ｂは右側に移動しなけれ

図4－4 有権者が正規分布の場合

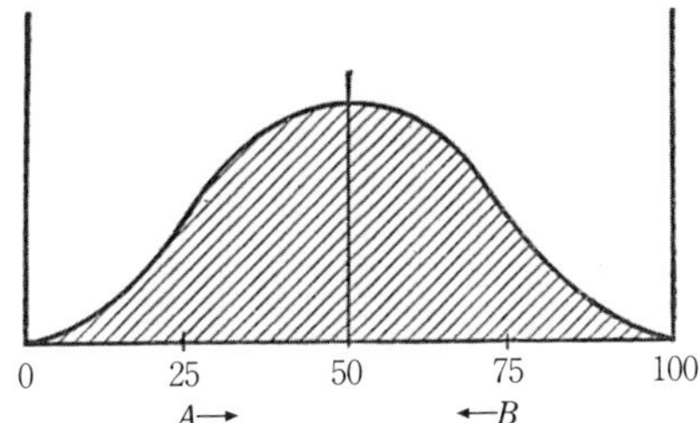

出典：ダウンズ(1980：121)

図4－5 有権者の分布が両極化している場合

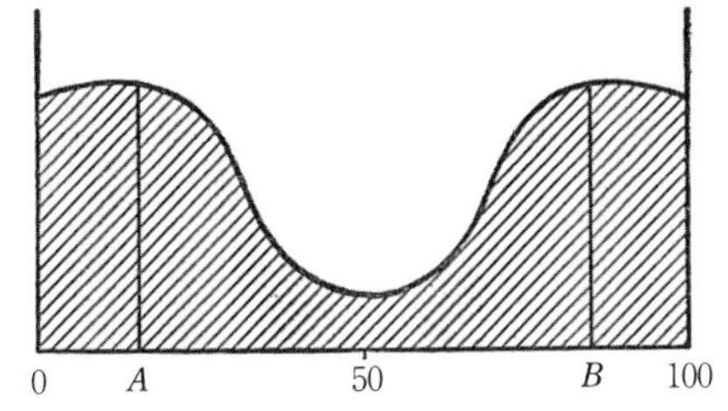

出典：ダウンズ(1980：122)

ば，新党のCに票を奪われてしまうので，確実にAに敗北する。こうした状況をBが的確に理解し，Cの近くにまで移動すれば，牽制政党としてのCの役割は終了する。

図4－6　新党出現の一例

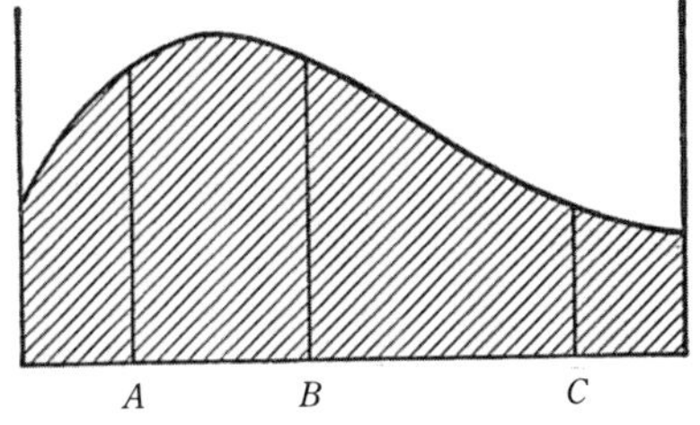

出典：ダウンズ(1980：134)

4　利益団体分析の基礎

政治学の中に政治過程論という分野があり，政治過程論という分野の中に利益集団論という分野があるのだが，選挙政治論や政党政治論と異なって，利益集団論は相当にとっつきにくい分野であるようである。そこで本節では，初学者が誤解しがちな点を解消することを主眼に置いた解説をしておきたい。実際の分析については，後章で扱うこととする。

(1) 自称・他称問題

現代政治分析のテキストブックとして定評ある伊藤光利・田中愛治・真渕勝著『政治過程論』において，政治過程論は次のように定義されている。「政治過程論とは，政治家，政党，官僚，利益団体，市民などの政治アクターの相互作用の動態を記述し，説明するアプローチのことである」(伊藤・田中・真渕2000：2)。ここで列挙されている政治アクターのうち，利益団体は他の政治家，政党，官僚，市民とは異なって，政治学者にとっても論じるのが難しい政治アクターである。

なぜ，論じるのが難しいか。その理由のひとつとして挙げたいのが政治アクターの自称・他称問題[6]である。この社会には無数の団体が存在するが，自らを利益団体と自称する団体は存在しない。我々が利益団体と呼んでいる団体はすべて，何らかの個別名称(○○組合や○○協会など)で自らの団体を自称している。しかもその大多数は，実は，積極的に政治にかかわろうとしているわけではない団体なのである。しかしながら客観的に見て，当人たちの認識以上に，一定の政治的機能を果している団体が数多くある。このような自分自身を利益団体であるとは認識しておらず，必ずしも自覚的に政治にかかわっているわけではない団体までを含めて，政治学の分野では，それを利益団体と呼んできたわけである。つまり利益団体とは，政治学者側の都合で認定された当該団体の他称であり，この点で，政治家，政党，官僚，市民とは異質な存在といえる。

ここで利益集団，利益団体，圧力団体という用語を定義しよう(辻中1988：14-17；辻中編2002：第1章)。これらの用語は，必ずしもその相違が意識されずに用いられてきたが，近年ではその用語法も確立されつつある。

まず「利益集団」だが，これは組織化されているかいないかを問わず，特定の利益の共有が推定される人々を指す用語である。利益集団という用語は，3つの用語の中で，対象とする範囲が一番広い用語であるといえる。

これに対して「利益団体」は，利益集団の中でも，継続的でかつ形式的な規則を有している実体的な組織を指す。ただし，中央政府や自治体などの国家関連領域の団体，企業などの市場関連領域の団体，伝統的共同体関連領域の団体は，一般的に除外される。このように記しても，具体的に利益団体のイメージが持てない読者は，たとえばNTTの職業別電話帳『タウンページ』の「組合・団体」という項目を見られたい。そこに掲載されている団体は，かなりの程度，利益団体の定義に合致するものである。

最後に「圧力団体」だが，これは利益団体の中でも，政府の諸決定と執行に影響を与えようとする団体を指す。ただ，利益団体と圧力団体を明確に区別することは難しい。なぜなら，恒常的に圧力団体である団体もあれば，「何か問題が発生したとき」にだけ圧力団体として行動する団体もあるからである。したがって，利益団体と圧力団体の区別はより柔軟に捉える必要があ

6　当該集団の自称と他称のズレに着目して議論を展開する方法があることについては，直接的には，松田宏一郎の「『亜細亜』の『他称』性」という論文(松田2008：第2部第1章)より示唆を受けたことを記しておきたい。

り，どのようなときに社会過程に存在する利益団体が，政治過程・政策決定過程に圧力団体として参入するのかという点が，観察のポイントになる。

(2) 政治過程における利益団体の位置づけ

ここから先は，組織化された集団である利益団体に議論を限定し，利益団体の存在を政治過程にどのように位置づけたらよいかを概説したい。

第1に，利益団体と政党は何が違うのか，という問題がある。これについては，政党が権力そのものを掌握することを目指す組織であるのに対し，利益団体はそれを目指さない組織であると考えるとわかりやすい。利益団体が圧力団体となった場合でも，そこで目指されるのは，いかに権力に影響を与えるか，である。政党と利益団体の相違を，具体的な基準を挙げて説明するとすれば，選挙に継続的に候補者を擁立しているかどうかがポイントになる。利益団体の中にも，政党・候補者を支援するだけではなく，自ら候補者を擁立しようとするものが存在する。しかし，その動きが散発的なものである場合は，政党とは呼びにくい。当初は政治過程に影響力を行使する手段として選挙を利用していた組織が，当選見込みのある候補者を，一定の規模で，継続的に擁立するようになったならば，それを政党と呼ぶことも可能であろう。

第2に，利益団体の存在を，民主主義とどのように関連づけるかという問題がある。利益団体の政治活動は，「正規の政治過程に横槍を入れる」というイメージで語られることが多く，ネガティブな評価がつきまとう。利益団体が存在するから，民主主義が阻害されるのではないか，という危惧はいつの時代も存在する。しかし，次の点を考えると，利益団体の政治行動には，肯定的な側面があることに気づくだろう。①選挙は定期的にしか行われない。②選挙で有権者に提示される選択肢が限られている。③選挙過程で重要な役割を果たす政党政治が一部で機能不全を指摘される状態にある。こうしたときに，社会の中に存在するさまざまな利害を政治過程に表出するという利益団体の役割が注目されるのである。

第3に，利益団体は，政策決定機構の外から圧力をかけることの他に役割を持っていないのか，という問題がある。利益団体研究者の多くは，「権力の存するところ，そこに圧力がかけられる」というキー（Valdimer Orlando Key Jr.）の言葉や，「権力の存在するところに，圧力が行使されるだろう。したがって，圧力が行使されるところに，われわれは権力の所在を発見できる」というビア(Samuel Hutchison Beer)の言葉に導かれて研究を進めてきたところがあるので[7]，利益団体＝圧力団体というイメージになるのだと思うが，研究関心はそこに限定されるべきものではない。むしろ，政治過程のあらゆる局面で，利益団体がなんらかの働きをしていると考える方がよいだろう。この点で注目されるのが，ガバメントからガバナンスへというフレーズである。かつては政府だけが政策実施における行為主体であると考えられてきたが，近年では，政府以外の主体も入れ込んで，政策実施を考えることが普通の状態になりつつある。特に日本の場合は，政府の規模が小さく，その権限も小さいので，行政－団体関係が重要な論点であり続けてきた(辻中・森編2010)。

(3) 分析の焦点

利益団体の存在を組み込んだ政治過程分析は，どのようなものになるだろうか。具体的な分析については，第10章以降で扱っていくので，ここでは分析における焦点のみを記しておきたい。

第1は組織化にかかわる現象である。すべての議論の端緒として，この社会に存在すると想定される利益集団のどの部分が，どの程度，組織化され利益団体化しているかという点を確認する作業が求められる。政治学的には，利益集団の利益団体化を推進する要因，抑制する要因は何かというあたりが論点になる。

第2は政治的活性化にかかわる現象である。組織化された利益団体のすべてが政治過程での活動を展開しているわけではない。社会過程に存在する利益団体が，政治過程に参入するのはどのような場合か。より細分化して述べれば，それが権力核の外からの働きかけであれば，どのようなルートを活用して影響力を行使しようとしているか。権力と連動して活動を展開しているのであれば，なぜ，それが可能なのか。その政治的・政治学的な意味はどのようなものか。他方で，権力によって政治過程から排除されてしまっている団体には，どのような特性があるか。その政治的・政治学的な含意はどのようなものか。こういったあたりが論点となる。

第3は循環にかかわる現象である。団体世界は固定的なものではなく，「構

7　キーとビアは，戦後アメリカで活躍した政治学者であるが，彼らの言葉は，横越(1962：221)，内田(1995：263)で紹介されている。

造転換期の中でどのような集団が『活性化する上昇集団』であり，どのような集団が『衰退もしくは停滞する集団』であるか」（辻中1988：3）が確認されなければならない。構造転換にはさまざまな側面があるが，グローバル化が急速に進む現在においては，一国完結型の福祉国家を前提とした団体世界がどのように変容しているかが問われることになろう。

以上のような利益団体の姿を，政治学者はどのように把握しているのだろうか。こうした方面での研究には，①特定団体の行動を詳細に追跡する事例研究（政策決定過程における団体のリアルな姿を確認することができる），②国勢調査や事業所統計（経済センサス）等の集計データに着目する研究（この社会にはどのような団体がどのような規模で存立しているかを客観的なデータで確認できる），③質問票に基づくサーヴェイ調査（社会過程・政治過程における団体の存立様式・行動様式を被調査団体の回答を通して捉えることができる）の３つのアプローチがある。本書の後半では③を中心に利益団体政治を扱うことになるが，その面白さが伝わるように工夫した叙述を試みたいと考えている。

第5章

自民党一党優位の継続と選挙

ここから先は，日本の政治過程を分析的に論じていくことにする。本章「自民党一党優位の継続と選挙」では，後続の内容を読み解く上で最低限必要となる知識を提供することを目的に，まず，戦後日本政治の時期区分の見立てについて述べ，その後，選挙制度の基本的な解説を行う。その上で，自民党が単独で政権を担当した時期に焦点を当て，「自民党が選挙で負けなかった理由は何か」を考えることにする。「政権獲得という点で野党が無力であった理由は何か」については，次章で扱うことにしたい。

1　多党化現象から捉えた日本政治の時期区分

(1) 政党制破片化指数

筆者は，現在の勤務校で現代日本政治を扱う講義を担当している。その講義の受講生から毎年受ける質問のひとつに「今の日本は何政党制ですか？」というものがある。大政党と中小政党が複雑に絡み合う政党政治の姿は，初学者にとっては了解しづらいものである。政党システムの類型というものがあり，複数の政党による競合をもっと簡単に捉えられるのであれば，現在の日本がそのどれに当てはまるかを知りたい，というのが質問の趣旨である。

前章で解説したように，ある時期以降の政治学では，一党制・二党制・多党制という大雑把な枠組の中に，すべての国の事例を押し込めようという試みは下火になっている。比較政党研究が進展する中で，二党制になっている国は少数であり，多党制の方が多数派であることが指摘され，多党制の中にも複数の形態があることが認識されるようになったからである。そうした議論の到達点としてサルトーリ(Giovanni Sartori)の議論があるわけであるが，実のところ，これもそれほど使い勝手がよいものではない。政治現象を30年のスパンで捉えることが許されるのであれば，政党制の類型学の有用性は依然として高いといってよいが，一国内の短期的な変動を捉える上では，議論が大雑把になりすぎるからである。

分析の焦点は，多党が競合する状況をいかに把握するかに移っている。政党政治の総合的把握については，各種の政治学の教科書の概説に依存することとし，ここでは多党の競合をトータルに把握するためのテクニックについてのみ，述べることとする。

多党が競合する状況を客観的に測定するために開発されたもののひとつに，政党制破片化指数がある[1]。これは，議会に存在する政党の数とそれぞれの政党の議席占有率から，多党化の程度を数値的に表現しようとしたものである。政党制破片化指数の計算式は，種々提案されているが，ここでは数式の意味するところの理解のしやすさという点で秀でているレイ指数を紹介し，日本の衆議院のデータで計算した結果を示してみたい。

レイ指数は，イエール大学のレイ(Douglas Whiting Rae)によって提案されたものである。次の数式によって算出される値は，政党の数が多ければ多いほど，そして諸政党の議席占有率が互いに接近していればいるほど大きくなり，その逆の場合には小さくなり，一党が議席を独占しているときに最小値である０になる。

$$\text{レイ指数} = 1 - \sum_{i=1}^{N} S_i^2$$

S_iはi番目の政党の議席占有率，Nは政党数をあらわす。右辺の$\sum_{i=1}^{N} S_i^2$の部分は，各政党の議席占有率の二乗和となっており，議会における特定政党への議席の集中化の度合いを示している。それは，厳密にいえば，議会の全議員から２人の議員を無作為に抽出した場合に，この２人が同一政党に所属している確率の近似値である。レイ指数は，この確率の近似値を１から引いたものであるから，抽出された２人の議員が異政党に所属している確率の近似値を示していることになる[2]。

1　政党制破片化指数については，水崎(1983a)参照。以下のレイ指数の解説は，同論文に依拠したものである。本章付録の資料の中に登場するウィルジェン指数についても，同論文に解説があるので参照されたい。

2　$\sum_{i=1}^{N} S_i^2$の部分を，もう少し丁寧に説明すると，以下の通りである。たとえば，総議員数をn，i番目の政党の議席数をf_iとすれば，全議員から２人を抽出する場合の数(組み合わせ)は${}_nC_2 = \frac{1}{2}n(n-1)$通りであり，抽出された２人が同一政党に属している場合の数はこのように説明していくと，難しく感じられるかもしれないが，実際の計算は簡単である。たとえば，政党が２つでその議席占有率が50％，50％であれば，レイ指数は1 − (0.5 × 0.5 + 0.5 × 0.5) = 0.5となる。議席に偏りが生じ，70%と30%になると，レイ指数は1 − (0.7 × 0.7 + 0.3 × 0.3) = 0. 42，政党の数が増えて，50%と30%と20%になると，レイ指数は1 − (0.5 × 0.5 + 0.3 × 0.3 + 0.2 × 0.2) = 0. 62となる。議会の中から２人の議員を無作為に抽出した場合に，この２人が異政党に所属している確率は，それぞれ50％，42％，62％であることになる。表５－１は想定上の政党議席配分率からレイ指数を算出した場合を示したものであるが，政党の数と議席率の分布の両方に対応した非常に便利な指数であることがよくわかるであろう。

表５－１　想定上の議席配分率におけるレイ指数

政党数	議席配分率					レイ指数
1	1.00					0.0000
2	0.70	0.30				0.4200
2	0.50	0.50				0.5000
3	0.60	0.30	0.10			0.5400
3	0.50	0.30	0.20			0.6200
3	0.33	0.33	0.33			0.6667
4	0.40	0.30	0.20	0.10		0.7000
4	0.25	0.25	0.25	0.25		0.7500
5	0.45	0.20	0.15	0.10	0.10	0.7150
5	0.20	0.20	0.20	0.20	0.20	0.8000

出典：水崎(1983a：112)の表の内容を一部省略して作成。

(2) 衆議院における政党制破片化指数の変化

日本の議会に関してレイ指数を算出するとどのような結果が得られるだろうか。図５－１は，戦後のすべての衆議院選挙(1946年から2021年まで)の政党別当選者数からレイ指数を算出し(算出に当たっては，諸派および無所

$\sum_{i=1}^{N} {}_{f_i}C_2 = \sum_{i=1}^{N} \frac{1}{2} f_i(f_i - 1)$通りであるから，よって２人が同一政党に所属している確率は，後式を前式で割って$\sum_{i=1}^{N} f_i(f_i - 1)/n(n-1)$となる。ここで，$f_i$と$n$がそれほど小さな数でなければ，$f_i - 1 \fallingdotseq f_i$，$n - 1 \fallingdotseq n$と考えて，この確率は$\sum_{i=1}^{N} f_i^2/n^2 = \sum_{i=1}^{N} S_i^2$という近似値であらわされることになる。

属の当選者は，その合計人数を総議席数から差し引いて計算している)，その変化を折れ線グラフで示してみたものである。

戦後日本の政党競合は３つの時期に区分して把握することができる。３つの時期の中にさらに細かな時期区分を設けることは可能であるが，ここでは大きな見立てのみを示しておこう。

第Ⅰ期は，1955年秋の自民党・社会党の二大政党による競合が始動する以前の極端な多党分立の時期である。この時期のレイ指数は，非常に高い値を示しており，55年体制が成立する直前の選挙の結果では0.7190である。

第Ⅱ期は，自民党が衆議院で過半数を確保して政権を掌握し続けた時期である。55年体制最初の総選挙である1958年では，議席のほとんどを自民党(議席率61.1%)と社会党(35.5%)が占有したために，レイ指数は0.4667と極端に低くなっている。しかし，それは最初だけであり，レイ指数が低値安定とならなかったところに注目したい。自民党が政権を担当した38年間，レイ指数は上昇を続けたのである。これは，自民党議席率の低下と野党の多党化を反映したものである。「自民党一党優位」という言葉の響きから，かつての自民党は議会で圧倒的な議席を保持していたのではないかと考える読者がいるかもしれないが，それは正しい理解ではない。1970年代後半以降の自民党は，議会の過半数の議席は確保するものの，政治情勢は保革伯仲が常態化していたのである。1976年と1979年の総選挙では，選挙が終わった後

図５－１　政党制破片化指数(レイ指数)の推移

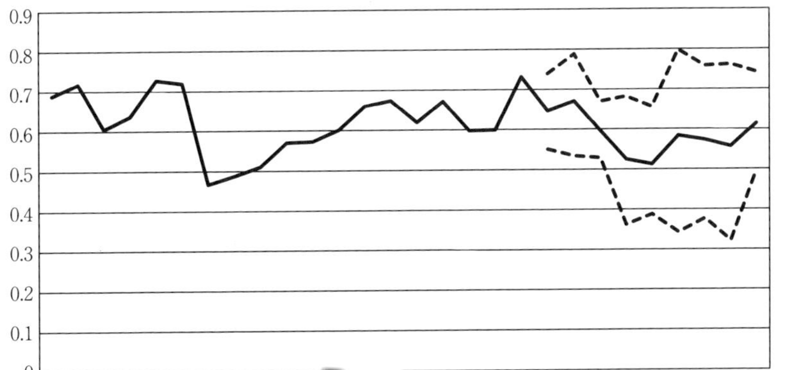

に無所属議員を追加公認することで，なんとか過半数を維持したくらいである。それでも政権交代が起きなかったのは，自民党側の粘りとともに，野党第一党であった社会党の政権獲得能力の欠如や野党連立政権論の不毛によるところが大きかったと見なければならないだろう。

第Ⅲ期は，1993年に自民党が衆議院で過半数を失って政権の座から離れ，政権に復帰しても複数政党による連立政権を組まざるを得なくなっている時期である。非自民の政党が政権を担当することもあったが，それは短命に終わっており，「自民党＋α」政権[3]の形態が恒常化しつつあるといえよう。この時期の政党政治に関しては，今まさに研究が蓄積されていく途上にあるが，小選挙区比例代表並立制とのかかわりの中で政党政治を論じることが標準化している。周知のように1996年以降の衆議院選挙は，小選挙区比例代表並立制の下で行われている。そこで図には，全体の議席でレイ指数を算出した場合(実線)，小選挙区部分の議席でレイ指数を算出した場合(下側の破線)，比例代表部分の議席でレイ指数を算出した場合(上側の破線)を掲載してある。並立制採用後，しばらくの間は，小選挙区部分の動向に引きずられる形で比例代表部分においてもレイ指数の低下傾向が見られたが，近年では，高い値に戻っている。小選挙区部分は第一党の圧勝傾向が続き，低い値で推移してきたが，最新の2021年総選挙では自民党が議席を減らしたことにより，やや高い値が算出されている。

2　55年体制下の選挙変動

(1) 選挙制度の解説

前節を読んでおわかりいただけると思うが，どのような種類の選挙制度を採用しているかによって，選挙・政党政治の形態は大きく変わってくる。ゆえに，日本の選挙・政党政治を語る上で，選挙制度の知識は欠かせないものとなる[4]。

---

3 「自民党＋α」政権という言葉は，筆者の造語である。かつての自民党政権(自民党単独政権)と現在の自民党政権(連立政権)の違いを初学者が感覚的につかめるようにするための工夫であると捉えていただきたい。

4 本書の中で深めることは諦めたが，選挙制度の問題は改めて問い直す価値のある大きなテーマである。第2章の注13で述べたように，選挙制度の解説の定番は「小選挙区制か比例代表制か」という議論であり，以下本文で述べる内容もその範囲で収めてある。

選挙制度を分類する際，基準のひとつになるのが選挙区定数である。定数１の場合を小選挙区制と呼び，定数が複数の場合を大選挙区制と呼ぶ。大小という表現は選挙区の面積をあらわすものと誤解されやすいが，定数の規模をあらわしていることに注意したい。

大選挙区制の場合は，当選者をどのように決めるかが問題になる。多くの場合は，候補者ではなく政党を選ぶ方式の投票を実施し，政党の得票規模に応じて議席を配分するという方法が採用されている。そのような方法を用いる選挙制度を総称して比例代表制という。世界的に見て，大選挙区制の場合は比例代表制であることがほとんどなので，選挙制度といえば，小選挙区制か比例代表制かという議論になる。

日本の場合，長らく選挙区定数３～５の選挙制度が採用されてきた。上の基準でいえば大選挙区制になるが，それを日本人は伝統的に中選挙区制と呼んできたのである。投票は候補者個人に対して単記で行われ，得票上位者を定数の数だけ当選させるというユニークな制度であった。衆議院の総定数は500程度，選挙区が130程度であったから，議会で単独過半数を目指す自民党は，ひとつの選挙区で複数の候補者を擁立する必要があった。そのため「政策論争が起きず集票活動にカネがかかる」と指摘された。他方，野党の側は大同団結しなくても一定の議席が獲得できたので，野党の多党化が固定化された。定数３の選挙区では自自社，定数４の選挙区では自自自社，定数５の選挙区では自社公民共という当選パターンがよく見られた。

しかし，それは選挙制度論全体からすると部分的な議論でしかない。選挙制度の定義については，三宅一郎の次の議論が最もバランスのとれたものであるといえよう。「選挙で選出されるべき公職者，選挙に投票する資格をもつ人すなわち有権者は誰か，選挙運動の進め方と制限，投票の方法，得票数の計算法，得票を議席に変換する方法等々，選挙と投票のあらゆる側面が法によって規定されている。これらの諸ルールの全体をまとめて，『選挙制度』と呼ぶ」(三宅1989：8)。このように選挙制度を捉えたときに思い起こされるのが，選挙法は技術法としての性格と政治法としての性格の両方を持っているという杣正夫の指摘である(杣1986：まえがき)。日本の場合には，「べからず法」と揶揄されている公職選挙法の細部の改正の意味を問うことが重要になるわけだが，この点に関しては，大山礼子の指摘(大山2018)や，安野修右，益田高成の研究(安野2019；益田2021)を参照されたい。第２章の注13で紹介したような基礎研究の上に，投票行動論の観点からの選挙制度研究の蓄積と，集票行動論の観点からの選挙制度研究の蓄積が両輪となって展開することで，政治学における選挙制度研究が体系化される，というのが筆者の見立てである。

この中選挙区制が廃止された後に採用されたのが，小選挙区比例代表並立制である。選挙制度を変更するとなると，通常，大政党は小選挙区制を望み，中小政党は比例代表制を望むので，その妥協点として２つの制度を結合した選挙制度が採用されることが多い。問題となるのは両制度の結合の方式であるが，小選挙区制と比例代表制でまったく別個の選挙を行うという並立制が採用された。議席の振り分けは，小選挙区300，比例代表200と，小選挙区の方に多くの議席が配分された(現在の定数は，小選挙区289，比例代表176である)。比例代表の選挙区は全国をひとつの選挙区とするのではなく，全国を11ブロック(北海道，東北，北関東，南関東，東京，北陸信越，東海，近畿，四国，中国，九州)に細分化する方式が採用された。

本章の以下の内容は，中選挙区制時代の選挙・政党政治を扱ったものとなる。小選挙区比例代表並立制下の選挙・政党政治については，第８章で扱うことにしよう。

(2) 5政党競合の実態：候補者数と当選者数

自民党が単独で政権を担当し続けた1955年から1993年の38年間を一般的に55年体制と呼ぶ。55年体制下の政党政治は，自民党・社会党・公明党・民社党・共産党の５党の競合によって特徴づけられるが，各政党の基礎力には大きな差があった。図５－２は，55年体制下における衆議院選挙の候補者数と当選者数を政党別に集計したものである。当時の選挙制度は，ひとつの選挙区の定数が３～５の中選挙区制(例外的に１人区，２人区，６人区もあった)であり，衆議院の総定数は467～512，選挙区数は118～130であった(選挙区数が時期によって異なるのは，一票の較差問題や沖縄復帰に対応したことによるものである)。

１回の選挙で何人の候補者を擁立できるかは，政党組織の基礎力をあらわす指標である。自民党は候補者擁立の時点で一党優位であった。１選挙区に複数の候補者を擁立し，議会の過半数を単独で占めることを目指していたのである。自民党は次第に候補者数を減少させているが，これは組織の衰退を示すものと見るべきではない。保守合同の影響により，結党当初は過剰に候補者を擁立せざるを得なかったものの，やや時間をかけて最小限最大多数の選挙態勢に転換していったことのあらわれと捉えるべきものである。自民党は最終的には毎回300人以上の候補者を立て，負け込んだ場合でも無所属当選者の追加公認を含めれば，ギリギリではあったが衆議院の過半数を確保す

図5－2　55年体制下における5政党の候補者数と当選者数

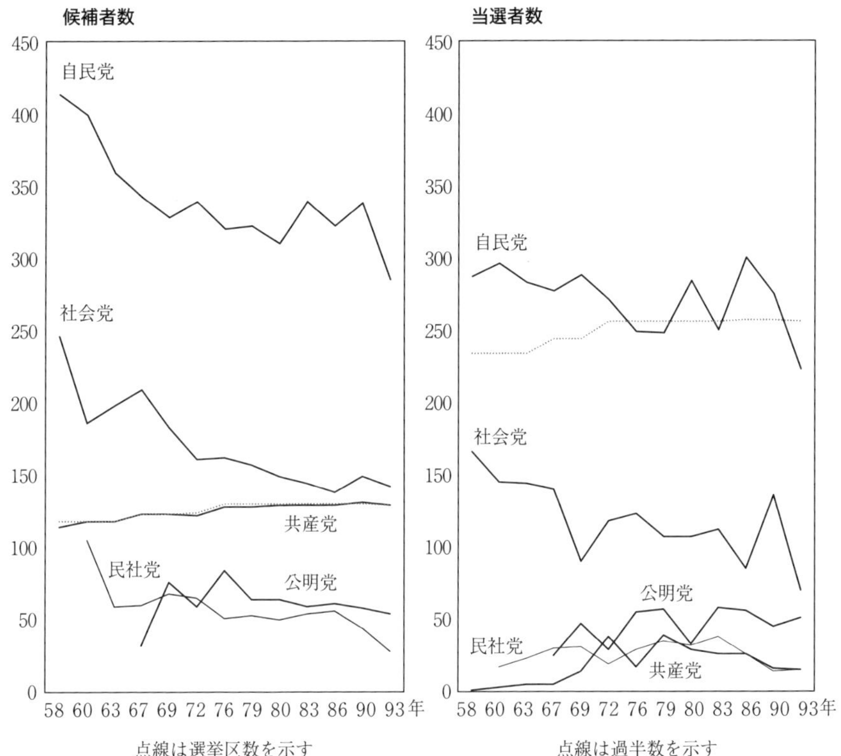

る政党であり続けた。

社会党も当初は1選挙区に複数の候補者を立てるのが常態の政党であった。しかし，それを維持することに失敗した。社会党の場合の候補者数減少は，衆議院の総定数を考えれば，受け身のものであったと評されるべきだろう。55年体制成立当初は250人規模の候補者を擁立していたが，野党の多党化の勢いに押される形で，最終的には候補者数を150前後におさめることによって120人程度の当選者を出す政党にまで党勢を落としている。これでは，仮に全員が当選しても，政権には届きようがない。

それ以外の政党については，2つのパターンがみられた。第1は全選挙区で候補者を擁立するが複数候補者の擁立は控える政党（共産党）であり，第2は勝利する見込みのある選挙区でしか候補者を擁立しない政党（公明党・民社党)である。どちらのパターンも，当選者を出せるのは太平洋ベルト地帯を中心とした選挙区定数の大きい都市部であり，日本の多党化は全国を覆うものではなかった点に留意したい。

(3) 自民党の実績：当選率・議席率・相対得票率・絶対得票率

図５－３は，衆議院選挙における自民党の実績をまとめたものである。この図には，４つの折れ線が描かれている。第１は自民党の当選率であり，自民党当選者数を自民党候補者数で割ったものである。第２は自民党の議席率であり，自民党当選者数を総定数で割ったものである。第３は相対得票率であり，選挙に行って有効票を投じた人たちの中で自民党票(正確には自民党候補に投じられた票の合計)が何割あったかを示している。第４は絶対得票

図５－３　衆議院選挙における自民党の実績(1958－1993)

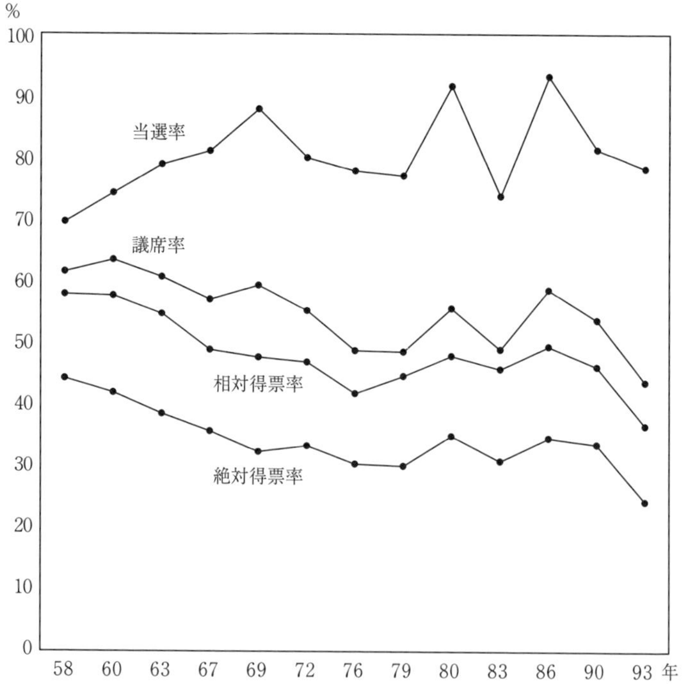

当選率　　 = 自民党当選者数　　　　÷ 自民党候補者数 × 100
議席率　　 = 自民党当選者数　　　　÷ 衆議院総定数　 × 100
相対得票率 = 自民党候補者の総得票数 ÷ 有効投票数　　 × 100
絶対得票率 = 自民党候補者の総得票数 ÷ 有権者数　　　 × 100

率であり，選挙に棄権した人を含めた有権者全体の中で自民党票が何割あったかを示している。

この図からは，いろいろなことを読み取れるが，ここでは2つのことを指摘したい。第1に，相対得票率と絶対得票率を比較すると，その数値には大きなギャップがある。自民党の得票率は，相対得票率では5割前後になるが，絶対得票率では3～4割程度に落ちる。有権者全体の3割程度の得票で自民党が一党優位を維持できた理由としては，4割程度の有権者が棄権していたことや野党が分裂していたこと等が挙げられる。

第2に，自民党が政権を担当した38年間は，前半期と後半期に分けられる(蒲島2004：第4章；水崎・森2007)。前半期は，自民党の議席率，相対・絶対得票率がほぼ直線的に低下する時期であり，後半期は，それらの指標が短期的に上下変動する時期である。

前半期の長期低落については，社会学的要因の重要性が指摘されている。1960年代の高度経済成長は，日本列島に大規模な人口移動と職業変動を引き起こした。その結果，農村部に集票基盤を持つ自民党の得票は減少し，人口が増えた都市部(主に太平洋ベルト地帯)では人々の価値観の多様化に伴い多党化が進展した(石川1978：69-81)。高度経済成長は1970年代はじめに終わりを迎えたが，自民党の長期低落，多党化現象もほぼ同時期に収束している。

こうした自民党の得票変動を，自民党の集票力の低下と単純化して捉えることについては，議論の存するところである。というのは，この時期に自民党の当選率に上昇傾向が見て取れるからである。2つの保守政党が合同して誕生した自民党は，当初は，候補者の過剰問題をうまく処理できずにいたが，そうした状況を脱して衆議院の過半数を確実に確保するために，当選可能性の低い候補者に対して引退を促しながら公認候補者を厳選していく最小限多数派形成の戦略に転換した側面があったことを押さえておきたい(三宅・西澤・河野2001：33-34；水崎・森2007：第1章，第3章)。

後半期については，より短期的な要因である心理学的要因が重視されてきた(三宅1985；1990；1995；堀江・梅村編1986；綿貫ほか1986；小林1991)。どの政党にも支持意識を持たない無党派層の短期的な行動や自民党政権の長期化に伴う政治腐敗とそれに対応して高まった有権者の政治不信が，後半期に特有のジグザグを作り出したというのが，一般的な理解であるといってよいだろう。

3　保革伯仲状況における自民党の勝利をどのように説明するか

(1) 蒲島郁夫のバッファー・プレイヤー仮説

55年体制後半期の選挙変動に関する研究は充実している。その中でもユニークなのが，蒲島郁夫のバッファー・プレイヤー仮説である（蒲島1998；2004）。バッファー・プレイヤー（buffer player）とは，基本的に自民党の政権担当能力を支持しているが，政局は与野党伯仲がよいと考えて投票する有権者である。バッファー・プレイヤーは，自民党政権を継続させることで政治の安定性を，自民党を与野党伯仲という不安定な状況に置くことによって，国民に対する政治の応答性を求めているとされる。

このように記すと難しい印象になるかもしれないが，仮説の提唱者である蒲島本人は，次のようなたとえを使って，その議論の骨子をわかりやすく説明することがあった。1994年の春，筑波大学の大学院の講義でのエピソードである。

蒲島は教室の黒板に，まずスケート靴を履いた人間の絵を描いた。次にスケーターの足元に氷の面を示す線をサッと引いた。その上で，次のように語った。「本来，選挙というものは，複数のスケーターの中からどのスケーターに政権という宝を持たせるかを決めるものです。しかし，日本では，多くの有権者が自民党というスケーター以外のスケーターに宝を預けられないと考えています。野党の政権担当能力を疑問視しているからです。ただ，自民党にも難点があって，スケート能力が高いことはよいことなのですが，調子に乗って跳んだりはねたり悪ふざけをすることが多いわけです。こういった側面を放置していては，安心して宝を任せることなどできません。そこで有権者はどうするか。氷の厚さ，すなわちバッファーを調整するのです。自民党が慎重なスケーティングをするように，過半数ギリギリで自民党が勝つことを望んで行動するのです。」

英単語のbufferは「緩衝」という意味を持つ言葉である。自民党が議会の過半数をどの程度超えているか（もしくはどの程度超える見込みがあるか）をバッファーと捉え，その点を意識して投票行動をとる有権者をバッファー・プレイヤーと認定するわけであるが，この仮説の検証ポイントは次の２点である。第１は「有権者は，本当にスケーターは自民党しかいないと考えていたか」であり，第２は「有権者は，本当に与野党伯仲の政局を望んでいたか」である。

表５－２，表５－３は自民党一党優位期の世論調査の結果を示したものである。自民党の政権担当能力イメージの独占状況とともに，有権者が政党支持の違いを超えて「自民党政権だが与野党伯仲」を望んでいたことがわかる。野党第一党の社会党の支持者までもが「与野党逆転」ではなく，「自民党政権だが与野党伯仲」を望んでいたという事実が印象的である。

表５－２　政権担当適任政党はどの政党か（%）

	自民党	野党の合計	どれでも同じ・わからない
1976年	34.0	18.3	47.6
1983年	53.6	12.4	34.0
1990年	56.6	15.1	28.3
1991年	65.3	10.0	24.8

1976年はJABISS調査，1983年はJES調査，1990年および1991年は筑波大学多目的データバンクが中央調査社に依頼して実施したオムニバス調査。1991年は１月，６月，９月，11月の４回の調査の平均値。

出典：蒲島（1998：197）

表５－３　支持政党と望む政権形態 1991年明推協調査（%）

支持政党	自民党安定	自民党政権だが与野党伯仲	与野党逆転	N
自民党	46	53	2	870
社会党	6	61	34	276
公明党	2	56	42	59
民社党	19	70	11	37
共産党	9	28	63	32
支持なし	12	77	12	601

出典：蒲島（1998：204）

(2) 水崎節文の選挙地盤の研究

55年体制後半期における自民党の薄氷を踏むような勝利は，投票する側に着目して説明するだけではなく，集票する側にも着目して説明されなければならない。氷が割れて自民党が水の中に落ちなかった理由を考えたとき，短期的な政局の変化にまったく影響を受けない強固な選挙地盤を保有した常勝候補者たちの存在に光を当てる必要がある。

選挙地盤の古典的なイメージは，特定の地域に依拠した候補者の集票構造であろう。こうした集票構造については，前近代的，非合理的な選挙行動に依拠したものであり，全国的に都市化が進展する過程で消えてなくなっていくと考えられた時期があった[5]。しかし，実際の得票データを点検してみればわかることであるが，1980年代に至っても，そうした集票構造は健在であったし，一般に思われていた以上に，古典的なイメージの選挙地盤は自民党政権の継続において重要な役割を持っていたのである。

具体例を示した方がわかりやすいだろう。表５－４は，1983年総選挙の岐阜２区の地域票を示したものである。岐阜２区では，自民党から３人，社会党，民社党，共産党からそれぞれ１人が立候補していたが，選挙区内の55市町村の相対得票率の分布を見ると，自民党候補者３人の分布に著しい偏りが発生していることがわかる[6]。

岐阜２区の事例は，単なる逸脱事例なのであろうか。もし，このような選挙区が，日本全国にそれなりに存在しているのであれば，自民党政権の長期化を説明するひとつの要因として考えてもよいのではないか。こうした発想から生まれたのが，以下に紹介する水崎節文(岐阜大学教授，当時)の選挙地盤の研究である[7]。

水崎は，1980年代初頭に，地域偏重的な得票構造が全国にどの程度残存しているかを確認する研究を本格的に開始した。水崎は，まず候補者得票の

5　候補者の選挙運動が後援会主体の脱地域的なものになったと評価する研究は多く，また「地盤」という用語そのものも，従来の地理的な意味だけではなく，組織や支持団体をも包含する概念として使用されることが多くなっていた事実を指摘しておきたい。内田(1977)，北岡(1985)，松崎(1991)，阿部・新藤・川人(1990：152)参照。

6　これら３陣営の間で集票領域の「すみ分け」の基本的合意があったことは，岐阜２区の中では常識化しており，それは地元の新聞に載った各陣営の次のコメント(『岐阜日日新聞』1980年６月12日１面)にも明瞭にあらわれているので，ここで紹介しておきたい。「一応，渡辺，古屋先生の地方には，ごあいさつに行くが無用なひっかき回しはしない」(飛騨・金子陣営)，「他の先生方の所に進出しても，大量得票にはつながらないのでは…。それよりも地元の票を固めなければと思っている」(東濃・古屋陣営)，「相手方が地元に食い込んでくれば全力を挙げて闘うが，いまのところ浸透も聞かないようだし」(中濃・渡辺陣営)。

7　水崎(1981；1982)，水崎・森(2007)参照。同時代の他の研究者による水崎の研究の紹介として，猪口(1983：66-71)，三宅(1989：55-56)参照。水崎の研究の着想については，本章の付録として掲載した資料の中で語られているところであるが，岐阜大学メンバー(服部秀一，山本堯，水崎節文)による岐阜県内の政治意識・投票行動調査の経験も重要であったと思われるので，ここに記しておきたい。その成果として，服部(1967；1968；1969；1971；1974)が公刊されている。

表5－4　1983年総選挙の岐阜２区（定数４）における地域票の実態（相対得票率）

	渡辺栄一 自民党	山下八洲夫 社会党	金子一平 自民党	古屋亨 自民党	村井勝喜 民社党	永江正道 共産党		有効 投票数	同 構成比
選挙区全体	26.2	20.9	17.8	15.8	15.0	4.4	100.0	395372	1.0000
高山市	5.9	25.6	50.0	2.2	12.7	3.5	100.0	31753	0.0803
多治見市	22.7	20.1	6.7	13.0	31.6	5.9	100.0	35844	0.0907
中津川市	6.2	38.5	4.5	27.0	18.4	5.5	100.0	27470	0.0695
瑞浪市	22.0	20.1	7.1	31.7	13.9	5.1	100.0	19155	0.0484
恵那市	3.2	22.4	2.8	57.0	9.1	5.6	100.0	18115	0.0458
美濃加茂市	58.6	16.0	5.7	1.4	13.6	4.7	100.0	21565	0.0545
土岐市	25.2	18.5	5.9	24.4	21.4	4.7	100.0	28290	0.0716
可児市	38.3	20.2	6.9	2.7	26.3	5.7	100.0	28838	0.0729
郡上郡　八幡町	43.5	20.6	15.0	7.1	8.6	5.2	100.0	10260	0.0260
郡上郡　大和村	54.9	14.3	15.4	3.9	9.2	2.3	100.0	4341	0.0110
郡上郡　白鳥町	46.1	14.0	17.8	12.7	6.9	2.5	100.0	7245	0.0183
郡上郡　高鷲村	55.0	12.4	17.7	8.8	4.9	1.2	100.0	2369	0.0060
郡上郡　美並村	58.7	18.5	9.1	2.5	6.9	4.4	100.0	3091	0.0078
郡上郡　明方村	68.5	11.0	9.1	3.0	3.9	4.5	100.0	1478	0.0037
郡上郡　和良村	57.7	9.0	18.9	3.4	6.7	4.2	100.0	1795	0.0045
加茂郡　坂祝町	56.9	13.2	5.6	4.2	15.6	4.6	100.0	3420	0.0087
加茂郡　富加町	57.0	12.1	16.4	1.4	9.3	3.7	100.0	3261	0.0082
加茂郡　川辺町	50.7	16.6	12.3	3.9	13.6	2.9	100.0	5857	0.0148
加茂郡　七宗町	52.3	17.5	11.9	3.5	11.4	3.4	100.0	3724	0.0094
加茂郡　八百津町	62.1	11.7	5.2	2.8	13.8	4.4	100.0	9387	0.0237
加茂郡　白川町	56.3	13.7	8.3	9.1	9.7	2.8	100.0	8040	0.0203
加茂郡　東白川村	59.0	11.6	15.8	1.9	6.4	5.2	100.0	2079	0.0053
可児郡　御嵩町	41.8	15.6	19.0	2.8	16.9	3.9	100.0	8846	0.0224
可児郡　兼山町	55.2	13.6	10.4	3.8	13.1	3.9	100.0	1225	0.0031
土岐郡　笠原町	32.2	12.1	8.2	20.3	23.2	3.9	100.0	6610	0.0167
恵那郡　坂下町	4.0	29.3	5.9	41.5	13.7	5.7	100.0	3947	0.0100
恵那郡　川上村	3.9	30.2	1.3	50.3	8.9	5.4	100.0	719	0.0018
恵那郡　加子母村	13.3	14.2	3.9	59.5	5.4	3.7	100.0	2399	0.0061
恵那郡　付知町	7.8	25.0	4.6	47.3	6.0	9.3	100.0	4308	0.0109
恵那郡　福岡町	8.4	20.7	5.5	51.1	9.6	4.7	100.0	4227	0.0107
恵那郡　蛭川村	5.7	12.8	4.0	60.3	11.6	5.8	100.0	2378	0.0060
恵那郡　岩村町	8.7	23.7	6.5	47.9	7.1	6.2	100.0	3601	0.0091
恵那郡　山岡町	12.3	14.7	4.7	58.2	7.1	3.0	100.0	3941	0.0100
恵那郡　明智町	8.6	23.2	2.2	50.8	9.7	5.6	100.0	4756	0.0120
恵那郡　串原村	5.9	6.9	7.0	73.3	4.7	2.1	100.0	885	0.0022
恵那郡　上矢作町	9.6	15.1	7.3	49.8	7.0	11.1	100.0	2344	0.0059
益田郡　萩原町	24.8	19.5	40.7	4.6	8.1	2.4	100.0	7071	0.0179
益田郡　小坂町	24.1	26.3	32.6	3.3	11.4	2.3	100.0	2974	0.0075
益田郡　下呂町	23.7	22.9	32.2	7.3	10.0	3.9	100.0	9055	0.0229
益田郡　金山町	32.8	21.1	23.6	10.0	10.3	2.2	100.0	5287	0.0134
益田郡　馬瀬村	48.2	18.8	21.3	4.1	6.0	1.6	100.0	1109	0.0028
大野郡　丹生川村	15.3	14.3	61.1	1.1	6.3	1.9	100.0	2871	0.0073
大野郡　清見村	18.0	16.6	56.5	1.5	5.6	1.7	100.0	1721	0.0044
大野郡　荘川村	43.5	7.3	43.0	0.7	4.2	1.3	100.0	1089	0.0028
大野郡　白川村	39.1	10.3	43.7	0.5	5.2	1.2	100.0	1326	0.0034
大野郡　宮村	16.1	19.3	40.7	8.3	14.1	1.5	100.0	1498	0.0038
大野郡　久々野町	17.3	13.9	54.6	1.3	10.6	2.3	100.0	2699	0.0068
大野郡　朝日村	21.5	16.8	50.9	0.3	8.7	1.8	100.0	1514	0.0038
大野郡　高根村	16.1	8.8	70.8	0.7	2.1	1.5	100.0	671	0.0017
吉城郡　古川町	3.7	21.6	64.1	1.4	7.7	1.5	100.0	9997	0.0253
吉城郡　国府町	2.0	15.1	74.4	0.4	5.8	2.3	100.0	4948	0.0125
吉城郡　河合村	9.0	25.7	59.8	0.4	4.5	0.5	100.0	1183	0.0030
吉城郡　宮川村	3.7	28.0	62.0	0.7	4.0	1.6	100.0	1025	0.0026
吉城郡　神岡町	6.9	40.2	39.1	3.9	6.5	3.4	100.0	8946	0.0226
吉城郡　上宝村	6.4	19.2	65.9	1.1	4.6	2.8	100.0	2825	0.0071

地域偏重度を測定するために独自の指数を開発し，いくつかの選挙区のデータを用いて，指数の有効性を確認した。次に，そこでの知見を一般化するために，55年体制以降のすべての衆議院選挙について，3400市区町村の得票データをおさめたデータベースを構築した。

水崎が開発したRS指数とDS指数を説明しておこう[8]。計算手続きを示すと，次の通りである。

計算式における使用変数

n　：当該選挙区内の市区町村数

m　：当該選挙区における候補者数

P_j　：候補者jの選挙区得票率

p_{ij}　：市区町村iにおける候補者jの得票率

q_i　：市区町村iにおける有効投票数の選挙区内構成比

RS指数の計算式（$0 \leqq RS < 1$）

$$RS = \frac{\sum_{i=1}^{n} q_i |p_{ij} - P_j|}{2P_j}$$

DS指数の計算手順（$0 \leqq DS < 1$）

① $Dv = \sum_{j=1}^{m} P_j^2$

② $dv_i = \sum_{j=1}^{m} p_{ij}{}^2$

③ $dv = \sum_{i=1}^{n} q_i \, dv_i$

④ $DS = \frac{dv - Dv}{dv}$

8　RS指数とDS指数の詳細な説明については，水崎（1981；1982），水崎・森（2007）参照。RS指数については，『中日新聞』（1993年9月23日付）の「小選挙区制になったら『地盤』どうなる　RS指数で分析」で，水崎自身が一般向けにわかりやすく解説しているので，ここに記しておきたい。

RS指数とは，ある候補者がどの程度地域的に偏って得票しているかを計量的に示したもので，候補者の各市区町村における得票率と選挙区全体の得票率の差の絶対値を，各市区町村の有効投票構成比の重みをつけて平均し，それをさらに候補者得票率の２倍で割って相対化したものである。RS指数は０と１の間の値をとり，その値が大きいほど，得票の地域偏重度が高いことになる。大まかな基準としては，0.3以上でかなり顕著な得票の地域偏重を示し，0.4以上では極端な地域偏重とみてよい。

DS指数は，得票の地域偏重度を選挙区特性として示したものである。①まず当該選挙区内の各候補者の選挙区得票率の２乗の合計を求める(*Dv*)。この数値は，選挙区全体としての投票の特定候補者への集中度を示す。②次に，選挙区内の市区町村ごとに投票の偏重度を同じ方法で算出する(dv_i)。③こうして算出された各市区町村の値dv_iに有効投票構成比で重みをつけて平均値を算出する(*dv*)。この値は得票の地域的偏りを反映して①で算出した*Dv*より大きな数値をとる。その差$dv-Dv$は，地域的な投票の集中度が選挙区全体の集中度から逸脱している度合いを示す(この値は各候補者の市区町村得票率の分散の総和に等しい)。④そこで$dv-Dv$を*dv*で割ると，市区町村の平均的な投票の偏重度のなかで，候補者得票の地域的偏りによって生じた逸脱度が占めている割合が算出される。これがDS指数である。DS指数は，全市区町村において候補者の得票率分布が等しければ理論値は０となり，各候補者が地域偏重的に得票するほど値は大きくなる。RS指数と同じく，大まかな基準としては，0.3以上でかなり顕著な得票の地域偏重を示し，0.4以上では極端な地域偏重とみてよい。

このような計算式の説明だけでは，両指数の有用性が把握しづらいと思われるので，先に紹介した1983年総選挙における岐阜２区の場合を，表５－５に示した。同一政党のライバルと競合している自民党候補者のRS指数の

表５－５　RS指数とDS指数の計算例：岐阜２区の場合(1983年総選挙)

候補者名	党派	当落	得票数	相対得票率	絶対得票率	RS指数
渡辺栄一	自民党	当選	103452	26.17	19.36	0.3081
山下八洲夫	社会党	当選	82478	20.86	15.44	0.1175
金子一平	自民党	当選	70415	17.81	13.18	0.4319
古屋亨	自民党	当選	62342	15.77	11.67	0.4549
村井勝喜	民社党	落選	59239	14.98	11.09	0.2141
永江正道	共産党	落選	17446	4.41	3.27	0.1379

定数＝４　選挙区内市町村数＝55　投票率＝74.77　DS指数＝0.3736

高さ，同一政党のライバルが存在しない野党候補者のRS指数の低さが注目されよう。DS指数も0.3736と高い数値を示している。これは全国130選挙区の上から７番目に位置するものである。

岐阜２区に見られる傾向は，どの程度，他の選挙区に共通しているだろうか。表５－６，表５－７は，55年体制成立以後の総選挙における両指数の平均値を示したものである。ひとつの選挙区に複数候補を擁立した自民党のRS指数の平均値がかなり高くなっていることが注目されるが，時系列的に見た場合には，両指数は全体として回を追うごとに低下しており，得票の地

表５－６　RS指数平均値の推移（第28回－第40回総選挙）

	自民党	社会党	公明党	民社党	共産党	新自由ク	進歩党	社民連	日本新党	さきがけ	新生党	全候補者
28（1958）	0.3047	0.2063			0.1843							0.2682
29（1960）	0.2920	0.1928		0.2170	0.2012							0.2521
30（1963）	0.2767	0.1930		0.1875	0.1955							0.2389
31（1967）	0.2523	0.1881	0.0696	0.1514	0.1671							0.2147
32（1969）	0.2399	0.1871	0.0751	0.1596	0.1557							0.2002
33（1972）	0.2300	0.1673	0.0802	0.1461	0.1486							0.1945
34（1976）	0.2182	0.1484	0.0799	0.1362	0.1299	0.1494						0.1706
35（1979）	0.2185	0.1489	0.0738	0.1392	0.1364	0.1817		0.1220				0.1746
36（1980）	0.2101	0.1407	0.0741	0.1340	0.1336	0.1252		0.1697				0.1633
37（1983）	0.2078	0.1339	0.0645	0.1269	0.1330	0.1300		0.1421				0.1679
38（1986）	0.2003	0.1410	0.0689	0.1346	0.1271	0.1272		0.1273				0.1677
39（1990）	0.1934	0.1172	0.0652	0.1339	0.1210		0.0907	0.0922				0.1558
40（1993）	0.1974	0.1290	0.0632	0.1412	0.1120			0.0846	0.1140	0.1582	0.1344	0.1461

表５－７　DS指数の推移（第28回－第40回総選挙）

選挙回	28回	29回	30回	31回	32回	33回	34回	35回	36回	37回	38回	39回	40回
選挙年	1958	1960	1963	1967	1969	1972	1976	1979	1980	1983	1986	1990	1993
平均値	0.3160	0.2911	0.2704	0.2383	0.2212	0.2025	0.1714	0.1734	0.1657	0.1584	0.1659	0.1503	0.1474
最大値	0.6628	0.5980	0.5878	0.5485	0.5623	0.6025	0.5518	0.5299	0.5559	0.4983	0.5270	0.5411	0.4894
選挙区名	熊本２	熊本２	岐阜２	栃木２	栃木２	熊本２	熊本２	佐賀全	佐賀全	熊本２	熊本２	北海道5	宮城２
最小値	0.0198	0.0011	0.0022	0.0034	0.1330	0.0007	0.0004	0.0055	0.0056	0.0061	0.0078	0.0004	0.0081
選挙区名	東京４	東京３	東京３	東京５	東京３	東京３	東京３	奄美	東京２	東京３	東京５	東京９	東京３
標準偏差	0.1361	0.1394	0.1371	0.1333	0.1330	0.1273	0.1245	0.1225	0.1251	0.1174	0.1277	0.1190	0.1168
0.6≦DS	1	0	0	0	0	1	0	0	0	0	0	0	0
0.5≦DS＜0.6	7	7	6	3	2	1	3	2	1	0	3	2	0
0.4≦DS＜0.5	27	21	16	14	12	9	4	4	6	5	5	3	4
0.3≦DS＜0.4	32	30	24	23	18	15	14	18	14	9	11	14	10
0.2≦DS＜0.3	29	34	38	38	37	31	27	28	25	34	26	20	22
0.1≦DS＜0.2	11	12	19	25	28	38	39	32	35	28	33	36	36
0　≦DS＜0.1	11	14	15	20	26	29	43	46	49	54	52	55	57
選挙区数	118	118	118	123	123	124	130	130	130	130	130	130	129

域偏重度はかなり緩和されていたことがわかる。こうした全体的傾向からすれば，地域偏重的な集票構造は消えてなくなったと考えられたのも致し方がなかったといえよう。しかし，以下で述べるように，特定の選挙区・候補者において地域偏重的な集票構造は維持されていたのであった。

表５－７の下側はDS指数の分布を示したものである。全体の趨勢に気をとられて見逃してしまいがちになるが，1980年代に入っても，0.3以上の選挙区が消えてなくなることはなかった。1983年総選挙においては，熊本２区(0.4983)，北海道５区(0.4862)，佐賀全県区(0.4726)，宮城２区(0.444)，千葉３区(0.4345)，秋田２区(0.3746)，岐阜２区(0.3736)，茨城１区(0.3621)，長野３区(0.3614)，静岡１区(0.3567)，北海道４区(0.3442)，鹿児島３区(0.3358)，秋田１区(0.3261)，兵庫５区(0.3171)が，これに該当し，保守優位の選挙戦が固定化されていた(水崎・森2007：第３章)。

表５－８は，自民党当選者における地域偏重型当選者数を示したものである。選挙後に保守系無所属の当選者を取り込むことで過半数を維持することもあった保革伯仲期において，地域偏重的な集票によって当選を勝ち取る候補者が40人の規模で存在していたことの意味は大きなものであったといえよう。

本項で取り上げた候補者得票の地域偏重現象は，光の当て方によって異なった解釈が成立するところに面白さがある。観察対象を地縁・血縁や利益供与を媒介にした特定地域における候補者と有権者の関係に設定すれば，前

表５－８　自民党当選者における地域偏重型当選者数

選挙回(年)	総定数	自民党の候補者数	自民党の当選者数	
			全体	RS≧0.3
28 (1958)	467	413	287	125
29 (1960)	467	399	296	130
30 (1963)	467	359	283	106
31 (1967)	486	342	277	87
32 (1969)	486	328	288	77
33 (1972)	491	339	271	63
34 (1976)	511	320	249	51
35 (1979)	511	322	248	50
36 (1980)	511	310	284	54
37 (1983)	511	339	250	40
38 (1986)	512	322	300	56
39 (1990)	512	338	275	46
40 (1993)	511	285	223	41

近代的，非合理的な側面が強調されることになる。しかしながら，中選挙区制の特性を考慮に入れて，選挙区の候補者間で起こる集票領域をめぐる攻防に着目すれば，たとえ実際の活動のスタイルが前近代的，非合理的なものであっても，合理的，戦略的側面が浮かび上がってくる。

選挙区定数が３～５の中選挙区制において，効率的な連続当選を目指す候補者は，自己の力量や集票コストを考えると，必ずしも得票最大化を目指す必要はない。他方，総定数の約４分の１の数の選挙区で選挙が実施される制度的条件の下において，衆議院の過半数を獲得して政権掌握を目指す政党は，各選挙区における複数当選を実現しなければならない。こうした選挙競合の基本構図に，個別の選挙区要因・候補者要因が重なったところで持続したのが水崎が研究対象とした選挙地盤であったのだが，なぜ，特定の選挙区においてそのような得票構造が安定化したかについては，水崎・森『総選挙の得票分析 1958－2005』（水崎・森2007）の第４章の中で，さまざまな観点から解説を試みているので，興味のある方はこちらも一読いただきたい。

第５章付録

【資料】水崎節文教授岐阜大学最終講義（1995年）

ここに資料として掲載するのは，水崎節文教授の岐阜大学最終講義（1995年１月31日10時35分～，岐阜大学教養部102番教室）である。その記録は，水崎教授が椙山女学園大学を定年退職した後に私家版として作成された『私の軌跡と政治学 20世紀後半――わが来し方の断章』（2004年11月）に「４　55年体制と私の政治学（1995年１月岐阜大学退官記念最終講義録）」として掲載されているが，この資料では，生前の水崎教授の意向を踏まえ，改めて当時の録音テープを聴き直して，専門的であるがゆえに省略された箇所や教室で実際に映写された図を補足した。首都圏を中心に語られがちになっている戦後政治の展開をまったく別の視角から捉えている点や，日本における行動論政治学の事始めを当事者の立場から語っている点で，政治史と政治学史の両面で価値を有する記録になっていると考える次第である。

◇水崎教授略歴と主要著作

1932年１月	朝鮮京城府に生まれる
1955年３月	九州大学法学部政治学科卒業
1961年３月	名古屋大学大学院法学研究科博士課程単位取得退学
1961年４月	名古屋大学法学部助手
1962年４月	岐阜県立医科大学講師
1967年６月	岐阜大学教養部講師
1968年４月	岐阜大学教養部助教授
1977年４月	岐阜大学教養部教授
1995年３月	岐阜大学退職
1995年４月	岐阜大学名誉教授，椙山女学園大学生活科学部教授
1995年９月	岐阜県地方自治研究センター理事長（2013年９月迄）
2002年３月	椙山女学園大学退職
2014年12月	逝去

● 服部秀一・中島義治・水崎節文・山田徹彦．1966.『新版　憲法学』国元書房．

● 黒田展之・那須宏・水崎節文・村

上公敏・森田勉．1967.『科学としての政治学』有信堂.

- 古川勝弘・黒田展之編．1973.『政治理論　古典と現代』法律文化社.
- 長良川河口ぜきに反対する市民の会編．1991.『長良川河口堰　自然破壊か節水か』技術と人間.
- 水崎節文・森裕城．2007.『総選挙の得票分析 1958－2005』木鐸社.

55年体制と私の政治学

1　はじめに

33年間の岐阜大学の生活で最後の教壇となったこの講義に，学内外からこのように沢山の方々がおいで下さったことに，先ず厚く御礼申し上げます。

実は最終講義といいましても，正直なところ私には未だ実感が湧いてこないのです。確かに暦の上ではあと丁度２か月で３月31日の定年退職の日ですが，私にはそれまでに越えなければならないハードルが余りにも沢山あるからです。この金曜日には，東京で全国学生部長会議があり，週末には，岐阜大学が初めて行う外国での留学生フェアのために10日ばかりの旅程でマニラ・台北に出張しなければなりませんし，またそれをはさんで卒論の審査やレポートの採点がございます。２月の下旬には学生部としての最大のイベントである入学試験，３月には教務厚生業務の総括と引継ぎ，来年度の概算要求への立案と調整作業，それに合格者発表，卒業式，後期日程試験と数えていますと，私にとって３月31日なんていう日が果たして訪れるのだろうか，というのが率直な今の気持ちであります。

しかし，私のこれまでの経験から申しますと，時の流れは止まったことはございませんし，年月は容赦なく経過するものでありますから，後にも先にもカリキュラム上最後の講義となったこの時間帯に，私の33年間の総括をしなければならないのだと，自分に言い聞かせてここに臨んだような次第でございます。

今日の講義は「55年体制と私の政治学」という，いささかオーバーな題目をつけておりますが，実は1955年というのは私が九州大学を卒業して名古屋大学の研究室に入った年でありまして，奇しくも私の政治学の研究生活は，1955年という自民党一党支配体制が成立した年にスタートし，40年近く継続したその体制が崩壊したときには，私の定年退職が迫っていたというわけでございます。そこで私の政治学研究も，この55年体制という日本独特の政治状況にどっぷりつかって行われてきたわけで，本学を去るに当たっての講義にはこのタームは避けて通れないと考えた次第でございます。

本日は，この55年体制というものを私が政治学者としてどのようにとらえてきたかということを，体験的に語らせていただきたいと思っておりますが，その前に，それに至る私の前史を少々語らせていただきます。

2　政治学と民主主義の根本的課題―1945年の原体験―

ご存知の方も多いと思いますが，私が生まれたのは現在の韓国のソウル，つまり日本の植民地支配下の朝鮮京城府であります。私はそこで日本の土地を踏んだことがない日本人少年として13才まで育ちました。私達はいわば植民地支配者の子弟として，常に優秀な民族の後継者なのだという教育を受け，朝鮮の人達を差別することに何の疑問ももたない環境の中で育っていたのです。現在私は韓国語を勉強し，しばしば韓国を訪れ，公務としても韓国の大学との交流に微力を尽くしておりますが，それは，私自身が過去に投げこまれていた環境に対する後ろめたさを，少しでも清算したいという気持ちが動機になっていることは事実です。

このような環境で育ってきたために，1945年の日本の敗戦は私にとっては大変なショックでした。8月15日に天皇の録音放送がラジオを通じて全国に流れ，日本国民が涙を流したという歴史になっていますが，ソウルでは電波障害で放送はほとんど聴き取れませんでした。仮に聴き取れたとしても，あの「負けた」とは一言も言わない不可解な文章と，昭和天皇独特の抑揚のない音声では，何のことやらさっぱり解らなかった筈です。それだけに色々な憶測が流れまして，私たちの間では「ソ連に対する宣戦布告だろう」というのが通説になりました。敗戦の事実を知ったのはその日の夜の雑音混じりのラジオ放送でした。私にとっては，負けてはならない戦争に負けた，負けるはずのない戦争に負けたわけです。翌日動員先の作業場で，指揮官の軍人や担任の先生より動かし難い敗戦の事実を確認した時，友達と手を取りあって体を震わして泣いたものです。まあ，実に見事な軍国少年だったわけですね，私は。

日本で敗戦を迎えた人は，そのショックをじっと噛みしめ，立ち直っていけばよいわけですが，外地に居住していた日本人は，これまで築いてきた地位や身分や財産，そして居住地までも含めた生活の基盤そのものを失うわけです。強制送還に近い形で貨物列車に詰め込まれ，沈みそうな船に乗せられて，山口県の沖合いに到着したのはその年の10月の下旬でした。私にとっては，この日から見知らぬ土地，日本での生活が始まりました。

政治と歴史の過酷さといってしまえばそれまでですが，政治というものは，まかり間違えば人々の生活を破壊します。これは程度の差こそあれ今の政治も変わらないでしょう。人間はどんなに政治から身を遠ざけようとしても，政治は人間を掴んで離さない，いや，政治は人間に喰いついてその生きざまを容赦なく振り回します。13才の私は，理屈抜きにこうした体験に出会ったわけです。それでは逆に「人間の生活のために人間の手で政治をコントロールする」なんていうことが果してできるのか？　これは政治学や民主主義の根本的課題なのですが，私は今でもこのことを考えると，1945年の原体験がよみがえるのです。

3　敗戦からの10年

1955年，いわゆる55年体制がスタートするには，敗戦の日から10年の歳月が流れます。いわば「戦後の混乱期」です。この間，私は九州の福岡で中学・高校・大学と青春時代を過ごすわけですが，食糧難，エネルギー不足，経済的困窮と，今の若い人達には想像も及ばないような過酷な生活条件の中で，アメリカの占領下の政治体験を強いられます。

何しろ今までとは全く正反対の価値観が上から押しつけられてくるのですから，感受性の強い少年期の頭脳は遠心分離器をかけられたように混乱します。日本の軍国主義教育も強烈でしたが，アメリカ占領権力による民主主義教育もそれに劣らず強烈でした。私など敗戦を区切りとして福岡県の中学に転校していますから，先生が民主主義について話をしても「そんなものかな？」と思った程度でしたが，戦前から同じ中学で学んでいた生徒には，先生が二重人格者と映ったのではないでしょうか。しかし，環境への適応とは恐ろしいもので，軍国主義を否定し，民主主義を肯定的にとらえるようになるまでには，それ程時間はかからなかったように思います。それは単に占領権力の強烈な「押しつけ」によるものではなく，私達より多少上の世代の戦争体験による過去の日本へのアンチテーゼであったと思います。日本人が民主主義について真剣に考える環境をつくるきっかけとなったのがアメリカの占領であったことは否定できませんが，「戦後民主主義」はそれだけでは生まれない。「戦後民主主義」，それは戦前の天皇制（これは政治システムとしての天皇制という意味ですが），軍部独裁，官僚制に対する体験的な否定がなければ成立しなかった，まさに日本独特の思想体系であると思うのです。

そんなことにうっすらと気づき始めた私にとって，次に現れた疑問は「民主主義の先生であるアメリカは，少なくとも政治・外交面においては民主主義ではないのではなかろうか？」ということでした。私が大学に入学する前の年の６月に朝鮮戦争が勃発しました。アメリカは国連軍の名の下に北朝鮮に対して軍事的制裁を発動します。やがて私が入学した九州大学の上空には，近くの米軍基地（現在の福岡空港）から爆弾を抱えた軍用機が間断なく飛び立ち，大学の講義が聴き取れない日々が続きました。米ソ間の冷戦と頻発する局地戦という国際情勢の中で，アメリカ占領下の日本は何時しかアメリカの対共産圏軍事戦略の重要拠点となっていたわけです。私にとっては，「民主主義を育成するための日本占領管理」と「アメリカの戦略配置への日本の組み込み」という矛盾した政策が二重写しとなってきます。事実，この頃はアメリカの占領政策に批判的な言動は，ポツダム政令といわれた憲法体制の外にある政府の命令によって，厳しく取り締まりが行われるようになっていました。こうした情勢の中で，アメリカは共産圏を除外した日本との講和条約の締結を急ぎ，当時の日本の自由党政府もこの方向に沿った基本政策の選択を行います。こうして後の55年体制に至る基本路線の布石が作られていったわけです。

その頃私は九州大学法学部の学生でした。入学願書を出す直前までは，理学部で物理か数学を勉強しようと考えていたのですが，余りにもドラスティックな政治環境の中で一瞬の迷いが生じたのでしょうか？この一瞬の選択は一生の不覚だったかもしれません。

当時九州大学には，労農派マルクス主義の大御所の経済学の向坂逸郎教授，ファシズム研究で著名な政治史の具島兼三郎教授，現福岡県知事の社会思想史の奥田八二助教授等，壮々たるマルクス主義教授陣が名を連ねていました。また反戦・平和の学生運動も活発でした。私は殆ど迷うことなく自治会活動に飛び込み，著名な教授を招いたサークル学習会を組織したりして，いわば小生意気な「マルクス・ボーイ」に育っていったわけです。

1951年，サンフランシスコ平和条約の締結交渉が行われていた頃，この条約は共産圏を除外しているので却って戦争の危険を増大させる。そして日本はアメリカの植民地支配下に組み込まれるのだ，という共通認識の下に全国的に学生の激しい反対運動が起こりました。学生大会を開いて反対決議を行い，世間にアピールするのですが，このような集会はアメリカの占領目的を妨害する行為として取り締まりの対象となり，学生大会を開くたびごとに武装警察官が突入して実力で解散させられていました。私も警察隊が突入した時にバリケードの上から机を落とす役を何度かやりました。現在学生部長の私がですよ。

その頃の日本の政党システムは，政党が保守から革新に至るまでかなり細かく分かれた分立状態にありました。図５付録－１に示したのは政党制破片化指数の値の推移です。アメリカのダグラス・レイという人が開発したレイ指数とエントロピーの考え方に依拠するウィルジェン指数の２つを提示しました。以前の講義で解説しましたが，どちらの指数も，政党の数が多ければ多いほど，各政党間の議席差が均衡していればしているほど値が大きくなるというものです。今お話しております55年体制以前というのは極端に多党化していることがわかります。当時は自由党政権時代といいましても，与党が衆議院の過半数を占められないことがしばしばあり，それほど安定した政権であったとはいえません。アメリカの強力な後盾で政権を維持し得たという側面が強かったといっていいでしょう。これが1955年の秋に二大政党に収斂し，その後，1960年代に入って再び本格的な多党化に向かっていくわけなのですが，この点については，後に触れることにしましょう。

話を学部時代に戻します。法学部で政治学を学んでいた私にとっての大きな関心は，このような日本の政治権力をマルクス主義の立場からどう説明するかということでした。マルクス主義権力論の基本的発想は，いうまでもなく階級的矛盾です。資本主義社会においては，ブルジョアジーがプロレタリアートを経済的に支配し搾取するという生産関係の上に，その上部構造としてのブルジョア的政治権力が聳え立っている。この公式を日本に当てはめると，自由党政権はまさしくブルジョア的政治権力であり，やがてはプロレタリアの運動によって打倒される筋書きの上に措定されているわけです。ところが当時の日本の資本主義は未だ戦後の破滅的な状態から回復してはおらず，こんなものをやっつけたってそう世の中は変わりそうもない。むしろ当面の主要な問題はアメリカではないか，というわけです。そこで階級的矛盾と並行して民族的矛盾の理論を構築しなければならない。こ

図5付録－1　政党制破片化指数の推移(1946－1993)

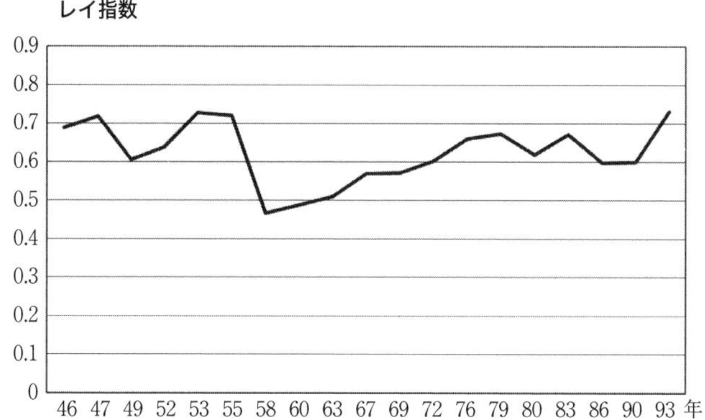

うした議論は，当時マルクス主義的な思想や行動に足を踏み入れた人は一度ならずとも経験している筈ですが，その理論的解決の手がかりを現実政治の実証的分析に求めるというよりは，レーニンやスターリンの論文を引用してつなぎ合わせた方が，はるかに説得力があり，権威があるとされていたのでした。

そのうちに私にも卒業の時期が来てしまいました。当時は大変な就職難の時代でして，文系では卒業生の半数近くが就職未定のまま大学の門を出て行くという状況でした。私も当時大変貧乏な学生で，アルバイトで生活費を稼ぎ，自治会活動やそのための理論的学習で若いエネルギーを費やし，そしてたまには恋愛もし（これは自然的，生理的現象ですから仕方がないのですが），辛うじて作った余暇に単位をとるための勉強をしていた有様で，とても就職できるような状態ではありませんでした。それだけではなく，今まで必死になって考えてきた「政治」という世にも不思議な現象を考え抜くことを中断するのは耐えられないことでした。しかし，学問の道を選択すれば，たちどころに食って行けるのかという心配がつきまとった時代です。「でも，これまでもアルバイトで何とかやって来れたんだ」という若さ特有の無謀さが私の運命を決めたようです。その頃の国立大学は，新制の大学院研究科が乏しい予算の中でようやくスタートした時期で，正規の政治学専攻のコースをおいて院生を公募していたのは，東京大学と名古屋大学くらいのものでした。私の考えをよく理解して下さった嶋崎譲助教授の勧めもあって，若手の政治学研究者のスタッフが揃っていた名古屋大学の大学院を選びました。大変厳しい競争率でしたが，論述筆記試験の政治学「人民民主主義国家の特質について」，政治史「フランス革命におけるジャコバン独裁の近代的意義について」という課題は，まさに私のために用意されたような問題でした。

4　55年体制とは何であったか

前に申しましたように，私が名古屋大学の政治学研究室に入ったのが1955年です。この年にサンフランシスコ平和条約の評価をめぐって左右に分裂していた社会党が統一して一本化します。それに対抗するかのように，これまで離合集散を繰り返していた保守政党が合同して自由民主党を結成し，衆議院の３分の２近くを擁する巨大な与党の支配が始まります。もうひとつの政党であった共産党は過激な運動形態や党内分裂もあって国会の議席を殆ど失っていましたから，ここに自民・社会の二大政党制(現実には１か２分の１政党制)が成立します。いわゆる55年体制のスタートです。

この55年体制という言葉ですが，皮肉なことには，一昨年自民党が政権の座から滑り落ちた時にマスコミが一斉に「55年体制の崩壊」と書き立てたものですから，一般の人達も口にするようになった言葉で，それ以前は学生諸君に55年体制とは何か？と尋ねても知っている人は殆どいませんでした。

実はこの言葉を最初に使ったのは，著名な日本政治史の研究家・升味準之輔氏であります。升味教授が最初に述べた55年体制とは極めて限定的な意味でありまして，戦後の民主主義的憲法や日米安全保障条約の評価をめぐって醸成されたいわゆる保守・革新の対立，つまり二大政党制下の自民党と社会党との非妥協的な対立関係の中で，自民党が圧倒的な政治支配権を掌握している政治体制を指す言葉だったのです。55年体制をこのような当初の意味でとらえますと，それはすでに1960年の総選挙で民社党が社会党から分離した時にこの体制は怪しくなっていたわけで，まして1967年の総選挙で公明党が大量に議会に進出し，次いで共産党が38人を当選させた1972年には崩壊していたと言わなければなりません。明らかにこの時期の日本は，政治学のオーソドックスな定義では，二大政党制は崩壊し，多党制に移行していたからです。この変化は，単に政党の数合わせだけの問題ではありません。これまでの野党の「絶対反対」，与党の「強行採決」といった構図はやや姿を変え，特に公害対策立法や福祉関係立法においては，与野党の話し合いによる妥協が目立つようになります。いわゆる「国対政治」ですね。

そこで多くの学者やジャーナリズムの間では「55年体制の変容」という言葉が使われ始めます。野党の多党化の進行で自民党の力が次第に圧縮されてきてはいるものの，依然として国会の安定多数を握っていて，政権交代の展望がないからです。しかし，ロッキード選挙といわれる1976年総選挙以降は，こうした変容の上に更なる変化が現れてきます。つまり，自民党の当選者がしばしば衆議院の過半数を割り，数の論理からいえば，野党の結束によっては非自民連合政権の可能性も現れていたからです。そこで「55年体制の更なる変容」とかいう言葉が使われ始めます。

まあ，こんな風に当初の概念をどんどん拡張していきますと，自民党単独政権が継続的に存在している限り，55年体制は永久に崩壊することはないわけです。こうして，55年体制という言葉は，自民党の一党支配体制下の日本の政治を指すキーワードとして定着してしまったのです。著名な政党研究家であるサルトーリが政党システムを7つに分類した時，そのひとつに「一党優位政党制」というのを設けましたが，55年体制はいつの間にかこの「一党優位政党制」と殆ど同義語になってしまったわけですね。私は，この変容した概念にイチャモンをつける気はありませんが，55年体制とは，もともと，どの政党がどのくらいの数で政権を握っているかといった政党システム上の狭い概念ではなく，1950年代に特有な戦後日本の進路選択をめぐる国民のイデオロギー的，文化的対立状況を包含した，いわば政治社会学的な概念であったことを指摘しておきたいのです。

5　変容する55年体制と地域社会―長良川河口堰問題―

私は，名古屋大学の研究室には大学院・助手時代を合わせて7年間在籍しました。丁度本来の意味の55年体制の時期に当たり，また今日使われている拡張された概念では55年体制の初期に当たります。60年安保といわれた保守・革新対決の激動期をはさんで，日本の政治状況を横目で睨みながら，比較政治史的な基礎研究の必要を感じ，ドイツ・プロイセンの立憲化過程における議会制度・選挙制度の研究に取り組んでいました。その私が岐阜大学で教鞭をとるようになったのは，全く偶然の機会からであります。

1962年，当時，現在の医学部は岐阜県立医科大学という公立の単科大学であって，2年間の進学課程はもたず，教養教育は長良にあった岐阜大学に工学部の水増しクラスとして委託していました。ところがこの県立医科大学が岐阜大学に医学部として移管される機運が高まり，その前提として6年制の一貫した課程の整備を文部省から求められたようです。そこで県立医大は早急に教養教育の専任教官の整備に走り，言葉は悪いのですが「一本釣り」のような形で教官を集めました。たまたま名大の私の指導教授が名古屋市内のバスで岐阜大学の教授と乗り合わせたことがきっかけになり，私はその餌に食いついてあっというまに釣り上げられたというのが真相です。だから，私が大学の教壇から最初に接した学生諸君はすべて医者の卵であり，現在は50才を越えた立派なお医者さんや医学研究者ばかりであります。そして，1967年に県立医大の国立移管が完了し，私は現在の教養部に籍を置くことになった次第です。

このように私は，県立医大を含めて33年間，教養部には28年間お世話になってきたわけですが，その間，教育・研究を通していわゆる「変容する55年体制」の日本の政治を観察する機会が与えられました。また，大学ばかりではなく，この岐阜という土地に根を下ろして地域社会と密接に接触することができました。もともと私の生まれ故郷はこの日本国内にはありませんし，日本でも各地を転々としていましたから，特定の地域に定着し得たことは，私にとっては故郷を得た喜びに近いものがありました。それだけではありません。これまでのように現実の生活から遊離したところで政治の理論を振り回すのではなく，大学や地域の生きた生活の場から，人々の生きざまを通して政治を考え直す機会が与えられたと思っています。その意味で，私は岐阜大学に，そしてこの岐阜という地域社会に大変感謝しております。

この岐阜での生活の中で，私の学問や生活の上で大きな転機となったことがいくつかあります。第１は1970年前後の学園紛争であり，第２は現在では全国的な話題となっている「長良川河口堰問題」であり，第３は学問上の方法論の問題ですが「政治行動論」という分析手法への接近と，その手段としてのコンピューターとの出会いです。

1970年前後の学園紛争は，よく「新左翼運動」とか「マルクス主義の痙攣的変種」だとかいわれました。確かにこの学生運動の背景となった思想と行動は，日帝・米帝の打倒と社会主義革命であり，現実の政治課題は日米安保体制の廃絶でした。その意味では55年体制下の対決軸での反政府運動といえます。しかし，40年近くの55年体制の歴史からみますと，この時期には安保体制は既に定着し，その後進行する経済の高度成長が一定の段階に達し，むしろ豊かな生活に対する反省と批判が現れ始めた時期です。60年安保当時の保革の対決のように，場合によっては政府自民党の政策選択が覆されるといった状況下にあったわけではありません。学生諸君もいわゆる「戦争を知らない世代」の走りであって，物心がついた頃から経済的繁栄と豊かな生活を享受し始めていた筈です。むしろ経済大国とか大衆社会状況の中で，重層的に組織された社会構造に自己が埋没してしまうことへの危機感，焦燥感が彼らの共通認識を支えていたのではないでしょうか。

当時，長良にあった教養部・教育学部校舎は学生の手で封鎖・占拠されていましたが，私は過労で入院した補導委員長の代理役として，学生諸君としばしば夜を徹して議論したものです。また街頭デモで検挙された学生の釈放交渉に警察を訪れたものでした。

これらの経験は，私に明らかに変貌しつつある日本社会の状況や実態を認識させてくれました。これまでのような，いわば単純明快な保革の対決理論だけでは解明できない程，日本の政治社会は柔軟かつ強靭に構築され始めていたわけです。

次に，私が岐阜県の地域社会と密接にかかわりあったのが「長良川河口堰問題」でした。長良川河口堰計画が立案されたのは1960年以前ですが，岐阜県の地域社会が洪水と自然破壊の切実な危機感をもって動き始めたのは1973年頃からです。今このことについて詳しく立ち入る時間はございませんが，この計画は，経済成長の初期に長良川から大量の工業用水を取水する計画が立てられ，それが地元の反対を説得するために治水事業にカモフラージュされて発表されたものです。これは国の事業でありますが，地域住民の利害と密接にかかわりあうので，当然地方公共団体との協議が必要となります。本来住民の福祉を第一義的とする地方公共団体が，国と住民との間でどのような政策選択を行うかは，まさに地方政治の本質が問われる課題でありました。

私は，ここに「人間の手によって政治をコントロールする」という民主主義の本質が問われているのではないかと考え，かなりの期間この問題にのめり込んでしまいました。そしてそこで発見したのは，一度計画を策定し公式に承認すると，その基本構想に誤りがあっても，その後の社会状況の変化がこの計画を必要としなくなっても，軌道修正は絶対にやらないという，日本の行政官庁特有の政策決定パターンでした。

私はいつの間にか反対市民運動の代表格になっていまして，建設省，水資源開発公団，県内の自治体当局と公開論争を繰り返しましたが，はっきりいいまして政治や行政の世界は筋道を立てた論理の通らないところであります。既成事実を変更するには行政のコストが余りにもかかり過ぎるようです。そして今でも「長良川の安全を確保するために一刻も早く堰の建設を望む」というような，つまり洪水を防ぐために川をせき止めろというおかしな要望が自治体の公式見解として出されているわけですね。当時私は学内で孤軍奮闘で資料やパンフを配ったりしていましたが，今では学内の多くの若い有能な研究者が真剣にこの問題に取り組んでおられて，大変嬉しく思っています。

6　変容する55年体制と選挙研究─候補者得票の地域性に関する研究─

こんな話ばかりしていますと，何か私は学園紛争や市民運動にうつつを抜かしてばかりいたように思われますから，そろそろ本論の私の学問の話に移らせていただきます。

私がここ20年ばかり取り組んできた課題は，選挙制度，投票行動，そしてそれを土台とした政党システムの分析です。この研究分野は，現在では比較政治学的分析枠組の中で，グローバルな視野の上に構築されている壮大な体系になっていると言っていいのですが，私の問題意識は，やはり日本の55年体制下の一党優位体制の解明でした。ところが日本の伝統的な政治学の分析手法は，ともすれば法制度論的側面に偏重しがちで，例えば小選挙区制とか比例代表制とかいった選挙制度からストレートに政党システムを論じる傾向が強かったようです。

私も1976年頃までは比較選挙制度が主要な研究課題でした。ところが1976年12月に日本国憲法下で初めての任期満了による総選挙が行われ，これは俗に「ロッキード選挙」といわれていますが，自民党の当選者が初めて衆議院の過半数を割るという事態が発生しました。当時私はこれを「55年体制の崩壊」ととらえました。その後の選挙過程では，しばしば自民党の当選者が過半数を割りながらも辛うじて政権だけは維持し，また時には自民党が大勝して安定政権を樹立するというジグザグが続きます。

こうした政治体制の変動を予測させるような政治状況の下では，政治学者は従来の制度論的分析枠組に安住しているわけには参りません。日本の政治学の世界にも，アメリカのコロンビア大学やミシガン大学のすぐれたサーヴェイ・リサーチの影響を受けて，行動論的分析手法を取り入れる傾向が現れ始めていました。例えば，選挙のたびごとに全国の有権者に対して大規模なパネル調査を行い，数量化理論等の多変量解析を通して有権者の政党支持動向や投票行動を分析する手法です。

その頃の岐阜大学は，今のセンター試験の前身である共通一次試験の導入に伴い，全学体制下の二次試験の改革，長良や各務原キャンパスからこの柳戸キャンパスへの統合移転など，大変な課題を抱えておりまして，私も入試関係の各種委員会委員や教務厚生業務などに追われ，なかなかこうした新しい学問に没入する機会が与えられませんでしたが，1980年に教務部教務厚生委員長を務め，翌年その役職から解放された時に日本選挙学会が設立されたのは，私の学問上の転機にはタイムリーであったと思います。この日本選挙学会は，政治学者が主体ではありますが，そのほかに公法学，歴史学，社会心理学，地理学，数理統計学，それに法曹界，ジャーナリズム，自治体関係者等々を糾合した多角的な研究者の集まりで，これまで日本では試みられなかった斬新な分析手法を開発して，変貌しつつある55年体制を主として行動論的視野から解明しようという，意欲的な学会でありました。

私が着目したのは，中選挙区単記投票制という制度論的ファクターも視野に入れつつ，同一選挙区で複数の議員を単記投票で選ぶこの独特の選挙方法では，候補者の集票領域が著しく地域性を帯び，有権者の投票行動も地元の利害を優先して動機づけられているのではないかということでありました。この問題意識は，先程申しましたサーヴェイ・データの分析でも有効に検証されているわけですが，私はこれをアグリゲート・データから計量的に検証してみようと考えたわけです。

この研究には，岐阜県という伝統的な保守王国で，しかも山間部や河川で生活圏が多極的に分散している地域社会は材料の宝庫でありました。例えば，この岐阜県にはこれまでの選挙制度では岐阜２区という，飛騨，東濃，中北濃を包含した広い選挙区があります。これは定数４の選挙区で，何回選挙をやっても自民３，社会１という政党別当選者分布は変わりません。政党別だけではなく自民党の当選者の顔ぶれもほとんど変わりませんし，変わったとしてもそれは息子か養子の世襲候補です。これら自民党３候補の地域別得票率を点検してみますと，それぞれが今いいました飛騨，東濃，中北濃という各地域に極端に偏っていることがわかります。例えば，飛騨地方を地盤とする金子候補は高山市や丹生川村では50％前後の票をとりますが，東濃の市町村では数％に過ぎない。同じことは東濃を地盤とする古屋候補についてもいえるわけです。これは宮城２区，熊本２区，佐賀全県区等々，保守王国といわれる農村型選挙区に特有の現象であって，このように特定の選挙区では自民党候補者の間で暗黙の「すみ分け」が行われ，定数４の選挙区では３人，定数５の選挙区では４人，定数３の選挙区では２人か３人というふうに安定的当選を確保している限りでは，雨が降ろうが槍が降ろうが，ロッキードやリクルートが降ろうが，一党優位体制は崩れようがないのです。

この候補者得票の地域的偏りを選挙区内の市町村を単位として計量化したのが，RS指数であり，それを選挙区特性値として計量化したのが，DS指数です。これらの数式は，1982年の第２回日本選挙学会で発表する機会が与えられまして，それ以来，水崎指数という俗称で多くの研究者に活用していただいております。

これらの指数の計算手順はこのような場所で説明するにはそぐわないので，関心のある方のために計算式のみをOHPで示しておきますが(本書第５章第３節(２)参照)，両指数とも，すべての市町村で各候補者間の得票分布が全く等しければ，つまり得票の地域偏差が皆無であれば，その数値は０となり，得票の地域的偏りが激しくなればなるほど数値は１に近づくことになります。

いささか我田引水になりますが，これらの数値を用いますと，さまざまな角度から候補者の集票特性や，選挙区の地域特性を分析することが可能となります。ここではそれらの一端を紹介させていただきます。

これから画面に投影するのは，コンピューター・グラフィックを用いて，特定候補者の得票率とRS指数との相関を時系列的に示すものです。説明の便宜のために余りにも有名な田中角栄をとりあげてみましょう。図５付録－２は，55年体制下最初の第28回総選挙から田中が最後に立候補した1986年の第38回総選挙までの基本データです。得票率を横軸に，RS指数を縦軸にとって，それぞれの選挙についてプロットし，時系列順に結んでいます。第28回から33回までは回を追って得票率を伸ばしています。特に30回以降はRS指数が着実に低下しているのがわかるかと思います。プロットが段々右下がりになるということは，自分の限られた地盤以外の地域に得票領域が拡大していることを示しており，図５付録－３に示したように，私はこの傾向を「発展モデル」と名づけております。その極地にある第33回は内閣総理大臣の時でありまして，７人の候補者が競合する中で１人で42%の票をとっているわけです。ところがその直後にロッキード事件が発覚しまして得票率が低下していきます。しかし34回にかけては左下がりの落ち方ですね。これは地元票の減少率が地盤外よりも顕著な場合に起こるわけで，私はこれを「地元票拡散モデル」と呼んでいます。一般にはこれまでの地盤内に他の有力候補が現れた時に起こる現象で，この傾向が継続すると

図５付録－２　田中角栄の得票変動

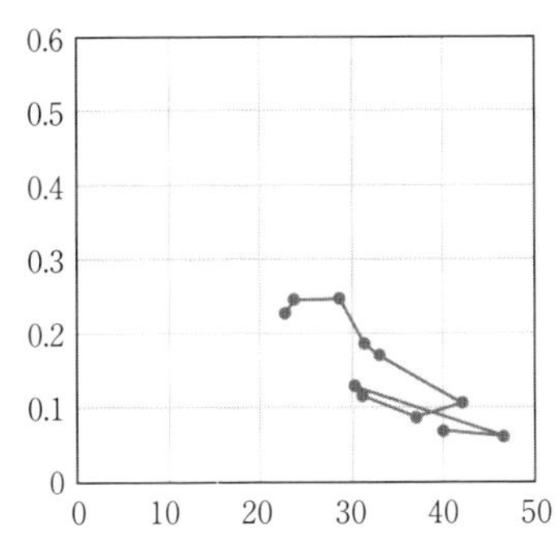

図５付録－３　地域票変動のモデル

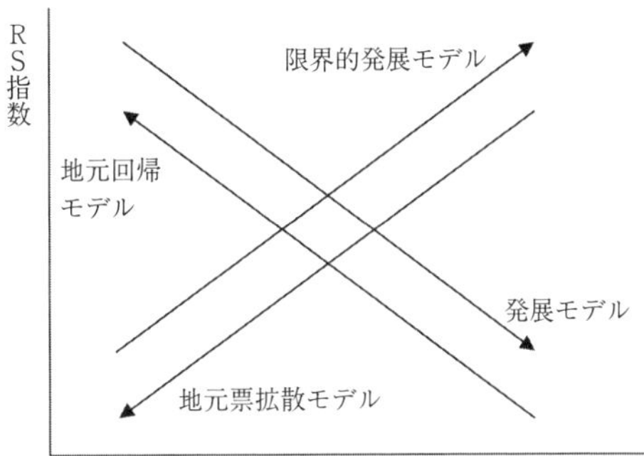

「絶望モデル」になります。それ以降は今度は左上りの得票減です。これは地元票の減少が一定の歩留りに達して，地盤外の票が着実に失われていることを示します。いわゆる「地元回帰モデル」であって，一般には高齢化して次第に人気が失われてはいるものの，地盤にしがみついて必死に持ちこたえている姿であります。37回の極端な右下がり，つまり「発展モデル」傾向は，東京地裁の有罪判決直後，日本国中の田中バッシングに対する新潟県民の反発のあらわれであります。

このように，得票の地域偏差を考慮に入れた候補者の時系列的集票モデルをみていますと，安定当選には右下がりの「発展モデル」が優れていることはいうまでもありません。しかし55年体制下の自民党一党優位体制の持続はそれでは説明できないのです。なぜなら「発展モデル」は他の候補者の地盤への進出を意味し，一般には同じ自民党内の候補者の票を喰って，野党の候補者に有利に働くからで，これは都市型選挙区とか党内派閥対立の激しい選挙区に顕著にみられる傾向です。そこで自民党が当選者数最大化へ向けての選挙戦略を第一義的と考えるかぎりでは，当選可能な得票数を確保できる範囲で「すみ分け」を堅持した方が合理的です。つまり，一定の得票率とかなり高いRS指数を確保して，グラフ上のプロットが余り動かない方がいいわけです。「高値安定モデル」とでもいいましょうか。

事例をいくつか示してみましょう。先ほど取り上げた岐阜２区の候補者です。図５付録－４は，飛騨を地盤とする金子候補です。第29回から第37回までが金子一平，第38回以降は息子の金子一義が立候補しています。図５付録－５は，岐阜２

図５付録－４　金子一平・一義の得票変動

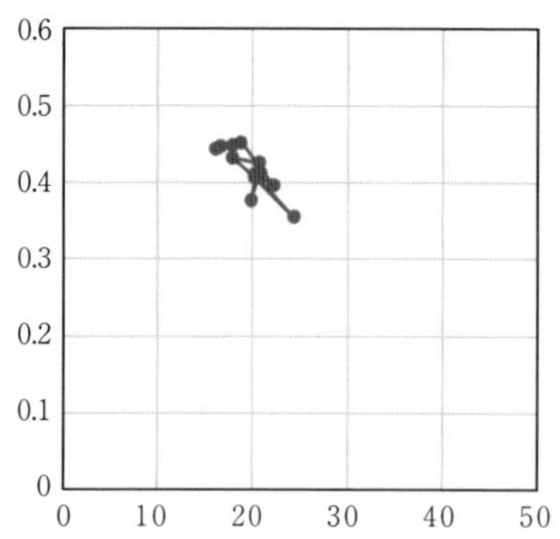

図５付録－５　古屋亨・圭司の得票変動

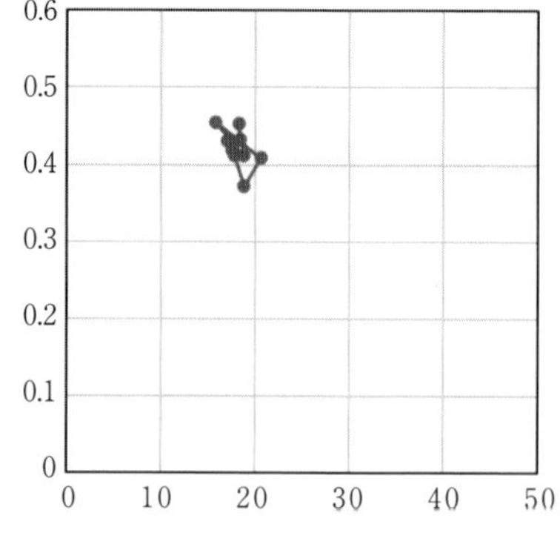

区で東濃を地盤とする古屋候補です。第31回から第38回までが古屋亨，第39回以降は甥の古屋圭司が立候補しています。いずれも得票率が20％を超えることはほとんどなく，RS指数は0.4以上のところで高値安定です。図５付録－６は，中北濃を地盤とする渡辺栄一候補です。他の２陣営と比較するとやや脱地域的であり，一時期は発展モデルの傾向を示していますが最終的に地元回帰しています。

岐阜以外の地域も見てみましょう。図５付録－７は，熊本２区の元文部大臣坂田道太候補です。一寸変動が激しいようにみえますが，RS指数は破格的に高いところで動いています。図５付録－８は鹿児島３区の山中貞則候補です。37回までは同様な高値安定です。38回以降は定数削減で自民党候補の１人が出馬を断念したためにその地盤をいただいてRSが低下しています。39回は落選しましたが，これは消費税導入の時に自民党の税制調査会会長をやっていたからであり，地盤外の逸票がやや大きかったことがわかります。

RS指数は，日本全国レベルでとらえると，全体として見るべき減少傾向を示しています。例えば55年体制下最初の第28回総選挙では，全候補者の平均値は0.27，自民党候補者の平均値は0.30でしたが，1990年の第39回総選挙では，全候補者の平均値が0.16，自民党の平均値で

図５付録－６　渡辺栄一の得票変動

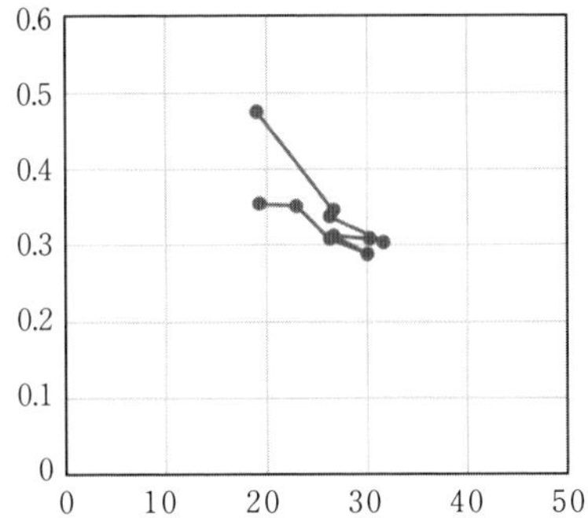

図５付録－７　坂田道太の得票変動

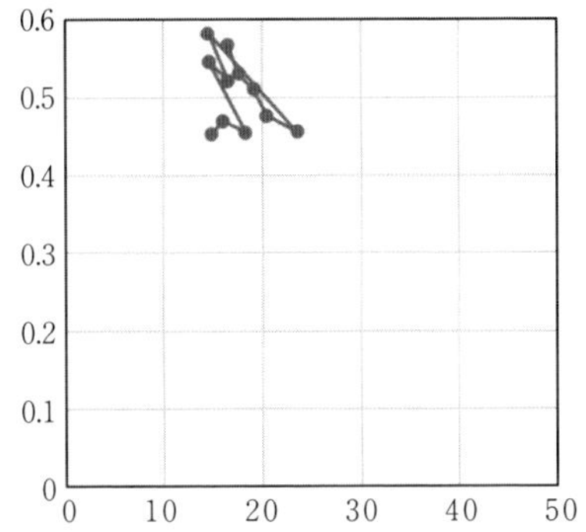

図５付録－８　山中貞則の得票変動

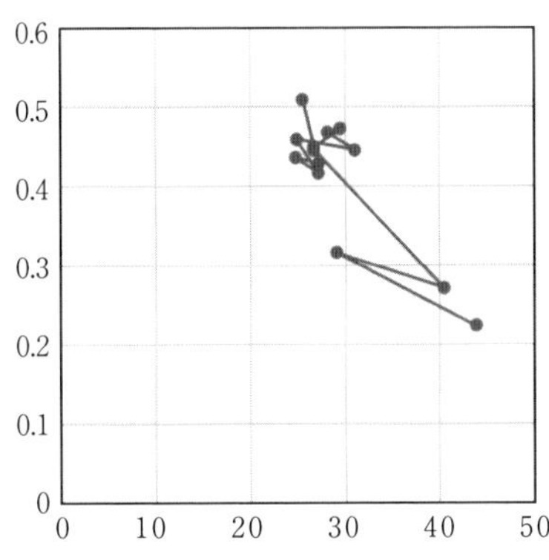

も0.19に低下しています。これはいわゆる55年体制の変容，つまり野党の多党化と自民党得票率の相対的減少の中で，最小限安定勝利を目指して自民党が候補者調整を行ったことに主たる原因がありますが，それでも特定選挙区，特定候補者については，依然として高いRS指数が持続しているところに崩れそうで崩れなかった一党優位体制の秘密を解く鍵があるようです。

これは勿論，政党や候補者の選挙戦略からみた仮説を，アグリゲート・データからのみ計量的に検証したものですが，他方，有権者の政党支持や投票動機などからも科学的な検証がなされなければならないことはいうまでもありません。これについても，今日では数多くの研究成果が蓄積されていますが，最近話題となっているものをひとつだけ紹介しておきましょう。

筑波大学に蒲島郁夫という有名な政治学者がおられますが，蒲島教授は，1976年以降の選挙では，その時の政治状況によって投票所に行ったり行かなかったりする浮動票が多いことに着目しました。一般にこれまでにも，投票率が高い時には自民党が圧勝し，投票率が下がると自民党は危機状況になることはよく知られていました。つまり無定見な有権者層の気紛れな投票行動によって，自民党安定多数になったり与野党伯仲になったりする，いわゆる選挙のたびごとのジグザグを引き起こしていたのではないかという仮説です。蒲島教授はこの仮説を検証するために膨大なサーヴェイ・データに多変量解析をほどこして有権者の投票動機を析出しました。その結果，日本の有権者の中には「自民党政権の存続を望むけれども，絶対多数の支配は好ましくない。むしろ与野党伯仲の中での緊張関係が好ましい」と考え，行動する人達が多いことを発見しました。これらの人達は，現に自民党が安定多数を占めている時や，選挙報道が自民党大勝と予測すると，棄権をしたり，場合によっては野党に投票したりする。しかし自民党の政権維持が危うくなると，投票所に足を運んで自民党政権を支えているというわけです。蒲島教授は，こうした行動をする有権者層をバッファー・プレイヤーと名づけました。調査結果では何らかの形でバッファー・プレイを行ったことのある人は，有権者の44.8％を占め，各政党の支持者，支持政党を持たない人達の間に広く分布していることが示されています。

これは長年にわたる一党優位体制の中で培われてきた独特の政治意識と投票行動で，日本人の一種のバランス感覚を示しています。55年体制の下では政権の交代は引き起こさなかったけれども，政権維持の枠内でかなり大きなブレが絶えず起こっていたわけです。

日本の一党優位体制が容易に崩れなかった原因は，行動論的分析を用いますと，このように多角的に検証できるわけですが，それではこの体制が崩壊する要因は全くなかったのかというと，そうではありません。事実，一昨年この体制は崩壊しているのですから。

一党優位体制を崩壊させるものとして，以前から言われていたのは，次の２つです。ひとつは，特定の政治争点に対する有権者の過剰反応であり，もうひとつは，自民党の自壊と言いましょうか，自民党の派閥体質や金権体質に伴う問題がありました。これが現実のものとなったのが，1989年の参議院選挙です。この選挙については記憶に新しい方も多いと思いますが，選挙争点がリクルート事件，消費税，農産物自由化の３点セットといわれ，55年体制下の国政選挙で初めて自民党の得票率が社会党を下回り，事実上の小選挙区である１人区26議席で，自民党は23議席を失う大敗を喫したのです。

この選挙は，今いいました一党優位体制が崩壊する２つの仮説が３点セットという形で重層的に作用し，しかも社会党党首・土井たか子ブームと現職総理の女性スキャンダルで加速された珍しい例です。個別選挙区，さらに各市町村票を具体的に洗ってみますと，日本国中津々浦々で軒並みに投票率が上昇していることがわかります。そして自民党の絶対得票率は前回とほとんど変化していないにもかかわらず，投票率が上昇した分がほとんどそっくり社会党・連合候補者に回っている計算になるわけです。投票率が上がれば自民党有利というこれまでの仮説，つまり「浮動票効果仮説」が全く逆方向に働いたわけで，私はこれを「浮動票逆効果モデル」と名づけました。まさにバッファー・プレイの過剰反応といえましょう。詳しく説明する時間もございませんので，関心をお持ちの方は政治学専門誌『レヴァイアサン』10号に，私が「１人区における自民党の完敗 89年参議院選挙集計データの解析から」という論文を出していますので，お読みいただければ幸甚に存じます。

もし，その時の選挙の争点によって政権が移動するとすれば，それは民主主義にとって「健全な姿」です。しかし，参議院選挙は憲法上衆議院のように政権形成に直接かかわりをもたないので，そして衆議院の解散権は内閣が握っているため，いわゆる「健全な姿」での体制崩壊は実現しませんでした。それでは，一昨年の自民党一党支配の崩壊は不健全な崩壊なのかということになりますが，残念ながら「イエス」といわざるを得ません。なぜならそれは有権者の争点選択によるものではなく，自民党の金権腐敗体質と派閥対立がもたらした内部分裂によるものだからです。

7　おわりに

このように，私の40年間の政治学研究生活は55年体制そのものでありました。そして私の定年退職を待っていたかのように，この体制は崩壊いたしました。今後，私は全く新しい生活環境の中で，変貌する日本の政党システムを追い求めていくことになります。

今私はこれまでどっぷりつかってきた55年体制的発想の水垢を洗い落とさなければならないと考えております。55年体制については，政治学研究者だけではなく，マスコミにも評論家にも，一種独特の発想がつきまとっていたように思います。それは日本の政治を，自民党という巨大なワルの存在を前提として考える発想だといっていいでしょう。ワルが存在すれば正義の味方ならこれをやっつけなければならない。ところが，ワルがいなくなれば，あるいはいても姿を変えたり，離合集散でその性格が曖昧になったりすると，政治をとらえる手がかりを失ってしまう。これでは困るんですよね。これからの政治の展開は専門家である私にも大変先が読みにくい。それでも私は，高齢化しても生きている証として「人間のために人間の手でコントロールできる政治」の姿を考えていきたいと思います。もし，21世紀になって「95年体制」なんていう言葉があらわれて，それが私の第２の人生のスタートと重なっていたとすれば，こんな幸せなことはありません。

最後になりますが，私のこれまでの教育研究生活をさまざまな側面から支えて下さった岐阜大学，そして教職員の皆様に感謝するとともに，若い学生諸君が英知と勇気をもってこれから未解決の課題に取り組んでいかれることを念願して，33年間の教壇を去らせていただきます。どうもありがとうございました。

第６章

自民党一党優位の継続と社会党

自民党政権はなぜ長期化したのかという疑問に対する説明の仕方は，大きく分けて次の２つがある。第１は「なぜ自民党は選挙に負けなかったのか」という観点から説明するものであり，第２は「なぜ野党は選挙に勝てなかったのか」という観点から説明するものである。

前章で解説したように，自民党の選挙での強さは，必ずしも圧倒的なものではなかった。1970年代には何度か過半数割れの危機があり，野党が政権を獲得するというチャンスがまったくなかったわけではない。ここで浮上してくるのが「野党は何をしていたのか」という疑問である。特に，自民党政権が続いた38年の間，野党第一党であり続けた社会党については，政権党を分析する場合と同レベルの政治学的な分析が求められているといえよう。

「万年野党」と揶揄された社会党をどのように論じたらよいか。社会党が政権獲得に向けて戦略的行動をとらなかった理由は，その時々に社会党内で影響力をもったアクターの思想や行動から説明されがちである。しかし，アクターの行動を時間軸に沿って個々に記述するだけでは，そのような政治的選好を有するアクターがなぜ社会党内で評価され，影響力を持ち得たのかが見えてこない。必要とされるのは，アクターの政治行動そのものではなく，それを規定する構造の解明である。

本論に入る前に，本章の読み方について筆者の希望を記しておきたい。筆者は，本書の序文で「現象・レンズ・イメージの３点セット」を理解することの重要性を解説した。「既知の現象であっても，専門的なレンズを通して見ると，異なるイメージが浮かび上がってくる」という話であるが，本章の内容はそれに直結するものである。そこで，以下の本文の内容と向き合う前に，是非，序文並びに第４章を再読していただきたい。そして本章を読み終えた後は，自分自身が見ていた政治の景色の何がどのように変わったかを，じっくりと検討していただきたい。

1　社会党をどのようなレンズで捉えるか

(1) 通説的見解

投票者は自己の効用を極大化してくれる政党に投票し，政党は得票を極大化するために有権者の政治的選好に合わせた政策を提示する。ダウンズ(Anthony Downs)が『民主主義の経済理論』(ダウンズ1980)の中で展開したこのような議論は，直観的にその妥当性が理解できることもあって，日本でも多くの政治学者がダウンズ的視角から日本の政党政治，選挙政治を合理性をキーワードにして議論している。

ダウンズの議論が援用されることによって，最もその評価を変化させたのは自民党であろう。政権維持を第一義として，自らの政治的位置を変えていく自民党の政治行動は，かつては理念なき政治行動として批判の対象であった[1]。しかし，ダウンズのレンズで現象を眺めれば，自民党＝合理的政党というイメージが浮かび上がってくる。

自民党は政権の維持を目的に次々と党の政策に変更を加えてきた。それが最も顕著にあらわれたのが，1970年代後半の保革伯仲期であった。この時期は，総選挙において連続して自民党の当選者が過半数を割るという事態が発生しており，数の上では，野党が連合すれば政権に手が届くかもしれないという状況が生まれていた。ここで自民党は，福祉政策や環境政策の重視，独占禁止法改正，防衛費１％枠設定等を打ち出し，「自民党政治を左寄りにすることによって，左翼に有利な時代状況を乗り切る」ことを試みた(大嶽1994a：序章)。つまり自民党は，保革伯仲状況に対応し，伝統的な支持者以外の有権者に受け入れられるよう自己のイデオロギー軸上の位置を左にシフトさせたのである。本書第４章で示したように，この時期の保革イデオロギー軸上の有権者分布が，中立がピークの単峰型であったことを考えれば，このような自民党の動きは，得票極大化戦略として効果的であったといえる。

1　自民党の政治行動は，ダウンズの議論が一般的になる以前にも，「統治政党としての合理性」という観点から一部の政治学者によって肯定的に評価されていた。自民党の民意への柔軟な対応や包括政党化を指摘する代表的な著作として，村上(1984)，北岡(1985)，佐藤・松崎(1986)がある。

他方，ダウンズの議論が援用されることによって，社会党に対する評価も大きく変化した。ダウンズの視角から議論すれば，保革伯仲期に至っても綱領的文書「日本における社会主義への道」に基づく平和革命路線から脱却できず，有権者の政治的選好に対応できなかった社会党には，非合理的政党というレッテルが貼られることになる。高畠通敏は，ダウンズを援用しながら社会党を次のように論じている(高畠編1989：はしがき)。

> かつてA．ダウンズが古典的に指摘したように，成熟した政党政治において政権政党をめざす政党は，お互いに異なる展望や価値観の下に，しかし共に有権者の支持を極大化すべく努力する。そのどちらを欠いていても，帰結するのは一党支配の政治であり，政党政治のシステムの崩壊である。
>
> 日本社会党に長い間つきまとっていたものは，イデオロギーの上での純一性を求めるあまりの，支持の極大化への努力の断念であり，結果としての万年野党に甘んじることであった。

筆者のみるところ，社会党研究におけるダウンズの援用は，社会党に非合理的政党というレッテルを貼るところで留まっており，社会党の政治行動を分析的に論じるまでには至っていない。そもそも政党を単一のアクターと捉え，政党内政治を捨象したダウンズの議論は，このような要因解明に適した理論とはいえないところがある。

しかしながら，ダウンズ以後に展開された空間競争論に関するいくつかの議論を視野に入れ，また選挙過程における合理性を単数形ではなく複数形に設定して政党の政治行動を分析すると[2]，社会党の一見非合理的と思われる政治行動を論理的に扱うことが可能となる。次項では，社会党研究の共時的視角を確立するための，理論的準備を行おう。

2 「選挙過程における合理性を単数形ではなく複数形に設定」という表現は，筆者の修士論文に対する兵藤守男教授(新潟大学)のコメントから示唆を得て，以後，意識的に使うようになったものである。政治過程における合理性の捉え方については，内藤・兵藤(2000)の中で示唆に富む議論がなされているので参照されたい。

(2) 考慮すべき視点

ダウンズの議論は，ひとつの秩序観の上に構築されている[3]。それは「自利心」に基づく秩序観であり，複数の政党，そして投票者が，自らの効用を極大化させようと行動することによって，ひとつの成熟した秩序が自生的に生まれてくるという考え方である。複数の政党が競合する状況を，社会主義に至る過渡的状況とみなす傾向のあった社会党のイデオロギーは，このような秩序観と対立するものであり，社会党の選挙行動をダウンズの議論に単純に当てはめ，論評することについては慎重にならなければならない。

しかしながらダウンズの議論を，現象を把握するためのレンズであると割り切ってしまえば，その分析枠組が社会党の選挙行動を分析する際に多くの手がかりを与えてくれることも事実である。社会党がダウンズがいうところの合理的政党でなかった理由は，社会党がダウンズが前提とするような秩序観を否定していたというもっともな理由から説明可能ではあるものの，それで社会党の選挙行動のすべてが説明できるわけではない。議会の多数派形成を通して社会主義革命を達成するという平和革命路線を掲げていた社会党は，その目的がいかなるものであれ，実際には選挙過程に参加し，他の政党と有権者の支持をめぐって競合していた。また社会党の内部も一枚岩ではなく，党の公式見解とは異なる意見を有する者が，常に存在していた。彼らが党の主導権を掌握し，社会党の現実主義化を促進できなかったのはなぜだろうか。

社会党研究で重要なことは，一方で社会党内で通用する議論や価値観を理解しながら，他方でそのような議論を額面通りに受け取らず，それを突き放して相対化していくことである。以下で議論を展開していくように，ダウンズ流の分析は，一見社会党に固有の問題を，一般的な政党論として提示することを可能にし，また一見別個の問題を，ひとつの大きな図式の中で連関させながら解釈することを可能にするように思われる。

ダウンズの議論は直観的にその妥当性が理解できるため，多くの研究者が援用してきた。しかし同時に，ダウンズの議論が単純な前提のもとでなされていることに対しては，多くの批判や修正の提案が出されている。ダウンズの議論を現実政治把握の手段とし，特に集票する側に焦点を当てた場合に

3　ダウンズが自らの議論を展開するに当たって，アダム・スミス（Adam Smith）の議論を引用しながら「自利心の公理」を語っていることに注意したい（ダウンズ 1980：28-29）。

は，①選挙過程におけるアクターの種類の問題，②有権者の政治的選好の分布に対応する政治行動のバリエーションの問題，③選挙競争空間の複数性の問題，について再考しなければならないように思われる。

まずアクターの問題であるが，ダウンズは選挙過程のアクターとして「投票者」，「政党」，「政府（勝利した政党）」しか登場させていない。しかしながら現実の選挙過程におけるアクターの種類はそれだけではないだろう。また有権者の重みを同一と扱っていることの問題は大きい。同じ政党の支持者といっても，その影響力の分布は均等ではなく，またその選好も同質ではない。政党にリソースを提供する活動家や利益団体の意向は，政党の政策を強く拘束するだろう。社会党が効果的に得票極大化戦略に移行し得なかった背景には，労働団体や活動家の影響力があったと考えられる。

次に，有権者の分布に対応する政党の動きに関する問題だが，ダウンズは有権者の政治的選好は固定的で，それが正規分布の場合は，政党は得票の増加を目指して位置を中央にシフトさせると考えた。しかし，現実の政党は必ずしもそのようには動いていない。そして，そのことは必ずしも選挙での合理性が否定されているわけではないという解釈をすることができる。政党自らが現状の有権者分布に政策を合わせるだけでなく，有権者のイデオロギーを政党のそれに近づけるべく努力することは一般的な現象である。政党は，未来への投資という意味で，やや過激なポジションをとり，有権者を動員しようとすることもあるだろう。有権者の政治的選好は固定的なものではなく，時期によって，また集票側の働きかけによって変動するならば，政党が現状の有権者分布に対応した集票戦略を採用しないことも十分理解可能なことであろう。

さらに，選挙競争空間の複数性の問題にも注意しなければならない。選挙競争空間の複数性とは何かだが，この点に関しては，アメリカの選挙における本選挙と予備選挙の関係がひとつのわかりやすい例である[4]。本選挙における候補者が予備選挙で決定される場合は，候補者になろうとする者はまず予備選挙で勝利しなければならない。政治的に活性化した人が投票者の大部分を占める予備選挙では，イデオロギー色の強い主張を行った方が，勝ち残る可能性は高くなる。しかし，その後に行われる本選挙のことを考えると，そ

4　アメリカ大統領選挙における選挙競争空間の複数性については，蒲島・玉木・辰野(1989)，蒲島(1993)参照。

れは合理的な行動とはいえない。一般の有権者の支持を集めるには，中立的な主張を展開した方が望ましいからである。予備選挙と本選挙の関係は，政党内競争空間と政党間競争空間の関係として一般化しても差し支えないだろう。政党内競争空間で展開される競争が，政党間競争空間での政治行動にどのような影響を与えているかという視点は，政党内競争空間が制度的に確立されている社会党を研究する際には，不可欠のものといえよう。

ダウンズ流の分析といっても，ダウンズの議論だけでは，非合理的選挙行動がどのような要因によってもたらされたかを論理的に言及することは難しかった。以下ではここでの議論を考慮し，改めて社会党の選挙行動を捉えなおしてみたい。

2　政党と利益団体の配置

本節と次節では，社会党のイデオロギー軸上のシフトにブレーキをかけたと考えられる要因を複数とりあげ，大きな図式の中に位置づけていく。なぜ社会党は有権者の選好に合わせることができなかったのだろうか。また反対に自民党はなぜ効果的に政策を変化させ得たのだろうか。まず本節では，社会党をブラックボックスとし，擬人化されたひとつのアクターとして政党間の相互作用，利益団体との関係を分析する。

(1) 政党間の相互牽制

まずは，ダウンズのオリジナルのモデルに沿って議論を進めよう。ダウンズが想定したアクターのみで，55年体制下の選挙過程を見るとどのような解釈ができるだろうか。

55年体制下の主要５政党の保革イデオロギー軸上の位置は，時期によって民社党と公明党の位置が逆転するかもしれないが，左から順に共産党，社会党，民社党，公明党，自民党の順になるであろう。多党制下においては二大政党制下とは異なって，たとえ有権者のイデオロギー軸上の分布が中央がピークの単峰型であっても，政党はイデオロギー軸上で相互に牽制し合うので，すべての政党が中央に接近するということは，現実問題として起こりにくい。社会党の場合，極側の左に主張の一貫性を強調する共産党が位置しており，「社会党は共産党に票を奪われることを恐れたために中央にシフトできなかった」という解釈ができる。一方の自民党は，野党の存在形態が「単系」ゆえに，極側の票を奪われる心配がなかった[5]。

このような視角は，自社のイデオロギー軸上での動きを整合的に説明し得るものである。しかしながら，世論調査のデータを確認すると，社会党が共産党に票を奪われることを恐れたという観点だけから，社会党の動きを説明できないことがわかる。たとえば，1976年総選挙(JABISS調査)と1983年総選挙(JES調査)における社会党支持者の歩留まり，他党への流出を見ると，共産党への流出よりも右側の諸政党への流出の方が規模が大きい(表６－１)。共産党の存在が社会党を規定したということは否定できないが，その他の要因にも目を向けていく必要がある。

政党が相互に牽制し合うという点では，むしろ社会党と民社党との関係の方が注目される。西尾派の脱党，民社党の誕生は，次の点で社会党の動きを強く規定した。まず社会党内の右派の脱党は，社会党にあった左右のバランスを崩した。そしてそれに加え，民社党を思想的，政策的に批判する必要性が，社会党の左傾化の契機を強めることになった[6]。

民社党の側としても，社会党との差別化を図るためには，保革イデオロギー軸上での社会党の右側へのシフトはどうしても阻止したいものであった。そこで，民社党の側から意図的に社会党内に存在する敵意を刺激し，社会党の動きを牽制することがあった。たとえば，民社党の西尾末広は，当時注目を浴びていた構造改革派の動きを牽制するために，戦略的に「江田支持」を表明することがあった。この点について，石川真澄は次のように説明する(石川・安東1995：25)。

表６－１　社会党支持者の投票政党（％）

1976年総選挙(JABISS調査)

共産	社会	民社	公明	新自ク	自民	棄権	N
2.3	85.6	2.3	1.5	1.1	4.2	3.0	263

1983年総選挙(JES調査)

共産	社会	社民連	民社	公明	新自ク	自民	棄権	N
2.1	80.7	0.0	0.9	1.7	0.4	6.4	7.7	233

「諸派への投票」,「投票政党を忘れた」を除く。

5　単系野党については，サルトーリ(1992：232-233)，本書第８章第３節(２)参照。

6　西尾派の脱党前後の社会党内の力学については，中北(1993)参照。

たしかあれは西尾末広の水戸談話。「江田三郎氏たちの構造改革論を全面的に支持する」とやっちゃうんです。民社党とその周辺に知恵者がいて，「もし江田が勝てば民社党の立場はなくなるかもしれない。そのためには江田をつぶす。江田をつぶすには，西尾が江田を支持するというのが最高だ」という知恵をつけて，見事にそうなりますね。

このような感情レベルの問題の他に，先に右に動いた民社党の選挙での伸び悩みを見て，社会党の指導者が右側にシフトすることに警戒心を抱くようになった，という問題にも注意を払いたい(渡辺1991)。この点においても，民社党の存在は，社会党の動きを規定することになったといえよう。

(2) 利益団体の規定力

選挙過程において，有力な支持団体の意向に政党が行動を規定されることは十分想定されることである。ダウンズのモデルにおいては，一般有権者の分布のみが議論の対象にされたが，利益団体の政治的選好を考慮して議論を展開するとどうなるだろうか。ここではまず，1980年に三宅一郎らによって行われた「エリートの平等観調査」を使用して，主要利益団体エリートの政治的選好(イデオロギー，政党支持，利益推進政党)を確認しておこう[7]。

まず，主要利益団体エリートの保革イデオロギーを見ると，その分布は，一般の有権者とは異なり両極化していたことがわかる(表６－２)。すなわち，経済団体，農業団体は保守側に偏重して分布しており，労働組合は革新側に分布していた。同じ労働組合でも，総評系はより革新偏重となっている。そして次に，政党支持(表６－３)，利益推進政党(表６－４)を見ると，経済団体と農業団体は自民党を支持し，自民党を利益推進政党とみなしていたのに対し，総評系の労組は社会党を，同盟系の労組は民社党をそれぞれ支持し，利益推進政党とみなしていた。

総評の主要部分である官公労の労働運動は，交渉・対決相手が国であることから，経済闘争も自ずと政治闘争に転化する傾向があり，総評に政治的リソースを過度に依存する社会党は，当然に官公労の政治的選好(階級主義的労働運動)に規定されることとなる。「総評政治部」とさえいわれてきた社会

---

7 「エリートの平等観調査」については，三宅ほか(1985)参照。

表6－2　団体エリートの保革イデオロギー（エリートの平等観調査）（%）

	革新 ←			中間			→ 保守	N
経済団体	0.3	1.3	12.6	14.6	43.0	24.3	4.2	309
農業団体	0.9	3.4	14.5	9.4	42.7	22.6	6.4	234
総評系労組	24.7	48.1	17.3	4.3	2.5	1.9	1.2	162
同盟系労組	8.0	21.6	52.3	8.0	9.1	1.1	0.0	88

表6－3　団体エリートの政党支持（エリートの平等観調査）（%）

	自民	社会	公明	民社	共産	新自ク	社民連	その他	無所属・なし	N
経済団体	73.0	1.3	0.3	13.8	0.0	0.6	0.3	0.3	10.3	319
農業団体	67.8	5.9	0.4	8.4	0.8	0.8	0.4	0.0	15.9	239
総評系労組	2.5	78.5	0.0	2.5	6.7	0.0	0.0	0.0	6.7	163
同盟系労組	1.1	7.9	0.0	82.0	2.2	0.0	0.0	0.0	5.6	89

表6－4　団体エリートの利益推進政党（エリートの平等観調査）（%）

	自民	社会	公明	民社	共産	新自ク	社民連	その他	無所属・なし	N
経済団体	82.5	2.2	2.5	9.7	0.3	1.9	0.6	0.6	12.8	320
農業団体	72.1	9.6	1.7	8.3	1.3	1.7	0.4	0.0	19.6	240
総評系労組	1.2	82.4	2.4	3.6	9.7	0.0	3.6	0.6	6.1	165
同盟系労組	2.2	9.9	5.5	82.4	2.2	0.0	2.2	0.0	5.5	91

設問は複数回答形式。

党の意思決定に，総評が大きな影響力を有していたことは，ここでこれ以上強調しなくてもよいだろう[8]。問題は，特定の利益団体のイデオロギーに，党の位置を合わせてきた社会党をどのように考えるか，である。社会党にとって，一般の有権者分布に位置を合わせることから得られる利益は，多大な政治的リソースを提供してくれる労組に逆らうことから生じるデメリットの規模を上回るものであったか。この点を考慮すれば，社会党の位置設定が非合理的であったとは言い切れない側面がある。

それでは，自民党が利益団体の意向に規定されなかったという点をどのように考えたらよいだろうか。その理由は，社会党が人材，資金，票の動員を労組に依存していたのに対し，自民党はそれらを多元的に調達できたことや，政権党の特権を活用して補助金等を操作的に配分し，利益団体の圧力を緩和し得たこと，また主要な支持勢力である財界が「自由経済体制」を守る

8　社会党－労働組合関係については，渡辺(1991)，五十嵐(1998)，新川(1999)参照。

ために自民党に大きな自由度を与えたこと等から説明できるだろう[9]。

日本の政治全般に対する財界の影響力は一般に大きいものとされているが，先述のエリート調査の結果では，その影響力の認知はセクターごとに大きな違いがあり，特に自民党エリートが財界の影響力を他のセクターのエリートよりも低く見積もっていることが明らかになっている(三宅ほか 1985：140)。政権党である自民党に多額の政治献金を行っている財界の影響力が，自民党エリートに低く認知されているのは，財界が自民党の動きを強く拘束しなかったことと無関係ではあるまい。

ダウンズは，ある国の政党の数がいくつになるかは一般の有権者のイデオロギー軸上の分布と関連すると議論した。しかし，規定要因はそれだけではないだろう。政党が誕生する背後には利益団体の存在，そしてそのイデオロギー軸上の分布も重要な規定要因として存在するのである。

3　党内力学

ここまでは，社会党をひとつのアクターと捉え，55年体制下における政党と利益団体の配置と社会党の選挙行動との関係に考察を加えてきた。ここからは，社会党をブラックボックス化せずに，その認識，活動家の影響力，党内力学等に焦点を当てる。

(1) 未来志向の位置設定

ダウンズの議論では，自己のイデオロギー軸上の位置を有権者の分布に合わせようとしない政党は，非合理的なアクターと判断される。しかしながら，一見非合理的な行動であっても，政党の側としては合理的な戦略を有していることがある。社会党の場合も，一定の合理的計算に基づいて，あえて現実の有権者分布に合わせなかったという解釈ができる。

「マルクスの予言」[10]では，資本主義が進展するとその矛盾が顕在化し，そ

9　財界の政治資金援助が，自民党を強く拘束しなかったことについては，岩井(1990)参照。また財界の側も，社会の変化に対応し，福祉政策の充実に向かって動いていたことについては，新川(1993：103-105)参照。

10　マルクスを「予言者」と呼び，マルクス主義の宗教的側面を指摘するものとして，シュンペーター（1962：第1部第1章)参照。

の結果生み出された窮乏した労働者が革命を起こすことになっている。事態はそこまで極端に進まなくても，将来的に有権者分布自体が左にシフトすることは，マルクス主義の理論を信奉する者にとっては自明であった。有権者の分布が確実に左にシフトすることになっているのであれば，政党は左から動かない方が合理的である（図６－１）。このような政党の選挙行動は，保革イデオロギー軸上における「未来志向の位置設定」と呼ぶことができよう。合理的選択論は全般的に現在の状態を前提にして議論を組み立てる傾向があるが，自己の将来を何らかの形で確信しているアクターの行動を扱うに当たっては，その議論に時間的な要素を導入する必要がある。

事実を確認しよう。1960年代の初期においては，社会党が近い将来政権を獲得するというムードが確かに存在した。1963年１月号の『中央公論』に掲載された石田博英の「保守政党のビジョン」（石田1963）は，「昭和35年以降を最小自乗法で推計してみると，昭和43年には自民党〔の得票率－引用者〕が46.6％，社会党が47％となり，社会党が勝利を博することとなる」と大胆な予測を発表し，このムードを決定的なものとした。石田の論文は，自民党にとどまらず社会党にも大きな影響を与えたようで，1963年８月に社会党政権獲得委員会は，社会党が単独政権を獲得することを前提とした構想をまとめている（月刊社会党編集部1976：466-467）。また社会党は1966年の党大会において，「２回乃至３回の総選挙によって，1970年前後には社会党が議会の過半数を占めて政権を獲得するであろう」という一文を含んだ「明日への期待　社会党政権の政治」を決定している（日本社会党政策資料集成

図６－１　社会党の認識における有権者分布の変動

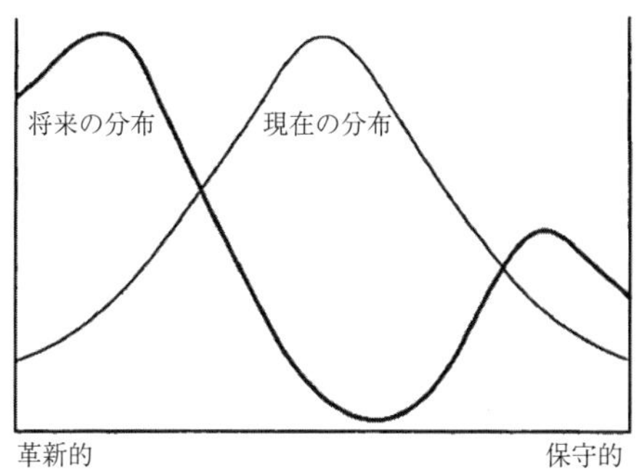

刊行委員会・日本社会党政策審議会編1990：208-238)。

しかしながら，社会党指導者が1970年代に入っても，有権者分布の左側へのシフト，社会主義社会の必然的到来を信奉していたようには思われない。この時期においては，1960年代の現状把握をもとに，マルクス・レーニン主義の価値観に立って書かれた綱領的文書「日本における社会主義への道」(1964年採択，1966年補強修正)が，社会党内における政治行動を規定したと考える方が妥当であろう。イデオロギー指向政党には一般的に見られる現象であるが，社会党内においても党の綱領は絶対的な意味を有する。それゆえ，綱領の内容を変えない限り，新しい政治状況への対応は限られた範囲のものになってしまう。つまり「道」が存続する限り，社会党内の正統な解釈では，イデオロギー軸上の位置を中央にシフトさせることの方が，非合理的とされてしまうのである。

構造改革派の中心的人物の一人であった貴島正道は，「道」の作成にかかわった人物でもあったが，党内における「道」の扱われ方について，『世界』(1977年5月号)で次のように述べている[11]。

> しかし，「道」もいまになると，呼び名すら「道」というので通っているように，非常に教条化されて，党内のひとつの規律の尺度になっている。内容はどうでもいい，「道」に反するとさえいえばそれで通っちまうようなことになった。……しかし，いま77年になってもあれを金科玉条とするのは大変に不毛なことです。「道」はそうした時代的制約性に加えてもともと折衷による教条的部分がはいり込んでいる。それを協会などは抜き出すのですね。ですから，われわれが改革，修正しなければならないというところを彼らは聖域化して絶対守るといい，われわれがあのとおりでもいいと思うところは向うはちっとも守らない。そこに悲劇性があるのですね(貴島1979：142-143)。

問題は，社会主義革命の必然性を示した古い綱領的文書が，党内における自由な意思決定の制約になると認知されながら，なぜ早期にそれを廃棄できなかったか，という点にあろう。党の公式見解と変動する政治環境とのギャップを，社会党が埋めることができなかった理由は何か。それでは次

11　ここで紹介するインタビュー記事は，貴島(1979)にも収録されている。

に，以上の問題を念頭に置きつつ，社会党の意思決定のメカニズムについて考察しよう。

(2) ２つの選挙競争空間

社会党のリーダー（その予備群も含めて）が戦わなければならない選挙競争空間には，「政党間競争空間」と「政党内競争空間」の２つがある。政党内競争空間とは最高決議機関である党大会のことである。党の役員や政策，年度ごとの運動方針は，すべてここで決定される。委員長も，全党員参加の公選制が1978年に導入されるまでは，党大会における選挙で選出されていた。党大会を構成するのは，主として各都道府県において選出された大会代議員（代議員数は党員数に応じて配分される）と本部役員，主要支持団体の代表である（表６－５）。党大会代議員の属性に関しては，ほとんど情報が残されていないが，地方政治家，（地方レベルの）労働組合関係者，活動家が大半を占めるという[12]。

２つの競争空間の選挙における有権者の質，政治的選好は全く異なるものであるといえよう。イデオロギー軸上における一般有権者の分布は中立がピークの単峰型であるが，党大会の代議員のイデオロギーはかなり左寄りであると考えられる。「社会党は党大会では左へ行き，選挙では右へ行く」という言葉もある[13]。２つの競争空間を図示すれば図６－２のようになるであろう。

代議員についての調査データは存在しないので，社会党が消滅した今日，この点を実証することはできない。だが，代議員の政治的選好は，強い社会党支持者のそれから類推することが許されよう。表６－６は，JES調査（1983年）の回答者から社会党支持者を取り出して，その保革自己認識を見たもの

12　筆者は1995年11月21日に，社会党の地方組織全般に関して岐阜県本部副委員長（当時）早川龍夫氏にインタビューを行った。その際，党大会代議員選出について，次のことを確認している。①代議員は投票によって選出されるが，投票方法は県の規約に基づいている。岐阜県の場合，以前は完全連記投票だったが，インタビューの時点では単記投票。②代議員に選出されるのは，「大雑把にいって地方議員，労働組合代表，活動家」である。③党大会における代議員の投票行動は，本人の自由意思に基づいている。県の意向と異なる場合，説得工作をすることもあるが，最終的には強制はできない。

13　元社会党中央本部職員藤牧新平が言い出したとされる文言で，カーティス（1987：165）で紹介されている。

表6－5　党大会の代議員数(1977年)

北海道	48	新　潟	22	奈　良	4	熊　本	8
青　森	8	長　野	16	和歌山	3	大　分	6
岩　手	13	山　梨	6	香　川	8	宮　崎	8
秋　田	11	静　岡	10	徳　島	4	鹿児島	9
山　形	9	愛　知	10	愛　媛	5	沖　縄	4
宮　城	10	岐　阜	7	高　知	7		
福　島	13	三　重	6	岡　山	8	都市交	2
茨　城	7	富　山	6	広　島	10	動　労	2
栃　木	6	石　川	4	鳥　取	4	全　鉱	1
群　馬	7	福　井	4	島　根	6	私　鉄	4
埼　玉	13	滋　賀	3	山　口	5	全電通	8
千　葉	14	京　都	15	福　岡	17	社青同	2
東　京	44	大　阪	19	佐　賀	5		
神奈川	18	兵　庫	14	長　崎	6	計	509

出典：『朝日新聞』1977年9月25日。

図6－2　2つの選挙競争空間における保革イデオロギー

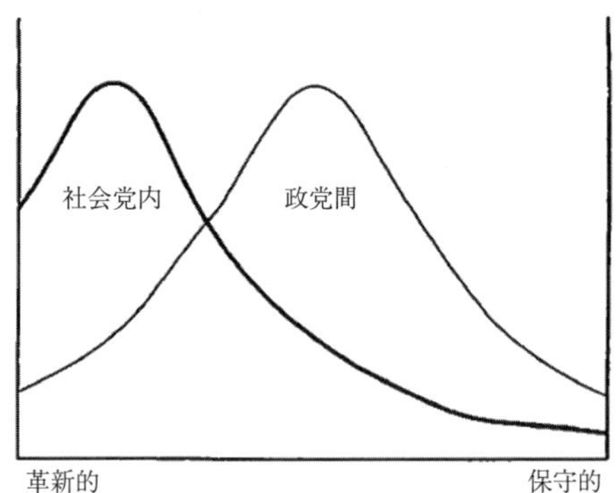

表6－6　社会党支持者の保革イデオロギー（JES調査 1983）

	革新的	やや革新的	中間	やや保守的	保守的	N
回答者全体	6.7	17.3	42.3	20.8	12.9	1495
社会党支持者						
全体	17.3	36.0	34.2	12.0	0.4	225
支持強	34.0	26.0	32.0	8.0	0.0	50
支持弱	12.9	39.8	33.9	12.9	0.6	171

である。社会党支持者は一般の有権者に比べて革新偏重となっている。そしてその傾向は，強い支持者に顕著である。おそらく党大会代議員の場合は，ここで見た強い社会党支持者よりも，一層イデオロギー指向が強いことが予

想される。

イデオロギー軸上で，社会党が中央にスムーズに移行できなかったのは，２つの競争空間の間にある距離を埋めることができなかったからである。社会党の場合，党内で正当に主導権を獲得するには，まず政党内競争空間で勝利しなければならない。政党内競争空間で評価されるには，自己のイメージを左寄りにしておく必要がある。政党内競争空間で勝利した者は，次に政党間競争空間での戦いに挑むわけだが，一般の有権者の分布に主張を合わせれば，政党内競争空間での自己のイメージとの間に矛盾が生じてしまう。つまり，政党内競争空間で評価されるほど，政党間競争空間での自由度がなくなるのである。社会党内でも一般の有権者の選好に対応しようとした試みがないわけではなかった。しかし，そのような動きは政党間競争空間に挑む前に，政党内競争空間で敗北，もしくはエネルギーの消耗を続けたのであった。

政党間競争空間の主たるアクターである国会議員の大会代議員権が，1962年から1977年までの期間，自動的に付与されなかったことも，党大会における活動家の影響力を高めることにつながった[14]。この点に関しては，当時社会党の国会議員であった大柴滋夫が，次のように述べている。

> 社会党の国会議員は，180人ほどいるが，党大会に出られるのは，30人ぐらいにすぎない。代議員は党員100人に対して，１人を総支部，県本部で選ぶが，議員は，選挙区で他の人が出たいというのに「いやオレが出る」というほどの能動性はない。議員が30人しか出ない大会の論議は，抽象的理念の論議になってしまう。つまり，現実的に政治を動か

14　国会議員に代議員権を自動的に付与することの停止を推進したのは，江田三郎であった。この件について江田は，「当時社会党は上昇過程にあった。全国大会が最高決議機関としての機能を果たすためには，代議員は550人程度が限度であり，国会議員がふえてゆくと代議員の過半数をこえることになり，地方議員や一般活動家の発言がおさえられてしまう。この弊をさけるために，国会議員は自動的に代議員になる制度を改め，国会議員も一般党員も同等の資格条件にたって，代議員として選出されなければならぬ，ということにした」と説明している。また同時に，「実現して，あとでなやまされたのが国会議員の代議員権問題である」，「当時私は，議員の大部分は，当然代議員にえらばれてくると思った」，「私の見とおしの甘さである」と，それが失策であったと認めている（江田1977：8）。

す熟練者の意見が，大会では生かされない[15]。

社会党内の各派閥も活動家層を掌握することを目指したが，最終的には労農派マルクス主義の理論グループとして出発した社会主義協会が，その一貫した理論で活動家層を取り込み，それを資源として台頭した。社会党の党員が４万人台の時代に，社会主義協会員が「１万数千」[16]いたことを考えれば，その影響力がはかり知れよう。

自民党政権の最大の危機の時期であった1970年代後半の保革伯仲期において，社会党内の最大の関心事は，一般の有権者とは全く無関係の社会主義協会問題であった。大きくなり過ぎた社会主義協会をどのようにコントロールするかという問題は，社会党が政党間競争空間で合理性を発揮する上で，どうしてもクリアしなければならない問題であったといえる。しかしながらそれは，党外から見れば単なる党内抗争にほかならず，一般の有権者に「政権を獲得する意欲のない社会党」という印象を与えるものでしかなかった。

4　牽制政党化の論理

政党は，繰り返し行われる選挙で継続して勝利していくために，選挙過程のそれぞれの局面で，必ずしも調和的な関係にない別種類の合理性を同時に発揮していかなければならない。しかしながら社会党の場合は，選挙過程のある局面における合理性追求行動が，別の局面における合理性追求行動を著しく阻害するという力学が作用していたのだった。現体制を否定するイデオロギーこそが正統性を有し，また政治主義的な労働運動を指導する総評に政治的リソースを過度に依存する社会党の中で，勝ち残る人材，思想，政策は，現体制の継続を前提とした上で成立する政党間の選挙競争においては，当然評価されない。組織内の「勝ち残り」も，組織外の空間から見ると「負け残り」となる。

15　『読売新聞』1977年3月27日。なおこの記事は，社会民主連合(1989)に収められている。

16　1977年８月23日の党改革委員会で，協会側は「影響力を含めた概数は１万数千。うち党員は７割ぐらい」と述べている(『朝日新聞』1977年８月24日)。『朝日新聞』同月12日の特集「なるか社会党再生(1)」では，「協会員は１万５千程度といわれるが，実数は非公開」としている。

行動の自由をかなりの程度制限された制度的枠組の中で，このようなディレンマに社会党指導者はいかに対応したのだろうか。ここで留意しなければならないのが，政治過程における言説の扱いに関する問題である。この点については，社会主義諸国を研究対象とした場合に生じる問題を指摘した秋野豊の次のような議論が示唆に富む。

> ソ連の政治指導者たちは確かにレーニン主義者であると自らを称し，レーニンやマルクスの引用を彼らの演説の中にちりばめる。しかしここで見逃してならないのは，これらは彼らの演説の中の一種の「お経」の部分であるということである。……読者のためにもう１度注意を喚起しよう。ソ連は西側の社会が複雑なのと同じように複雑なのである。もしかするとソ連の政治は西側の政治よりも複雑かも知れない。なぜか。おそらくそれは「社会主義」および「レーニン」のもつ特殊な意味合いからくる。読者に１つの興味深い例を示そう。Ａというソ連の政治家が彼の１時間のスピーチの中で100回「レーニン」もしくは「レーニン主義的」という言葉を使ったとしよう。そしてＢという政治家がスピーチの中で10回しかこれらの言葉を使わなかったとしよう。これは何を意味しているのか。正解は，おそらく読者諸君の頭の中の答とは反対であろう。ＡのほうがＢよりも，より新しい考えをもった政治家である可能性が強いのである。ソ連においては新しい政策を出す際に，その新しい政策が社会主義の原則を踏み越えるものではないことを示すために，つまり彼の新しい路線を正当化するためにレーニンを多く「創造的」に引用するのである(秋野1990：197-198)。

秋野がソ連について述べたこの事実は，社会党にも当てはまると思われるのだが，社会党研究でこのような問題が意識的に取り扱われてきたかといえば，十分であったとはいえないだろう。その結果，社会党指導者に不当な評価を下してきた側面があることも否定できないのではないだろうか。

社会党内には，綱領は党大会における３分の２の賛成をもって改廃できるという規定があったが，それは相当に高いハードルであった。社会党が最終的に綱領的文書「日本における社会主義への道」を廃棄したのは1986年１月のことである。これは遅すぎた路線転換であったといえるだろう。この時期の有権者は自民党に代わる政権党などはもはや求めていなかったからである。同年７月の衆参同日選挙も自民党圧勝・社会党惨敗という結果であった。

有権者の多くが求めたのは「自民党のチェック役」としての社会党であった。毎日新聞社が1986年９月に実施した世論調査の結果にそれはよくあらわれている[17]。「社会党を将来，自民党に代わる政権を担える政党として期待するか」という設問の回答結果は，「大いに期待する」が５％，「かなり期待する」が９％，「あまり期待しない」が48％，「全く期待しない」が29％であった。他方，「今後社会党のとるべき道」という設問の回答結果は，「あくまで社会党独自の政権をめざす」が21％，「野党をまとめて政権獲得をめざす」が16％，「政権をめざすよりも，自民党の暴走をチェックする政党として役割を果たす」が41％，「自民党と連合してでも政権の座を占める」が５％であった。

こうした有権者の期待に応え，自民党政治の牽制政党として躍進を示したのが土井社会党である。それは，バッファー・プレイヤーの時代に適応する野党第一党の姿であったといえよう。

---

17 『毎日新聞』1986年９月13日。調査方法に関する記載は次の通り。「調査期間は９月５日から７日までの３日間。層別多段無作為抽出法で全国から選んだ20歳以上の男女5612人に，調査員が直接面接して回答を聞いた。有効回答者は4077人，回収率74％。回答者内訳は男49％，女51％。」

第7章

社会党研究拾遺

前章「自民党一党優位の継続と社会党」は，筆者の修士論文「自民党一党優位体制下における社会党のディレンマ」(1996年1月提出)の第2章を元としたものである。本書で掲載した形に至るまでの間に，何度か加筆・修正を施しているが(森1997；2001：第1章)，骨子は不変である。55年体制期の政党政治の力学を扱うに当たって，自民党政権の長期化は野党の政権獲得能力の欠如からも説明されるべきだ，という論法が採用されている。なぜ，このような論法に基づく研究を開始したかだが，その事情を率直に述べると以下の通りである。

大学院に入る前から，筆者の関心は，自民党政権の長期化を説明することにあった。学部時代の指導教官である水崎節文教授はそれを自民党候補者の集票特性から説明されていたし，大学院時代の指導教官である蒲島郁夫教授はバッファー・プレイヤー仮説から説明されていたので，その周辺領域で筆者も何かをしたいと考えていたのである。しかし，自民党の側から政治過程を説明していく研究は，既に百花斉放と称されるべき段階に至っており，何をやっても二番煎じの評価を受けかねない状態にあった。そうした中で浮上してきたのが「野党」というテーマである。

筆者の関心が社会党に向かった理由については，世代，心理的距離感，学術的関心の3点から説明できる。まず，世代についてだが，筆者が国政に興味を持つようになった時期は，社会党が大きな躍進と急激な衰退を経験した時期と重なっていた。「政権獲得のチャンスがありながら，なぜ，社会党は合理的な行動をとれなかったのか」という疑問は，筆者の世代においては，むしろひねりのないものであったと言った方がよいだろう。次に，心理的距離感についてであるが，水崎教授が社会党関係者と一定のつながりを持っておられたこともあって，テレビの向こう側の存在ではないリアルな人・組織として社会党を認識することができていたという個人的な事情があったことを記しておきたい[1]。最後に，学術的な関心についてであるが，水崎教授のゼミと並行して受講していた松田宏一郎助教授（当時）のゼミで，アメリカ政治史研究者のホフスタッター（Richard Hofstadter）が書いた *The Idea of a Party System: The Rise of Legitimate Opposition in the United States,1780–1840* というタイトルの洋書を読み，オポジションという概念を早期に習得していたことが，筆者の研究テーマ選択の大きな支えとなった。海外の政治学の学術雑誌に *Government and Opposition* という名称のものがあることなども，筆者は３回生の前期のときに，既に知識として授けられていたのである。

野党の側から日本の政党政治を論じると決まった後は，論文の執筆作業も含め，研究は順調に進展した。社会党を分析するに当たって迷うことなくダウンズの議論を援用できたのは，蒲島教授の圧倒的な影響である。特に，政党間競争空間と政党内競争空間の相剋から社会党を捉える視点は，蒲島教授が講義の中で解説されたアメリカ大統領選挙分析の手法を発展させたものである。利益団体の問題が入れ込んであるのは，辻中豊助教授（当時）の影響である。選挙・政党政治はオモテの政治過程なのであって，その背後にある政治過程こそを見なければならないというのが辻中助教授の学術的主張であった。

筆者が大学院時代に所属した国際政治経済学研究科における学問的潮流も重要であった。佐藤英夫教授や福井治弘教授から解説を受けたアリソン

1　水崎教授と社会党関係者のつながりについては，さまざまな形で説明可能だが（1990年代については衆議院議員であった渡辺嘉蔵の『渡辺カ三政治日記』（渡辺1998）に言及がある），ここでは社会党の副委員長や政審会長を務めた嶋崎譲（衆議院議員，石川２区当選８回）との関係を記しておきたい。嶋崎は学者出身の政治家であり，前職は九州大学教授（政治学）であった（嶋崎自身が政治学者時代を回顧したものとして，今中次麿の追悼集『今中次麿　生涯と回想』（今中次麿先生追悼記念事業会編1982）にある「不肖の弟子としていま，痛く反省す」，嶋崎著『もう一つの時計　社会党再生への提言』（嶋崎1983）がある）。嶋崎と水崎教授との関係性の深さについては，嶋崎が1954年に出版した『政治学概説　マルクシズム政治学確立のために』（嶋崎1954）の「まえがき」に，その当時学部生であった水崎教授に対する言及があることなどから把握することができる。筆者は，大学院の後半の時期に水崎教授の紹介で嶋崎に長時間のインタビューを実施し，綱領的文書「日本における社会主義への道」にまつわるエピソードを重点的にうかがったことがある。筆者の研究の方向性を了解した後は，御自身の考えを述べたい気持ちを抑えて，事実のみを語ることに徹しようとした姿が印象的であった。それは「弟子の弟子」であると嶋崎本人が形容した筆者の論文作成に対する後押しの気持ちがあってこそのものであったと受け止めた次第である。

(Graham T. Allison)の対外政策分析やパットナム(Robert D. Putnam)の2レベルゲームの発想は，政治現象を複眼的に捉えたり，政治過程における合理性を複数形に設定したりするという点で，筆者の思考法に大きな影響を与えた。また，大学の中の制度的な問題であるが，国際政治経済学専攻の大学院生として，国際的な問題と絡めて何かを書かなければならなかった当時の筆者にとって，冷戦終焉の国内政治に対するインパクトを書き込むことができるという点で，社会党は実に好都合なテーマだったのである。

以上のような意味で，筆者の当初の社会党論は習作としての性格が強いものであった。この点については当時の筆者も自覚しており，大学院の3年目以降は，よりマクロな政党－社会関係論の方向，あるいは冷戦終焉後の日本政治をトータルに論じる方向に研究を進めようと考えていたのだが，筑波大学特有の5年一貫制大学院としての指導方針もあり，結局のところ筆者は課程博士の学位請求論文でも社会党を論じることにしたのであった。筆者の博士論文については，2001年に『日本社会党の研究　路線転換の政治過程』(森2001)として出版しているので，本書と併せて，ぜひ一読いただきたい。

本章「社会党研究拾遺」は，筆者の最近の論稿「戦後革新政党と官僚制　日本社会党の場合」(森2020)に加筆を施したものである。「自民党政権の長期化は野党の政権獲得能力の欠如からも説明されるべき」という大学院時代に採用した論法は，確かに魅力的なものであったが，そうした論法をとることによって見えなくなってしまった事象があったのではないか，という省察が執筆動機の一部を構成している。実は，この点に関しては，上記『日本社会党の研究　路線転換の政治過程』を仕上げている段階で気になり始めたのだが，筆者はそれを同書の「あとがき」の中で試論的に述べることをもって社会党研究を畳んでしまったのであった。内在的とは言えない関心に基づく研究の限界であったといえばそれまでの話なのだが，それから約20年を経て，筆者が社会党を再論することにしたのは，博士論文審査の副査に入ってくださった中野目徹教授(日本近代史)から「官僚制という問題に関連づけて社会党を論じることはできないだろうか」というお手紙を頂戴したのがきっかけであった[2]。2019年2月のことである。修士論文・博士論文を執筆して

2　拙著『日本社会党の研究　路線転換の政治過程』(森2001)の「あとがき」の前半部分で示唆したところであるが，筆者は筑波大学の日本史研究分野の方々との交流の中で，多くのことを学んでいる。森(2008)は，伊奈町史編纂事業に調査員として参加したとき

いた当時において，気づくことのできなかった角度から社会党にアプローチしている本章は，以下の叙述の中で使われている意味とは違った意味で，筆者にとっても「もうひとつの社会党論」という位置づけになる。

1　問題の所在

本章では，官僚制の意味を広義に捉え[3]，政党の中の官僚制の問題を取り上げてみたい。具体的には，55年体制の一翼を担った日本社会党(以下，社会党と記す)の党官僚の意識と行動に焦点を当てる。

現代政治分析の分野で政党政治を扱う研究者の大半は，選挙に自ら立候補して当選を目指す政治家の集合体が政党である，という見方を採用している。しかし，少し考えてみればわかるように，政治家だけでは政党は組織として機能しない。政党がひとつの組織として安定的に存続していく上で重要となるのが党本部に勤務する職員の存在であり，社会党の場合は140人規模の人員を擁した中央本部の書記局[4]がそれに該当する。

社会党の中央本部の部局のあり方・名称は時期によって相違するが，図7には，土井たか子が委員長であった頃のものを示しておいた。党最高の執行機関である中央執行委員会の下に設置されている政務・党務を担う各委員会・局では，委員長・局長＝国会議員，部長＝書記局員という配置をとるのが基本形となっている。

社会党に関連する各種の書籍をひもとけば，研究者や評論家だけではなく，政治家や書記局関係者自身が「党官僚」,「党内官僚」という言葉を使用

のことを振り返ったものである。本書に連なる問題意識が書かれているので，興味のある方はぜひ手に取っていただきたい。

3　著名な行政学者であった辻清明は，官僚制という用語について次のように説明している。「もともとわが国で用いる官僚制は，欧米語のbureaucracyとほぼ同義に使われているが，この語源はフランス語のbure（事務机に掛ける毛織物地)に由来している。それがやがて，事務机とそこで働く職員との集合場所，すなわちbureauの意味に転化したものである。したがって，bureaucracyの語意は，欧米では，政府組織の場合も一般事業組織の場合をも含んでいる。その意味で，官僚制とはひろく『特定の集団における組織と行動様式にあたえられた名称である』と名づけておこう」(辻1969：173)。

4　書記局を規定するのは「日本社会党規約」である。規約の全文については1955年の左右社会党統一時と1964年のものを，日本社会党結党40周年記念出版刊行委員会編(1985)，日本社会党結党20周年記念事業実行委員会編(1965)で確認することができる。

図7　日本社会党中央本部の組織・機構図（1989年12月）

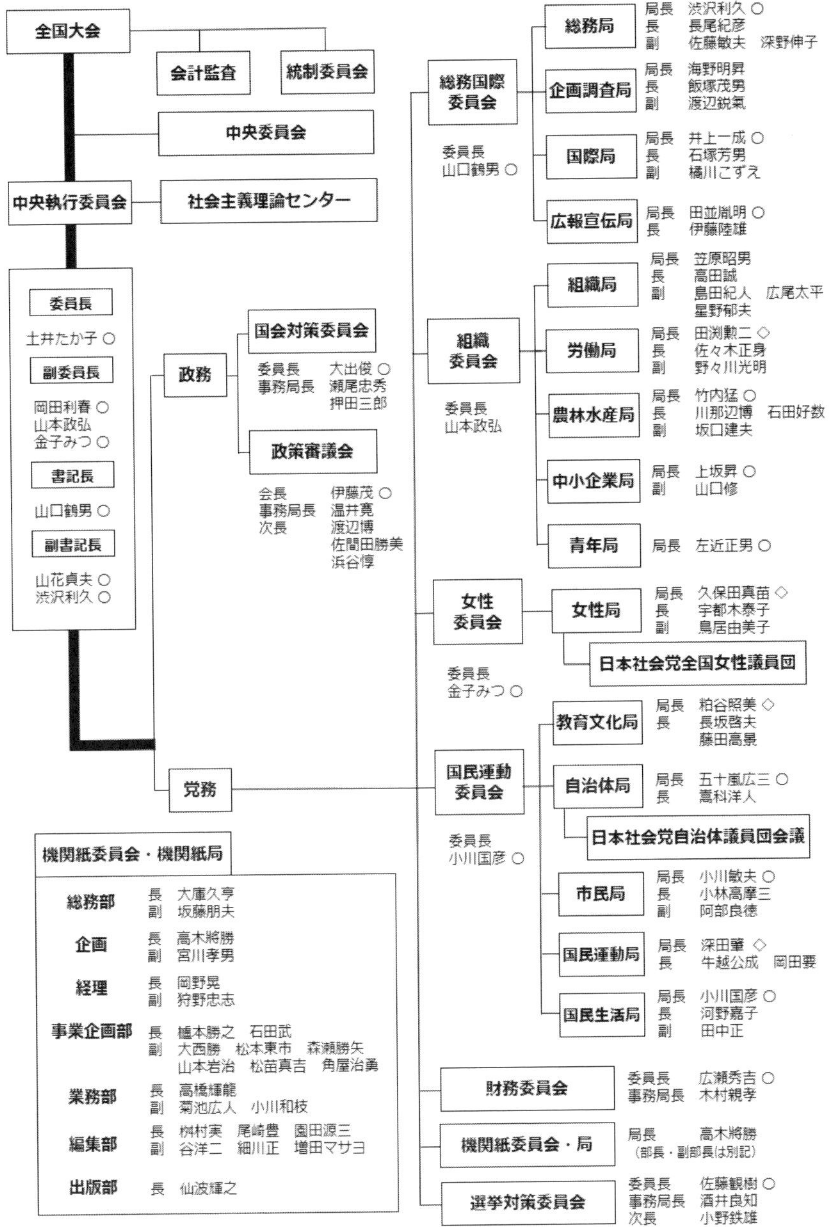

出典：社会党広報局編（1990：8-9）に基づいて筆者作成。名前の右側の○印は衆議院議員，◇印は参議院議員を示す。

している実例があり[5]，官僚制という視角から社会党を論じることには一定の意味があると考えられる。とはいえ，社会党の書記局を自律的かつ合理的な官僚制の組織として描くことについては，違和感が伴うことも事実である。問題となるのは，社会党の党内抗争を長きにわたって規定してきた派閥の存在である[6]。社会党関係者の回想，聞き取り調査で明らかなように，書記局の人事，書記局員の勤務実態には，派閥の強烈な影響が及んでいたのであった（日本社会党本部書記局OB会編1998；五十嵐・木下・大原社会問題研究所編2019）。たとえば，社会党書記局員であった細川正は，次のように述べている。

> 社会党中央本部の書記局員は，ブルジョア政党や中間政党と違って，雇用されているという関係ではなく，自立し，党と一体。だから管理も支配もない，給料は年齢給一本だけで，学歴も経歴も関係なく，ノルマも査定もない，勤務時間のチェックもない，残業代もつかないかわりに遅刻・欠勤しても給料の減額もない。そして，昇進は派閥が力関係で決めていくので，仕事をするよりも派閥に忠誠心を持っていました。……上司のいうことを聞かなくても，派閥活動をきちんとしていれば安泰で，派閥が処遇を決めてくれる，査定も人事権もなければ仕事を強制することはできません。査定もなく，仕事をやっても昇給にも関係ないとなれば，ぜんぜん仕事をしない書記局員が出てくるわけです[7]。

書記局員の意識と行動を派閥の論理が支配していたのであれば，官僚や官僚制という言葉を持ち出して社会党に関連する事象を描くことはピントを外した作業になるかもしれない。この点に関して筆者は，書記局員に対する派閥の影響力を大筋で認めながらも，時期と局面を限定した場合には，これま

5　筆者が参照した書籍の一例を示すと以下の通りである。俵・大野(1972)，谷(1986)，渡辺(1998)，日本社会党本部書記局OB会編(1998)，五十嵐・木下・大原社会問題研究所編(2019)。

6　社会党の派閥については，福永(1996)参照。

7　五十嵐・木下・大原社会問題研究所編(2019：276)。細川の証言記録(「もうひとつの日本社会党史　党中央本部書記局員としてマルクス・レーニン主義を追求　細川正氏に聞く」)は社会主義協会の立場から社会党の組織力学を語ったものとして貴重である。社会主義協会が書記局内で勢力を拡張していく様子がわかりやすく解説されている。

での社会党論であまり語られてこなかった側面を論述できるのではないかと考えている。以下，筆者の見立てを，いくつかの材料をもとにして述べてみることにしたい。

2　「機関中心主義」の進展と書記局の変化

政党の中の官僚制という視角が有効となるのは，いつ頃の社会党を考察対象とした場合であろうか。その始点として注目されるのが1960年代の後半である。弱小派閥と呼ばれた政策研究会(勝間田派)に属する衆議院議員・石橋政嗣が，派閥のリーダーである勝間田清一の委員長就任に連動して総務局長になった1967年あたりから，書記局の中に派閥の論理から相対的に自律していく力学が生まれたように見える。石橋は，「政務，党務，閥務さらには労組の組織活動のすべてに通じている」と評され(石川2003：205)，後に書記長・委員長に就任した政治家であるが，自らが実践した書記局に対するリーダーシップのあり方について，次のように回想している。

> ……総務局長は書記局の管理，党本部のある社会文化会館の運営，中央執行委員会の司会など，党を裏で支える柱なのだ。その書記局たるやベテラン書記がはぶりをきかせ，それぞれ派閥を代表するかたちで派閥間の対立をそのままもちこんでいた。
>
> 私が総務局長になると，勝間田・山本体制を心よく思っていない佐々木派のキャップともいうべき総務部長がさっそく，辞表をもってきた。私は辞表が提出されるたびに，「協力してくれ」を繰り返した。弱小派閥の政策研究会をあてにはできず，最大派閥を敵に回しては党内運営がままならぬためではあったが，それだけではなかった。私は派閥がらみの党の体質を改めようという大望を抱いていたのだ。その第一歩として，どうしたら書記局を掌握できるかを考えた結果，たどりついた結論は，すべてを党に捧げるということだった。私は毎朝九時，議員会館ではなく党本部に出勤し，本会議開催日以外は夕方まで本部で仕事をした。午後四時の定例記者会見を終えてから，議員会館の自室に行くという生活を始めたのである。机の上には書記局員の配置表を置き，全員の顔と名前を覚えることにした。三カ月も経ったころには，総務部長はじめおおかたの諸君が協力してくれるようになった。あとで知ったが，派

閥によっては会合の席で「なんで石橋に協力するんだ」と言われるようなこともあったそうだ(石橋1999：146-147)。

石橋のこうした試みは，成田知巳委員長(無派閥)と石橋書記長のいわゆる成田－石橋体制(1970年～1977年)において，派閥の介入を意識的に排除する「機関中心主義」と呼ばれる党運営につながっていき，構造改革派と反構造改革派の対立を軸とした旧来の派閥対立は抑制されるようになったと言われている。他方で，「機関中心主義」の党運営は，マルクス・レーニン主義のイデオロギーで社会党を純化しようとした社会主義協会という特定派閥の伸長に足場を提供し，社会主義協会対反社会主義協会という新しい党内抗争を生み出してしまったと指摘されるのも周知の通りである(飯塚・宇治・羽原1985；福永1996)。石橋は，その力学を次のように説明する。「機関中心となれば，どうしても会議で主導権を握るのは理論と説得力，そしてそれ以上にものをいうのは行動力であり，こういった面で右派はもちろん他の派閥も社会主義協会にたちうちできなかった」(石橋1999：170)。

成田－石橋体制下における「機関中心主義」の評価は，一般的に，あまり高いものではなかったかもしれない。しかし，後に「書記局生活三十年の生粋の党人[8]」と新聞で紹介されるまでになった伊藤陸雄(1935年生まれ，1960年代半ばから1996年まで社会党書記)のような組織人が成長していたことを，次節では指摘してみたい。

3　聞き取り調査の経緯と記録

まず，筆者が伊藤陸雄という１人の社会党書記に関心を有するようになった経緯を説明しておく。筆者は，1999年に『日本社会党の研究　路線転換の政治過程』という課程博士の学位請求論文を筑波大学に提出している。論文の内容は，政治過程論の立場から社会党にアプローチするものであり,「なぜ，現代政治分析のモデルが想定するように，社会党は政権獲得に向けて合理的に動かなかったのか」という問いに解答を与えようとするものであった。実証研究の箇所は，実在する政治アクターに対する聞き取り調査を取り入れながら進めていったが，全逓労組中央本部に勤務した経験を有する中沢

8 「[風向計]社会党50年史編纂に取り組む党書記」『読売新聞』1995年４月23日。

孝夫氏に社会党関係者の紹介をお願いした際に，「社会党のことを研究しようとするのならば伊藤陸雄に会わなければいけない」と言われたことが強く印象に残っている[9]。中沢氏が言うには，社会党の関係者は多数存在するが，その多くは社会党に対する自己の思い入れを語っているに過ぎず，社会党の内部を語れる人はほとんどいない，ということであった。

社会党にかかわる事象を描いた文献に伊藤が登場することはあまりないが[10]，今日の社会党研究における基礎的資料に位置づけられている『日本社会党の30年』（月刊社会党編集部編1976），『成田知巳・活動の記録』（成田知巳追悼刊行会編1982），『日本社会党史』（日本社会党50年史編纂委員会編1996）等の作成の実務を担った人物が伊藤であることを知ると，その役割の重要性に気づかざるを得ない。イデオロギー的な側面での対立を抱えながら，党としての統一的かつ整合的な自己規定の提示にこだわりを有する社会党に関する記録を残す作業ができる人物には，それなりの実務能力と組織に対する説得力がなければならないからである。

次に引用するのは，社会党にとって唯一の公式な党史となった『日本社会党史』（日本社会党50年史編纂委員会編1996）の巻末にある「草稿執筆者のあとがき」の中の一文である。党史の草稿執筆者である高木郁朗（執筆時の肩書は日本女子大学教授）は，社会党に関係する文書のライターを長年にわたって務めており[11]，同時代において社会党の党史を書けるのは高木以外には考えられないと評されていた人物であるが，その高木が「実質的には伊藤

9　このような話の展開に至った経緯について，補足の説明をしておきたい。まず，中沢氏と筆者が，以前からの知り合いであったという事実がある。見ず知らずの大学院生が相手であったならば，中沢氏もここまで踏み込んだ助言はなされなかったであろう。次に，出会い方というものも重要であったように思う。筆者が中沢氏に最初に会ったのは，大学３回生の夏であった。岐阜大学教育学部の松田助教授は，立教大学法学部でもゼミを開講しておられ，その夏合宿に筆者が岐阜大学側から１人で参加した際に，立教大学の社会人学生という立場の中沢氏と同席することになったのである。当該年度の夏合宿における課題文献は，フランシス・ピム（Francis Pym）の『保守主義の本質』（ピム1986）であり，それを前半と後半に分けて，中沢氏と筆者が報告を担当したわけだが，要するに中沢氏は，筆者のことをよく把握した上で，適切な方向づけをなされたということである。

10　書記時代の伊藤については，上住（1992），前田（2010）に言及がある。

11　高木に関する評伝として，前田（2010）所収の「高木郁朗の章　社会党・総評ブロック発の政治再編，『よりまし政権』を求めて」参照。

氏と筆者の共同作業であった」と明記していることの意味を看過してはならないだろう[12]。

> 草稿の執筆段階で，社会党のそれぞれの時期のリーダーたちの自伝や証言の収集，各大会における党務報告の再生の基礎となった各種の資料の集積の段階でも，作業委員会における討議の組織化の過程でも，また，内容のチェックの面でも，全体的に指導的な役割を果たしたのは社会党史編纂室に所属した伊藤陸雄氏であった。伊藤氏はまた印刷・刊行部門との面倒な連絡，調整も受けもたれた。伊藤氏は，かつて『月刊社会党』の編集者として『日本社会党の30年』で筆者と共同作業を行った仲であるが，今回の草稿についても，実質的には伊藤氏と筆者の共同作業であった。

現代政治分析のかなり狭い関心からスタートした筆者の社会党研究は，『日本社会党の研究　路線転換の政治過程』（森2001）を出版したことで終わりを迎えたが，そこに書き切れなかったことがいくつかある。そのうちのひとつが，本章のテーマである政党の中の官僚制という問題であり，より直接的に表現すれば，他の社会党関係者にはない自己認識を有する伊藤のような党官僚がどのように誕生したのかという謎である。先述したように，筆者は大学院生時代に伊藤に対する長時間のインタビューを済ませていたが(1998年８月21日実施)，自著の出版からしばらく経た後に，こうした問題に焦点を絞った補足的なインタビューを，やはり長時間にわたって行っている(2008年５月18日実施)。以下，本章の文脈で重要となる採用・異動・昇進・自己認識にかかわる部分の伊藤の回答をまとめておきたい。

①採用　北海道出身の伊藤は「ノンセクト」だったが，安保闘争の後の余韻の中で「なぜ自分はもっと深く突っ込まなかったのかという悔い」や，1970年に展開されるはずの再度の安保闘争に備え，政治の周囲で「におい」の嗅げるところにいたかったという理由から，就職先の相談を地元選出の社会党代議士にしたことがきっかけとなり，数年の秘書時代を経て，1960年

12　本書の原稿作成の最終段階で高木の自伝『戦後革新の墓碑銘』（高木2021）が出版されたが，『日本社会党史』執筆の件も含め，いくつかの箇所で伊藤に対する言及があり，２人の深い関係性をうかがい知ることができる。

代半ばに社会党書記局に入っている。就職難の時代ではなく，望めば別の仕事に就くこともできたであろうが，「やっぱり政治好きだから」という言葉で伊藤は当時の自分自身を説明している。

書記の採用は，欠員があった場合に行われるのが通例であった。欠員補充の情報が出ると派閥関係者が動き，派閥組織を増殖させるために適当な人をスカウトしていくのだという。採用に際しては試験が実施されるが（論文と時事問題３～４問），それは形式的なものであった。伊藤と同じ年度に採用された書記局員は７人ほどいたが，同期という意識はまったくなく（定年まで勤めたのは伊藤を除いて１人であった），採用後は，党ではなく派閥に所属する意識を持つように「しつけられる」し，自己保身のために派閥と同化していかざるを得ない側面があった。

②異動　伊藤は，ある時期から，派閥に対して疑問を有するようになっていた。「自民党に対して使うべきエネルギーを党内抗争に使っちゃったら，どうやって権力を倒すのか」というのがその理由であった。ここで重要となるのが党組織の中での異動経験である。伊藤は，当初，党内の政策審議会に属していたが，その後，機関紙局→労働局→総務局→教宣局→広報局→選挙対策委員会→党史編纂室と，社会党書記の中では例外的にさまざまな部署を渡り歩いたとのことである。この点について伊藤は，「拒否権もあるから，ふつうは動かない。しかし，自分は動きたかった。新しいジャンルを知りたいという気持ちだった。僕は，それだけ動いたことによって，党を知ることができたし，限界もわかった」と述べている。

③昇進・自己認識　伊藤は，石橋が委員長になるとともに，新設の広報局の広報部長に抜擢されたという（広報局長は北海道２区の衆議院議員・五十嵐広三）。この人事については，総務局で記者クラブ担当をしていた頃の伊藤の働きぶりを，書記長時代の石橋がしっかりと観察していたことが関係していると次のように語っている。「石橋さんは，俺の，一番，能力を見抜いて，派閥は違うけど使ったんじゃないかな。僕も，そこまでね，能力を見込まれればね，そりゃ，水の中，火の中って気持ちになる。人生意気に感ずるようなもんですよ。」

成田と石橋のリーダーシップの下で党官僚としての自己認識を形成した伊藤にとっては，党委員長の人気が先行し，政策的な詰めが疎かになってしまった土井体制や，与野党の垣根を越えた政治家どうしの駆け引きが優先されたために党内でなされるべき手続きが疎かになってしまった田辺，山花，村山体制は，働き甲斐に欠けるところがあったようである。

社会党の書記としての伊藤の最後の仕事は，結党50周年事業の一環として企画された『日本社会党50年史』の編纂実務であった。最終的に『日本社会党史』というタイトルで刊行されたこの著作の最大の特徴は，凡例で「本書は日本社会党の結党から社会民主党への改編までの50年間の歴史を最大限客観的に記述することを目的とした」と宣言されている通り，その内容の大半が事実の羅列で構成されている点にある(日本社会党50年史編纂委員会編1996)。筆者は，その含意について何度か伊藤に質問しているが，いろいろなことを言われてきた社会党の党史だからこそ，何が事実であるかを明確にしておくことが重要であり，また，社会党に関係した人々の活動を客観的に記録に残しておきたかった，というのが伊藤の揺るぎない見解であった。

4　『日本社会党史』読解の手引きとしての「さらば　わが日本社会党」

『日本社会党史』は，読者を試す党史であるといえるかもしれない。事実に対する評価をほとんど付さずに，「50年あまりにわたる社会党の活動日誌としての性格をもつものとして編纂されている」ために(日本社会党50年史編纂委員会編1996：1239)，党史編纂関係者の社会党に対する思い入れが了解しづらいからである。その読解に当たっては何らかの手引きが必要となるが，そうしたもののひとつとして，伊藤が社会党書記を定年退職するに際して『朝日新聞』の「論壇」に発表した「さらば　わが日本社会党」を挙げておきたい。約1700字で書かれたこの論稿は，いわゆる左派や右派あるいは市民派の社会党論とは異なった視座を有する組織人ならではの社会党論として注目されたものである。以下に前半部分を引用しておく。

> 五十年にわたる日本社会党の歴史を，約千三百ページに編みおわって東京・三宅坂の党本部から去る時に去来したのは，「わが党」につねにつきまとっていた理想と現実との落差であった。夢あるいは理想を実現する方法論を討論することよりも，理想の正当性を内部で主張しあうことに，エネルギーのほとんどを費やした五十年である。
>
> もちろん自民党政治への批判勢力として，平和と国民生活を守る運動を組織し，大衆動員を含めてそれなりの役割を果たしてきたと自負でき

るし，各種の福祉政策を中心とした自民党の政策は，社会党が主張してから数年を経て実行されたものである，といいたい気持ちも少なからずある。むしろそうしたいささかネガティブ(消極的)な自負を改めて語らずとも，戦後政治は社会党を抜きにして語ることはできないと断言してもよいだろう。

佐々木更三氏をはじめ，特に強い指導を受けた成田知巳，石橋政嗣両氏，その後も歴代委員長の周辺にいた立場から言えば，ほとんどの指導者が政治に必要なリアリズムを当然にして身につけていたし，それを実践することこそが政治であると考えていた。機関会議における棒を飲んだような「原則」の確認と決定に，最も頭を痛めていたのは彼らだったと思う。その軛(くびき)を外しもう少し自由な行動ができていたら，社会党はもっと違った政党になっていたはずだ。とはいえ彼らもまた,「理想」や「原則」を主張することによって，組織内部の結束を図らざるをえなかったところに，この党の限界があったのかも知れない。

しかしそれにしても，なんと累々とした屍(しかばね)であろうか。「反戦・平和」「社会主義」の名の下に，どれほどの人々がこの党に結集し，場合によっては人生のすべてをささげつくしたことか。もちろん，それは当事者の思い込みであり，自ら選んだ人生だと言ってしまえばそれまでだが，多くの人生をこの党にささげさせた人たちが，先を争って勲章の前に列をなす光景を見た時，複雑な心境に襲われるのは私だけだろうか[13]。

反保守，非共産の諸勢力を糾合する形で結党され，保守政治では体現されない諸価値をすくい上げてきた社会党は，元来多義的な存在であった。その結果として，社会党にかかわった人の数だけ社会党論があるといっても誇張ではない状況が生じたわけであるが[14]，当時の社会党論は，この党に感情移入をする側から書かれることが一般的であった。そうした中で伊藤の社会党論は，多方面から投げかけられる社会党への思いを受け止める側から書かれ

13　伊藤陸雄「さらば　わが日本社会党」『朝日新聞』1996年11月19日。

14　ある党幹部が言ったという「党員の数だけ党史がある」(「論評抜き，50年つづる　最初で最後の『社会党正史』」『朝日新聞』1996年9月5日)という言葉は，こうした状況を示したものといえよう。

た「もうひとつの社会党論」としての性格を有していた。先ほど筆者は,「いわゆる左派や右派あるいは市民派の社会党論とは異なった視座を有する組織人ならではの社会党論」と書いたが，それは社会党の中で稀少かつ貴重な存在であった党官僚としての自己認識を有する者の視座と言い替えることもできるであろう[15]。

15　党官僚としてではなく，１人の社会党員としての伊藤がどのような見解を有していたかについては，①『日本社会党　盛衰の50年は何だったのか　62党人にアンケート』(羽原編1997)，②朝日ニュースター（ニュースの専門チャンネル)の討論番組「ぶっちぎりトーク」(1996年12月７日放映)で示唆されている。本書の読者が②の記録を入手することは不可能であると思われるので(筆者も伊藤本人からVHSの録画テープを譲り受けるまで，この番組の存在を知らなかった)，その概要を以下に記しておく。この日の「ぶっちぎりトーク」では，伊藤がゲストとして招かれ,「さらば日本社会党」というテーマで３時間の議論が行われている(出演者は，ばばこういち，小中陽太郎，木村聖哉，正木鞆彦，矢崎泰彦の５名である)。「日本社会党」という名称を持つ政党の終焉を見届け，定年によって書記という立場を離れた伊藤が，市民派と自称するパネラーとのやりとりの中で，意識的に一個人としての見解を表明することに努めており，興味深い。ばばの司会による３時間にわたる散漫な討論の内容をまとめることは容易ではないが(伊藤以外のパネラーの発言が大半を占める)，伊藤の発言については，筆者の観点からすると次の内容が注目される。(1)成田委員長は社会党に「経営」という視点を持ち込もうとしたと評価できるわけだが，社会党は最後まで企業からの献金を肯定することができず，そのことが労組依存からの脱却を不可能にした。その背後には,「独占資本から金を受け取るのか」という社会党の潔癖主義を刺激する党内外からの批判があった。(2)市民運動との連携については，社会党リーダーもそれを確かに模索はしたが，市民運動はあくまで異議申立てなのであって，政治という営みと親和させることは困難であったと評価している。(3)歴代委員長の中で本当の意味で政権交代に備えた動きを見せていたのは石橋のみであったと評価している。たとえば自衛隊の「違憲・合法論」の提起などは，国民世論を巻き込んだ議論に持っていけたはずであったのに，石橋の意向とは別のところで党内の論理が優先されて「足して２で割って丸くおさめる方式」がとられてしまったことは残念であった。(4)消費税については，あくまで導入の仕方に問題があるという立場であったのが，土井ブームの中で反対の姿勢がひとり歩きてしまったことが問題であった。「税は政治のはじまり」であり，また社民主義というのであれば高負担・高福祉が前提になるのだから，政策的な議論を踏まえた上で，税制問題に真剣に取り組むべきであった。(5)社会党からの系譜を引きずる社民党が起死回生するとすれば，９条は除くとしても，憲法の豊富化という意味で憲法の全面改正を提言するくらいでなければならないだろう。

5　政党研究の課題として捉えなおす

以上本章では，官僚制の意味を広義に捉えて，政党の中の官僚制の問題を取り上げた。具体的には，55年体制の一翼を担った社会党の党官僚の意識と行動に焦点を当て，これまでの研究で見逃されてきた社会党の重要な党内力学の一側面を描くことを試みた。

社会党の歴史は党内抗争の歴史であると言われることがある。それゆえ，その研究関心は，誰と誰との間で，どのような思い入れのぶつかり合いがあったかを把握することに固定されてしまう傾向がある。しかし，そうした対立を内包しながらも，長期にわたって組織が安定的に存続し得たことに，実は本当の意味での「社会党らしさ」があったのではないか。そして，それを可能にした仕掛けとそれに付随する苦悩を明らかにすることに，もっと我々の関心は向けられるべきなのではなかろうか。

本章で扱った問題は，政治史だけではなく現代政治分析においても重要な論点であると言わなければならない。政権を獲れない諸政党が離合集散を繰り返す近年の日本の政党政治を考えるとき，党官僚そのものの不在，党官僚に対するまなざしの不在，その両方に再考が求められる。

第8章

小選挙区比例代表並立制と政党競合の展開

衆議院の選挙制度は，1994年に中選挙区制から小選挙区比例代表並立制に変更された[1]。これに関連して，政治学の分野で新たな観点から注目を集めたのが「小選挙区制は二大政党制をもたらし，比例代表制は多党制を促進する」というデュヴェルジェ(Maurice Duverger)の議論である(デュヴェルジェ 1970)。デュヴェルジェの法則として知られているものであるが，それが依然として有効であるかどうかを議論するに当たって，小選挙区比例代表並立制は厄介な制度であった。小選挙区制と比例代表制が単純に足し合わされた制度なので，小選挙区制の効果と比例代表制の効果がぶつかり合うと考えられたからである。

日本の小選挙区比例代表並立制は，小選挙区部分の議席の比率が大きいので，多くの政治学者は，新制度では小選挙区制の効果が強く作用すると予測した。実際のところ，選挙制度改革以降の日本の政党政治は，急速に二大政党化の方向に動いていった。この二大政党化の流れが，最終的に二大政党制にまでたどり着くかどうかが注目されたわけだが，それは結局のところ頓挫したといわなければならないだろう。なお，ここでいう二大政党制とは，安定的な組織を保有する２つの巨大政党の間で定期的に政権交代が起こる政党政治の状態を指す。

本章では，小選挙区比例代表並立制と政党競合の展開について再検討を試みる。具体的には，1994年に衆議院の選挙制度として導入された小選挙区比例代表並立制のインパクトはどのようなものであったかという大きな問いとの関連で，二大政党化現象の進展・頓挫だけではなく，現在進行形の「自民党＋ α 」政権が持続する力学も分析する[2]。

1　選挙制度変更の経緯，制度の概要については，カーティス(2002)，竹中(2004)参照。

2　本章は，2018年5月に開催された日本選挙学会(於：拓殖大学)の共通論題「小選挙区

1　小選挙区比例代表並立制・再考

本論に入る前に，本章の分析の視座を明確にしておきたい。「小選挙区比例代表並立制・再考」というテーマとの関連で，筆者がこだわってみたいのは，以下の３点である。

第１は，選挙制度と政党競合の関係についてである。選挙制度と政党競合は，前者が後者を規定するという側面が重視されがちであるが，後者が前者を規定するという側面があることも押さえておかなければならない[3]。小選挙区比例代表並立制は，野党になっていたとはいえ，自民党が比較第一党であった状況下で導入されたものであり，いくつかの重要な箇所で自民党に不利にならないように配慮されたものであった。本章では，小選挙区比例代表並立制の前の選挙制度である中選挙区制の下で一党優位を誇った自民党が，新しい選挙制度のどのような箇所にこだわり，それがその後の政党競合をどのように規定したかを再考する。

第２は，小選挙区比例代表並立制の捉え方についてである。小選挙区比例代表並立制は，政治的妥協の産物としての選挙制度であったがゆえに，それがひとつの制度としてどのように作動するかという視点での研究が深められない傾向があった。日本の場合，小選挙区部分の比率が大きく，その効果も想定された以上に明確に出たところがあったので，そうした研究傾向が強くなったように思われる。しかし，制度導入から20年を経てみると，小選挙

比例代表並立制・再考」における筆者の口頭報告原稿に加筆・修正を施して作成した論文(森2018)に，その後の選挙・政党政治の動向を追記したものである。

3　この30年の日本政治学の動向を振り返ると，選挙制度と政党競合に関しては，前者が後者のあり方にいかに影響を与えるか(選挙制度→政党競合)に議論が集中する傾向があったように思われる。しかし，比較政治研究の分野では，後者こそが前者を規定するのではないかという見解(政党競合→選挙制度)が出されてきたことは周知の通りであり，また両者の見解の対立を循環的な図式で止揚することの重要性も古くから指摘されてきたところである。比較政治学における論点の整理については，サルトーリ(2000：30-31)参照。なお，筆者がこうした見解の有効性を認識するに当たっては，横越英一の「政党の闘争の結果として一定の選挙制度が生みだされるとともに，いったん生みだされたのちには，政党はこの選挙制度を前提とし，それに適応するために，自らの主体的条件を整備していかなければならない」(横越1960：1)という叙述が大きな意味を持ったことを記しておきたい。

区制と比例代表制がセットにされたことの政治的な意味は大きなものであったことに気づかざるを得ない。本章では，小選挙区比例代表並立制がひとつの制度として，政党競合にどのような影響を与えたかを再考する。

第3は，政党競合の解釈についてである。日本で小選挙区比例代表並立制が導入された時期は，日本の政治学の研究状況が大きく変わろうとする時期でもあった。特定の前提に基づいて議論を展開する研究手法の流通は，それによって見えにくかったものがクリアに見えるようになるという効果をもたらしたが，見えたはずのものが見えなくなってしまうという問題を生じさせたように思われる。たとえば，デュヴェルジェの法則に方向づけられた日本の二大政党制化に対する研究関心の高まりは，現象を観察する側の視角における大政党偏重という歪みをもたらしたと言えないだろうか[4]。また，かつての政治学で試みられてきたような政治アクターの行動を動機のレベルで解釈していくという構えが崩れたことによって[5]，現象の理解が過度に単純化されてしまった問題も指摘できるであろう。本章では，二大政党制化の流れを自明視せず，多党が競合する状況を前提として，諸現象の解釈を再考する[6]。

4　現在，デュヴェルジェの法則それ自体が多義的な状況にあるように思われる。二元主義的な秩序観に基づくデュヴェルジェ自身の議論（デュヴェルジェ 1970）と，議論の対象を政党数（あるいは候補者数）の問題に限定する議論の仕方には，政治学的に見て無視できない乖離がある。また，デュヴェルジェの法則を，現実を直接的に説明するためのモデルとして使用するのか，現実を把握するために有用な理念型として活用するのか，という問題も検討されなければならない。

5　猪口孝は，『社会科学入門』（猪口1985）の冒頭で，「社会科学は社会現象を説明し，解釈し，社会を批判することをその目的とする」と述べ，社会科学における「解釈」の位置づけを次のように解説している。「解釈とは人間の行動の中に潜む意味，動機，理由，といったものを読み取る，理解するという作業を指す。このような解釈という作業は社会科学が人間を扱う科学である限り，自然科学的な，時に無味乾燥な因果関係の分析に還元できないことが多い。むしろ，心の中の動機を探る，世界観を描き出すことが人間行動の解明に最も重要であることが多い」（猪口1985：3）。日本政治学の刷新を主導した政治学者の1人であった猪口が，「解釈」という営みを社会科学の固有の課題として挙げていた点が注目される。

6　政党制の問題をめぐる1990年代後半の言論状況については，谷（1998）参照。多くの論者が二大政党制の到来を予測したのに対し，佐藤誠三郎が，非自民勢力の組織の脆弱性などを理由として，一党優位制への回帰を議論していたことが注目される（佐藤1997a; 1997b）。

次節以下では，現象が発展的に展開していることに対応するために，年代順の叙述形式を採用することにしたい。ただし，紙幅の制限があるので，便宜的に，第１局面＝中選挙区制から小選挙区比例代表並立制への移行期，第２局面＝二大政党化現象の進展期，第３局面＝自民党一強・非自民勢力分断期，という３つの局面を設定し，焦点を絞った叙述を行うことにする。

2　中選挙区制から小選挙区比例代表並立制へ：制度移行期の自民党の対応

本節では第１局面の検討を行う。ここでの焦点は，①小選挙区比例代表並立制の前の制度であった中選挙区制の下でどのような政党競合が見られたか，②その政党競合のあり方が新しく導入される選挙制度のあり方にどのような影響を与えたか，である。

(1) 中選挙区制下における政党競合の実態

伝統的な政党論の作法に従って，政党競合を政党間競合と政党内競合に分別して，中選挙区制下の政党競合の姿を確認することにしよう。

図８－１は，横軸に各党の候補者数，縦軸に当選者数をとり，各回の結果を線で結んだものである。この図から把握できるのは，主要５政党が対等な形で政党間競合を展開していたわけではなかったという事実である。自民党は，候補者数でも当選者数でも，他の政党を圧倒していた。

中選挙区制時代の選挙区数は，第28～30回(1958年～1963年)が118，第31～32回(1967年～1969年)が123，第33回(1972年)が124，第34～39回(1976年～1990年)が130，第40回(1993年)が129なので，それよりも多くの候補者を擁立している政党は，ひとつの選挙区に複数候補を擁立していることになる。この問題がユニークな政党内競合を生んだことは多くの政治学者によって議論が深められてきたところであるが[7]，本章のテーマに関連して取り上げなければならないのは，自民党候補者の集票領域にみられる地理的な「すみ分け」という現象である。

選挙区内における候補者得票の地域偏重度を数値化したものとしてRS指

7　自民党については，建林(2004)参照。社会党の同一選挙区複数候補擁立の問題については，森(2001: 183-186)参照。

数がある[8]。表８－１は中選挙区制で最後の選挙となった1993年総選挙の当選者のRS指数の分布を示したものである。非自民の当選者に比べると，自民党に地域偏重的な当選者が有意に多いことがわかるであろう。自民党当選者内には特定の地域に依拠して安定的当選を勝ち取る者（ここではRS≧0.3としておく）が41人存在した。その規模は自民党当選者全体（223人）の18.4%に及ぶものであった。

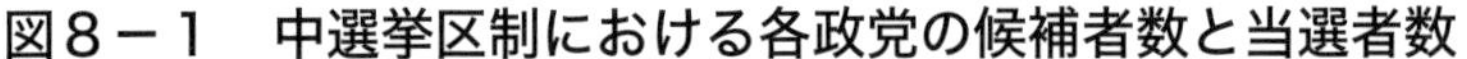
図８－１　中選挙区制における各政党の候補者数と当選者数

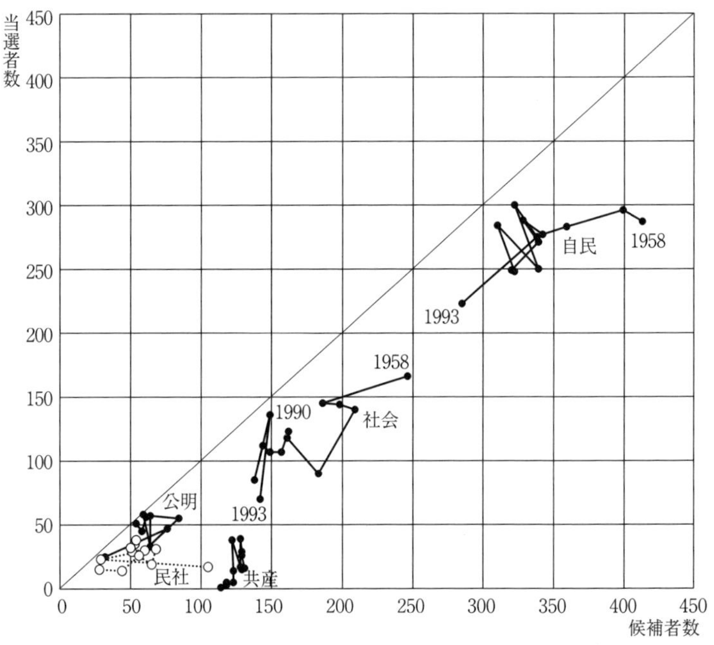

8　RS指数とは，ある候補者がどの程度地域的に偏って得票しているかを計量的に示したもので，候補者の各市区町村における得票率と選挙区全体の得票率の差の絶対値を，各市区町村の有効投票構成比の重みをつけて平均し，それをさらに候補者の得票率の２倍で割って相対化したものである。RS指数は，０と１の間の値をとり，その値が大きいほど，得票の地域偏重度が高いことになる。詳しくは本書第５章第３節（２）参照。

(2) 小選挙区300の含意

1994年の選挙制度改革は難産であった。小選挙区比例代表並立制という大枠は決まっても，小選挙区部分の総定数をいくつにするかで，政党間の合意がとれない状況が続いた（成田1997；川人1999）。そうした中で自民党は，小選挙区300は譲らないという態度を取り続け，それを実現させたのだった。

表８－１　当選者のRS指数の分布（1993年総選挙）

	自民党 223人	非自民 288人
0.00≦RS＜0.05	12	60
0.05≦RS＜0.10	41	102
0.10≦RS＜0.15	44	60
0.15≦RS＜0.20	29	33
0.20≦RS＜0.25	37	13
0.25≦RS＜0.30	19	8
0.30≦RS＜0.35	15	4
0.35≦RS＜0.40	14	3
0.40≦RS＜0.45	5	3
0.45≦RS＜0.50	5	1
0.50≦RS＜0.55	2	1

なぜ，自民党は小選挙区300にこだわったのだろうか。この点については，多くの人が証言しているが[9]，たとえば，細川護熙首相の秘書官であった成田憲彦は次のように述べている。

> ご承知の通り，修正問題の最大のテーマの１つは，小選挙区の数でした。自民党がどうしてそんなに数にこだわったかというと，一般的に小選挙区制は自民党に有利ということもありますが，実は個々の自民党の議員は，自民党に有利かどうかということにはあまり関心がないのです。自分が生き残れるかどうか，ということが最大の関心事なわけです。問題は，新たな区割の際に定数是正も同時にやりますから，小選挙区250では，地方では小選挙区からあぶれる人が続出するわけです。地

9　自民党にとって300という数字が大きな意味を持っていたことを指摘する論者は多い。本文で紹介した成田の他，石川真澄も第８次選挙制度審議会の答申が出た際に，次のように述べていた。「301の小選挙区（90年国勢調査速報値をもとに，審議会答申の方式で計算すると300となる）さえあれば，そのなかに自民党の現有議席はどうにかはまりこんでしまう。もちろん，はめこみ方にはたいへん難しい部分があります。駒澤大学の福岡政行氏などが言っているように，公認候補者を非都市部においては全部はめこめないので，それを都市部にまわしたり，あるいは比例代表区で救ってということもあるのですが，ともかく現有議席――潜在議席も含めて――300に限りなく近いものが，おまえさんたちの努力次第では確保できるのだ，といって現職議員たちを納得させる。そのためには小選挙区選出の数を301にすることが大きな道具になるということです。そう考えると，審議会答申は自民党案よりも，より自民党の納得を重視してくつられたとみることができます」（石川1991：44）。

方で現職が５人いるのに小選挙区の数が２つなどという県が出てきてしまうわけです。これが，物凄い抵抗を生むのです。300にすれば，多少は小選挙区の枠が拡がって，５人のうち３人ぐらいが入れるような状況が出てくるわけです。たかだか１人の差でも決定的に違うわけで，自民党は必死に数にこだわるわけです（成田1996：419）。

ある選挙制度で勝利していた政党が，別の選挙制度でも勝利するというのは，容易なことではない。既に存在する巨大政党の自民党が，そのままの形で存続できた背後にどのような政治過程があったかは，慎重に検討されるべき事柄であろう。自民党は中選挙区で勝利していた議員を，新しい選挙区にどのようにはめ込むかという難題を抱えていたわけだが，小選挙区の数が300になったことで，その難易度が下がったのであった。また，新しい選挙制度に比例代表部分があることも，自民党にとっては好都合であった。新しい区割りにおいて候補者の選挙地盤が競合する場合に，「コスタリカ方式」（２人の候補者が小選挙区と比例代表を交互に立候補していくという方式）を活用することが可能になったからである[10]。

表８－２には，RS指数0.3以上の当選者の「その後」を示したが，上記の理由により，中選挙区制における勝利の力学が新しい選挙制度に持ち越されていることを読みとることができる[11]。もし，小選挙区の数が300を下回っていたならば，このようなスムーズな選挙地盤の移行は考えにくい。面積的に大きな選挙区の中に中途半端に残存した選挙地盤が複数競合し，その選挙区の取り合いが現職議員の間で発生して，自民党は大混乱に陥ったのではなかろうか[12]。

---

10 「コスタリカ方式」を活用した自民党の選挙戦術については，鹿毛（1997）参照。

11 中選挙区から小選挙区への地盤継受の問題については，水崎・森（2007：第６章）参照。

12 有力自民党議員の一部が党を離脱して新党を結成したことは，結果論ではあるが自民党にとって好都合であったことを指摘しておかなければならない。もし新党に移籍した議員がそのまま自民党に残っていたならば，問題は，より一層，複雑なものになっていたと考えられるからである。

表８－２　1993年総選挙におけるＲＳ≧0.3の自民党当選者の「その後」

候補者名	93年の選挙区	定数	順位	RS指数	96年の選挙区	当落	移行率	備考
中川昭一	北海道５区	5	1	0.3509	北海道11区	○	67.9	
武部勤	北海道５区	5	3	0.5142	北海道12区	○	83.6	
津島雄二	青森１区	4	3	0.3533	青森１区	○	63.5	
菊池福治郎	宮城２区	3	1	0.4657	宮城６区	○	83.7	
大石正光	宮城２区	3	3	0.3946	宮城６区	×	80.7	96年は新進党から立候補
村岡兼造	秋田２区	3	1	0.3253	秋田３区	○	100.0	コスタリカ
御法川英文	秋田２区	3	3	0.4470	比例東北２位	○	100.0	コスタリカ
近岡理一郎	山形２区	3	3	0.4273	山形３区	○	82.1	
佐藤剛男	福島１区	4	4	0.3397	福島１区	○	75.5	
根本匠	福島１区	4	2	0.3740	福島２区	○	84.7	
増子輝彦	福島１区	4	3	0.3962	福島２区	×	86.4	96年は新進党から立候補
荒井広幸	福島２区	5	5	0.4205	福島３区	○	84.6	コスタリカ
穂積良行	福島２区	5	4	0.4698	比例東北１位	○	88.9	コスタリカ
斎藤文昭	福島２区	5	2	0.5086	福島４区	×	95.4	96年の対立候補は渡部恒三。重複せず
額賀福志郎	茨城１区	4	2	0.3546	茨城２区	○	68.8	
谷津義男	群馬２区	3	1	0.3901	群馬３区	○	84.1	コスタリカ
中島洋次郎	群馬２区	3	3	0.3428	比例北関東５位	○	84.7	コスタリカ
加藤卓二	埼玉３区	3	2	0.3022	埼玉11区	○	92.3	
林幹雄	千葉２区	4	3	0.3376	千葉10区	○	75.5	
森英介	千葉３区	5	1	0.3178	千葉11区	○	63.6	コスタリカ
石橋一弥	千葉３区	5	5	0.4536	比例南関東１位	○	82.8	コスタリカ
中村正三郎	千葉３区	5	4	0.3324	比例南関東２位	○	82.6	コスタリカ（相手は12区浜田靖一）
堀内光雄	山梨全県区	5	1	0.3072	山梨２区	○	65.1	
小川元	長野３区	3	2	0.4784	長野４区	○	82.9	
宮下創平	長野３区	3	3	0.3607	長野５区	○	85.1	
藤井孝男	岐阜２区	4	1	0.3236	岐阜４区	○	72.4	コスタリカ
金子一義	岐阜２区	4	2	0.4134	比例東海１位	○	81.5	コスタリカ
古屋圭司	岐阜２区	4	4	0.4188	岐阜５区	○	85.7	
久野統一郎	愛知２区	4	4	0.3654	愛知８区	○	66.7	
浦野烋興	愛知４区	4	2	0.3310	愛知11区	×	63.7	96年の対立候補は伊藤英成。比例も×
稲垣実男	愛知４区	4	3	0.3695	比例東海２位	○	56.1	
相沢英之	鳥取全県区	4	4	0.3219	鳥取２区	○	77.2	
河村建夫	山口１区	4	3	0.3156	山口３区	○	79.0	
山本公一	愛媛３区	3	1	0.3589	愛媛４区	○	85.3	
坂井隆憲	佐賀全県区	5	5	0.3989	佐賀１区	△	67.5	96年の対立候補は原口一博。比例は○
保利耕輔	佐賀全県区	5	2	0.4990	佐賀３区	○	72.0	
久間章生	長崎１区	5	3	0.3321	長崎２区	○	68.4	
虎島和夫	長崎２区	4	3	0.3275	長崎３区	○	69.3	
東家嘉幸	熊本２区	4	3	0.3583	比例九州４位	○	68.4	
渡瀬憲明	熊本２区	4	4	0.3506	熊本５区	×	75.8	96年の対立候補は矢上雅義。比例も×
宮路和明	鹿児島１区	4	2	0.3107	比例九州６位	○	48.1	コスタリカ（相手は３区松下忠洋）

移行率＝小選挙区移行部分の得票数（93年）／中選挙区全体の得票数（93年）×100

(3) 自民党の得票水準低下と選挙過程の変容

ここで小選挙区比例代表並立制導入以降の自民党の選挙実績を確認しておこう。図8－2には自民党の絶対得票率の推移を示したが，自民党の得票水準はかなり低いものであることがわかる。2000年総選挙以降，小選挙区部分では公明党の選挙協力によってある程度の得票水準を維持しているが，中選挙区制時代と比較すれば，かなり見劣りする結果である。印象的なのは数値の変動幅の小ささであり，小泉人気を要因とする2003年，2005年の盛り上がりを例外として扱えば(水崎・森2007：第5章，第7章)，自民党の集票力は低水準が継続してきたと評してよいだろう。

このような低水準の得票でも，自民党が圧倒的勝利を遂げられるのは，なぜだろうか。当然のこととして，そこには小選挙区制の制度特性がかかわっている。しかし，それですべてが説明できるとは思われない。たとえば，自民党リーダーによる，有利な選挙戦を展開するための環境づくり行動に注目する必要があるだろう。近年の選挙では，選挙に至るまでの政治過程の流れが，一段と大きな意味を持つようになっていると筆者は考えている。このような現実の選挙の展開に，選挙研究者の側はどのように対応するべきか。選挙研究を構成する重要な柱として，アグリゲート・データ分析，サーヴェイ・データ分析に加えて，政局分析のようなものが見直されるべきではなか

図8－2　自民党絶対得票率の推移

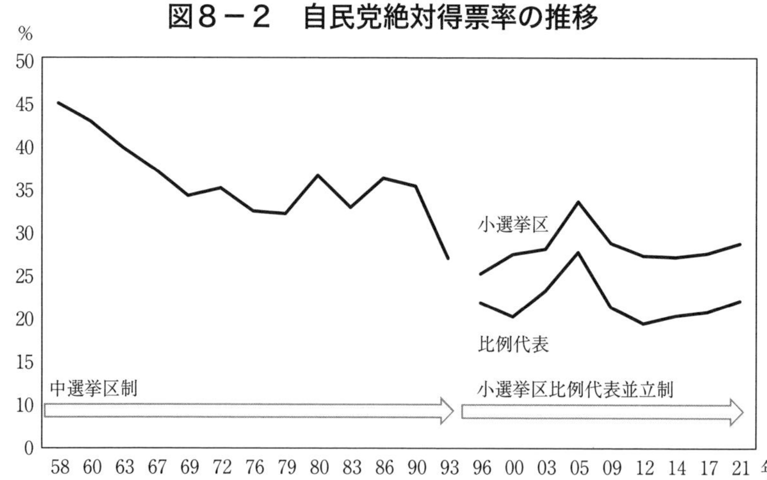

ろうか[13]。

検討課題を列挙すれば，次の通りである。①公明党が他党に寝返らないように自民党がどのようなことをしているか，②非自民勢力が大同団結することを阻止するために自民党がどのようなことをしているか，③保守新党の誕生(自民党の分裂を含む)が起こらないようにするために自民党がどのようなことをしているか，④解散総選挙のタイミングをめぐって自民党内でどのようなやり取りがあるか。このうち，②の非自民勢力がまとまることを阻止することについては，小選挙区比例代表並立制の制度的特徴と絡めて，後述することにしたい。

3　小選挙区制に方向づけられた政治過程：新たに登場した巨大政党の機能不全

本節では，小選挙区制の効果が強く出た時期である第２局面の検討を行う。中選挙区制の頃には経験したことのない，300人の候補者を揃えるという高い壁に，非自民勢力がどのように挑んだかという問題を中心に叙述を進めることにする。

(1)「予言の自己成就」的な巨大政党の誕生

新制度導入後，非自民の諸勢力は次の３つのうちのどれかの対応をとることになった。①小選挙区での選挙戦を重視して政党の規模を拡大する，②比例代表での選挙戦を重視して政策の一貫性を保持する，③かつて敵対関係にあった自民党と協力関係に入ることで組織の存続を狙う，である。こうした変化の中で，政治的にも，政治学的にも注目されたのが，小選挙区での選挙

13　本文で言及した内容の他にもさまざまな要因が検討されるべきであろう。そのうちのひとつが小選挙区比例代表並立制の導入と同時期に創設された政党助成金制度の影響である。日本とイギリスの比較分析を進めている高安健将は，日本の政党助成金制度の特質を，次のように説明している。「日英両国の政党助成の制度は，対照的である。英国では，政権党はさまざまなかたちで優遇されているとの前提から，適切な政党間競争を促進するべく，資金的援助は野党に対して行われる。これに対して，日本では政党の獲得議席数や票数と連動して政党交付金が配分されることから，勝者をさらに強くするように制度が作用している」(高安2018：259)。

戦を主とする巨大政党の誕生である。

日本における二大政党化の流れは，一般的にはデュヴェルジェの法則の文脈で理解されているが，筆者は大筋でそのような議論を認めつつも，もう少し違った角度から現象を検討する余地があると考えている。その理由を述べるに当たって，まずは，オーソドックスな二大政党制の形成論を確認しておきたい。

なぜ小選挙区制は，二大政党制を生むのだろうか。この分野において誰もが引用するデュヴェルジェの『政党社会学』は，そのメカニズムを次の２つの要因で説明している（デュヴェルジェ 1970：248）。第１が機械的自動的要因（この制度の下では中小政党の得票が議席に反映されないため，大政党が過大代表になる）であり，第２が心理学的要因（有権者は当選の見込みがない中小政党に投票するのをやめ，大政党に投票するようになる）である。

留意したいのは，以上の議論は原理論に過ぎないという点である。現実の政治過程は複雑であり，他のさまざまな要因が絡み合って，実際の現象は発生する。そうした中で注目されるのがパス・ディペンデンシー（歴史的経路依存性）の問題である（大嶽編 1997：374；建林 2004：13-15）。デュヴェルジェ自身も述べているように，制度の効果はそれほど強いものではないので，多党制が根付いているような国では，このような効果があらわれるのにかなりの程度の時間がかかると考えなければならない（デュヴェルジェ 1970：250-251）。

ここで興味深い事実にぶつかる。それは，日本の二大政党化の流れが，速すぎるという点である。日本で起こった現象を振り返ると，アクターが制度の効果を試行錯誤の中で「学習」したというよりは，制度の効果を「予習」して，それに合わせて強引に自分の行動を変更しているように見える。それは，エリートレベルの行動に顕著であり，まるで「予言の自己成就」[14]（政治過程のアクターが政治学の理論を知ってしまうことによってその行動が理論の予測する通りになること）という要因が作用しているかのようであった。

できる事であれば，その時期に国会議員全体に対して調査を試みておきたかったのだが，「京都大学・読売新聞共同議員調査」（2016年11～12月）において，筆者はようやくその機会を手にすることができた[15]。表８－３は，

14 「予言の自己成就」については，マートン（1961），佐藤編（1990：9-11）参照。

15 「京都大学・読売新聞共同議員調査」（2016年11～12月）は，京都大学の建林正彦教

表8－3　自民党・民進党所属の国会議員は「デュヴェルジェの法則」を知っているか？

（2016年京都大学・読売新聞共同議員調査）

	自民党所属議員			民進党所属議員		
	衆	参	全体	衆	参	全体
	87	17	106	39	15	54
政治学の分野でそのような議論があることを，知っている	50.6	23.5	46.2	66.7	46.7	61.1
政治学のことはよくわからないが，一般的な常識として，知っている	37.9	47.1	39.6	25.6	20.0	24.1
知らない	6.9	5.9	6.6	2.6	13.3	5.6
ＮＡ	4.6	23.5	7.5	5.1	20.0	9.3
	100.0	100.0	100.0	100.0	100.0	100.0

自民党の「全体」の回答には衆・参の別が不明なものが２件含まれている。

「政治学の議論に『デュヴェルジェの法則』があります。『小選挙区制は二大政党制をもたらし，比例代表制は多党制をもたらす』というものですが，あなたはこうした議論があることを，ご存知ですか」という設問の回答結果を整理したものである。これにより，多くの国会議員が「小選挙区制は二大政党制をもたらし，比例代表制は多党制をもたらす」という理論を認識していることが明らかになった。勿論，この結果は2016年時点のものであり，1990年代後半以降の経験を経て，国会議員の中にこのような常識が広がったという可能性を否定はできないが，状況から考えて，当時も今も，認識の広がりにそれほどの違いはなかったのではないか，と推測する次第である[16]。

(2) 急ごしらえの巨大政党を運営することの難しさ

ここまで巨大政党という言葉について解説を付さずに用いてきたが，その

授を中心とする研究者グループと読売新聞社による共同調査である。自民党・民進党の全国会議員に調査票を郵送し，回収率は自民党25.5％，民進党37.0％という結果であった。本調査のデータを活用した成果として，建林（2017），濱本（2018；2022）の３冊が刊行されている。

16　選挙制度に対する認識を政治家自身が示したものとして，小沢一郎著『日本改造計画』（小沢1993）参照。本書が幾人かの学者の協力によって書かれたものであることは，当時においても知られていたが，出版後にベストセラーとなり，政界関係者の大半が内容を把握していたという事実を重視したい。

基準をひとつ挙げるとすれば，小選挙区300に候補者を擁立する力量を持った政党，ということになる。中選挙区制時代の非自民勢力の候補者擁立能力を顧みれば，このハードルがいかに高いものであったかがわかる。すでに述べたように，片方の巨大政党である自民党の場合は，候補者をいかにして小選挙区にはめ込むかが課題となっていたわけだが，小選挙区の枠が300になったことによって，課題の難易度が下がったのだった。他方，非自民勢力が作る巨大政党の場合は，中選挙区制時代には経験したことのない規模の候補者数の擁立に挑まなければならず，小選挙区の枠が300になったことによって課題の難易度は各段に上がったと言うことができよう。

政党が巨大化する方法は，理屈の上では次の２つがある。第１は，地道に有権者の支持を拡大して政党の勢力を大きくしていく方法である。時間はかかるが，その分，組織は安定的なものとなるだろう。第２は，すでに議席を占めている異党派の議員たちを結集して新党を作る方法である。候補者の不足分については新人をかき集めることになる。手っ取り早いが，その分，組織は不安定なものにならざるを得ない。

小選挙区比例代表並立制導入後における巨大政党の誕生は，概ね後者の力学によるものであったように思われる。本来であれば，もう少しゆっくりと制度の効果があらわれるはずなのに，アクターがその効果を先取りして動いたために，現象が急速に進んだ側面があるとすると，そのことは政治過程に一定の歪みを生じさせないだろうか。たとえば，急速かつ人工的な二大政党化の流れは，当然に，政党組織に大きな負荷をかけると思われる。こうした観点から，新進党の誕生から崩壊に至るまでの流れを見ることはできないだろうか。また，民主党が直面した困難も，こうした観点から捉えることで，その問題の本質がよりよく理解されると思われる。

表８－４は，新進党と民主党の公認候補者(比例代表を含む)が，過去の総選挙でどの政党から立候補していたかをまとめたものである。これを見ると，両党がどの程度の寄せ集め集団(元々は異党派であったベテラン勢と多数の新人)であったかが一目瞭然となる。民主党の場合，1996年総選挙の時点では，旧革新系の候補者中心で構成されていたが，2005年総選挙の時点にもなると，かなり雑多な構成に変化していた。これは新進党が空中分解した後の議員を受け入れ，さらに自由党を吸収したことによる結果であった。

日本政治の文脈においては，保革イデオロギー軸上における諸政党の位置設定の問題も，非自民の巨大政党における組織運営を複雑にしたように思われる。この点も簡単にではあるが述べておきたい。

サルトーリ(Giovanni Sartori)は，政党システムには，双系野党の政党システムと単系野党の政党システムがあると指摘している(サルトーリ 1992：232)。模式図にあらわすと図8－3のようになる。双系野党の政党システムにおいては，保革イデオロギー軸上において政権党は左右の野党から批判されるために，立場が弱くなる。一方，単系野党の政党システムにおいては，政権党は一方向に対応すればよいので，野党連合の成立という事態さえ阻止できれば，政権党は野党に対して有利な立場を維持できる。

表8－4　新進党・民主党の候補者の立候補歴

1996年総選挙における新進党候補(361人)

1993年		1990年		1986年	
なし	168	なし	236	なし	275
新生党	54	自民党	54	自民党	40
公明党	51	公明党	29	民社党	17
日本新党	27	民社党	19	公明党	14
自民党	25	無所属	18	無所属	11
民社党	18	社会党	3	社会党	2
無所属	12	新自由ク	1	新自由ク	1
社会党	3	社民連	1	社民連	1
さきがけ	2				
社民連	1				

1996年総選挙における民主党候補(161人)

1993年		1990年		1986年	
なし	91	なし	110	なし	137
社会党	43	社会党	38	社会党	16
日本新党	12	自民党	5	無所属	4
無所属	6	無所属	4	自民党	2
さきがけ	5	民社党	2	民社党	1
自民党	1	社民連	2	社民連	1
社民連	1				
諸派	1				
民社党	1				

2005年総選挙における民主党候補(299人)

2003年		2000年		1996年		1993年		1990年		1986年	
民主党	223	なし	135	なし	186	なし	230	なし	255	なし	278
なし	63	民主党	129	新進党	53	日本新党	16	自民党	11	民社党	7
無所属	7	自由党	22	民主党	47	社会党	12	無所属	11	自民党	6
無会	3	無所属	8	無所属	4	民社党	10	社会党	10	無所属	5
社民党	2	社民党	2	自民党	3	新生党	9	民社党	10	社会党	2
自民党	1	自民党	1	さきがけ	2	さきがけ	7	公明党	1	社民連	1
		改ク	1	社民党	2	無所属	7	社民連	1		
		無会	1	自連	1	自民党	5				
				民改	1	公明党	1				
						社民連	1				
						諸派	1				

「なし」は当該選挙には立候補していないことを示す。

図8－3　双系野党と単系野党の政党システム

双系野党の政党システム

野党　野党　政権党　野党　野党

単系野党の政党システム

野党　野党　野党　野党　政権党

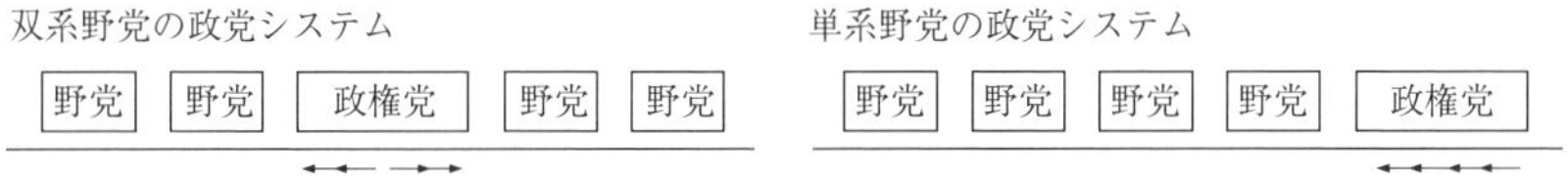

非自民勢力が作る大政党は，保革イデオロギー軸上において中間部分に位置することになるため，政権を担当することになれば(あるいはそれを目指すことになれば)，左右両側からの批判やゆさぶりにさらされることになる。党内の組織運営が安定していないところに，そのような力学が発生するわけであるから，党組織にかかる負荷は大きなものであったといえよう。

(3) 二大政党制の政治的・社会的条件

2009年，民主党政権が誕生したことによって，日本においても二大政党制が誕生するかに思われた時期があった。しかし民主党政権は短命に終わり，党そのものが崩壊してしまった。このことの理由を探る作業はいずれ本格化していくであろうが，それを決定論的に論じるべきかどうかは，議論が重ねられなければならない[17]。

民主党政権を振り返るに当たっては，政治過程をいくつかのレベルに分けて考察する必要があるだろう。有権者のレベルでは，確かに民主党政権を求める意識が育っており，二大政党制を受け入れる素地はあったといえる(山田2017)。問題は，むしろ，政治家・政党のレベルにあった。本節で述べたように，新しい選挙制度に対応しようとする合理性追求行動が，あまりにも性急かつ過剰であったため，組織に大きな負荷がかかったというのが筆者の見解である。制度改革の効果に伴う副作用といえよう。

これに加えて，筆者の研究上の守備範囲の中で指摘しておきたいのは，利益団体レベルの問題である。長年にわたって各種の団体調査に従事してきた辻中豊は，二大政党制(もしくは，二大政党による求心的な競合がある安定的な状況)の背後には，団体レベルの独特な行動があるという仮説(「二大政党制の圧力団体的基礎」仮説)を提起していた(辻中2006)。それは，政党政治の二大政党化状況にあわせて，①団体全体で見た場合に，接触・支持行動の分布に双峰性がある，②同一団体分類内においても，接触・支持行動の分布に双峰性が見られる，③個別の団体レベルでも，危機分散という観点から二大政党の双方と良い関係を維持しようとする動きが見られる，という議論

17　民主党に関する研究書として，上神・堤(2011)，前田・堤(2015)参照。民主党政権期に発生した東日本大震災が政治過程に与えた影響については，辻中編(2016)参照。大震災が政治過程に与える影響(特に心理的・象徴的側面)を論じたものとして，山川(1997)参照。

である。これらの点について，筆者は辻中の研究チームの一員として，いくつかの団体調査のデータで検討してきたわけだが，頂上団体レベルでは政権交代に敏感に反応する動きが発見されたものの，社会の基底部分における団体の動向には，政権交代の前後で構造的と呼び得るほどの変化が生じていなかったという結論を得ている(森・久保2014；2016)。すなわち，利益団体レベルでは有権者レベルとは異なり，一貫して自民党一党優位が持続していたのであった。

4　ひとつの選挙制度としての小選挙区比例代表並立制：自民党一強・非自民勢力分断の政治力学

第８次選挙制度審議会の答申(1990年)に典型的に見られるが，小選挙区比例代表並立制を推進した者たちの議論は，小選挙区制と比例代表制がそれぞれ個別的にその固有の理念を発揮するという前提でなされることが多かった。しかし，以下で述べるように，小選挙区比例代表並立制においては，完全な小選挙区制や完全な比例代表制では見られない独特な政治力学が発生している。本節では，ひとつの選挙制度としての小選挙区比例代表並立制の特性に注目しながら，第３局面の検討を行うことにする。

(1) 制度は別個であるが行動は連動する

小選挙区比例代表並立制の最大の特性は，それがグラーベン制であるという点にある(西平1990：98-117；2003：第Ｉ部第５章)。グラーベンとはドイツ語で「溝」とか「仕切り」を意味する言葉である。つまり，小選挙区制と比例代表制の間には制度的に「溝」あるいは「仕切り」があるということであり，制度導入時においては，小選挙区の選挙と比例代表の選挙は別個のものであるという理解が一般的であったように思われる[18]。

ところが，実際に選挙が行われてみると，選挙行動の側面では両制度の間に連動が見られることに注目が集まるようになった。たとえば，「ある政党が小選挙区に候補者を立てると，その地域における当該政党の比例代表の得

18　投票行動研究の分野では，２票の使い分けが研究対象とされる傾向があった。蒲島(1998)，三宅(2001)参照。

票が増加する」という現象がある。いわゆる「連動効果」である[19]。

図８－４は，1996年総選挙について「連動効果」を検証したものである。小選挙区に当該政党の候補者がいるかどうかを基準に比例代表の政党得票を振り分け，有権者規模別に絶対得票率平均値を算出した結果を示してある。ほぼすべての選挙区に候補者を擁立した共産党以外の主要政党の図を掲載したが，全体として，候補者がいる場合といない場合とでは，当該地域における比例代表の政党得票率に大きな差が生じていることがわかる。この傾向は，その後の選挙でも継続して確認されている。

このように比例代表の選挙結果が，小選挙区の動向に左右される並立制で

図８－４　有権者規模別にみた比例代表絶対得票率平均値（1996年総選挙）

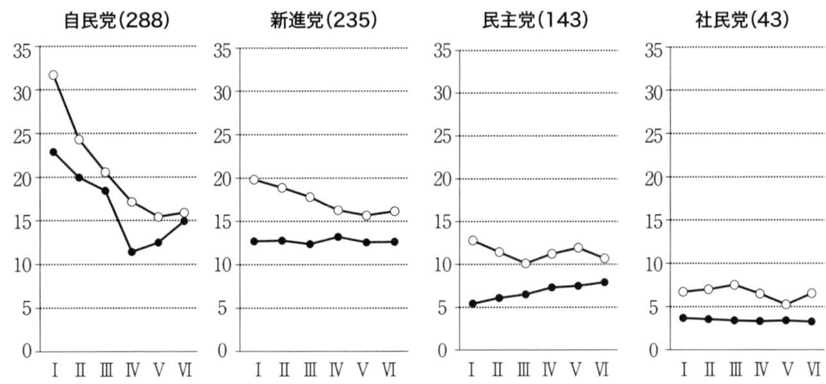

政党名の右側の括弧の数値は小選挙区の候補者数である。折線○印は「候補者あり」，折線●印は「候補者なし」を示している。有権者規模は次の通り。Ⅰ：１万人未満　Ⅱ：１万人以上３万人未満　Ⅲ：３万人以上５万人未満　Ⅳ：５万人以上10万人未満　Ⅴ：10万人以上30万人未満　Ⅵ：30万人以上

---

19 「連動効果」は参議院選挙ですでに指摘されている現象であった。1983年以降，参議院も選挙区と比例代表制の並立制で選挙が行われているが，高畠通敏は次のように指摘していた。「……今回の地方区のもうひとつの問題は，比例代表制とからんで，民社党が10の選挙区で，いわば当選の見込みのない候補をあえて立てたことであった。……このような戦術をとることによって，民社党はほんとに比例代表区で有利になったか。……比例代表区の票がふえるのは，もちろん地方区との連動効果が期待されるからである。」（高畠1983：23-24）。

は，小選挙区で候補者を多く擁立できる政党が有利になることはいうまでもない。つまり，新制度は，自民党にかなり有利な制度としてスタートしたといえるだろう。前述のように，300の小選挙区すべてに候補者を擁立することは，選挙区数約130の中選挙区に慣れ親しんできた日本の政党にとってはかなりの高いハードルであった。そして，いかに300小選挙区で候補者を揃えるかは，非自民の巨大政党の課題となり続けたといえよう。民主党が急速に巨大化したのは，小選挙区部分への対応というだけでなく，比例代表部分への対応という意味もあったことは押さえておかなければならない。

(2) 制度の帰結としての非自民勢力の分断

小選挙区で候補者を立てないと比例代表の票が伸びないとなると，小選挙区で勝利の見込みがない中小政党といえども，比例代表選挙を有利に戦うために，小選挙区での候補者擁立をやめようとはしない。完全な小選挙区制であれば，勝ち目のない中小政党は次第に選挙過程から撤退するか，大政党に合流していくことが予測されるわけだが，比例代表がセットにされ，連動効果が働くことによって，デュヴェルジェの法則から予測されるものとは異なる現象が生まれたのである。いわゆる「汚染(contamination)」効果である[20]。

こうした点について，若い世代の研究者は，新しい現象と捉えるかもしれない。しかし，日本政治(もしくは日本政治学)の文脈では，既に一通りの議論がなされていた旧知の問題であったことを，ここで指摘しておきたい。以下に引用するのは，３人の政治学者の1983年参院選後の論評である。この選挙は日本に比例代表制が導入されて初の選挙であったが，２つの異なる原理を有する選挙制度を足し合わせることによって発生する政治力学が指摘されている。

> 比例代表制導入の基本的な狙いは，それが適用された全国区よりも，むしろ崩れはじめた地方区選挙の補強にある，と解釈するのが正しいというべきだろう。それは，地方区における野党共闘とりわけここ数回しばしば威力を見せた社公民協力を崩壊させることに，第一の照準が合わされていた(高畠1983：21)。

20　邦語文献による汚染効果の紹介として，待鳥(2015：139)参照。

小選挙区選挙における多数派政党のアキレス腱である野党共闘を，比例代表制を部分的に導入することで阻止しようとする手段は，今回の参議院の新制度においても随分非難の対象となったが(当初の自民党案である一票制は回避されたにしても)，それは，すでに10年前の自民党改革案に源流をもっていたことは，銘記しておくべきであろう(水崎1983b：17-18)。

……比例代表制の導入が，野党の地方区選挙での選挙協力を不可能とし，野党の分裂を招来して，結果として自民党の議席増を生み出したという点では……自民党による野党の「分割統治」だったと指摘できるであろう(白鳥1983：230)。

このような視座から，衆議院の小選挙区比例代表制の特性を指摘した論者は，少なからず存在する。ただ，その言及のあり方は，実に控えめであった。たとえば，次の石川真澄の文章は，小選挙区比例代表並立制をひとつの制度として捉える視点を含んだものであるが，冒頭に「小さなことを１つだけ挙げれば」とあるように，そのことの意味を重く捉えているようには読めない。

小さなことを１つだけ挙げれば，並立制は現野党には不利な仕組みになるだろうという問題がある。単独の力量としては自民党にはるかに劣る現野党各党は，なんらかの力の結集を図ろうとするだろうが，比例区が組み込まれているため，そこでは互いに競い合いたい心理が働く。結果的に野党結集にはブレーキがかかり，自民党には有利となるだろう(石川1992：18)。

日本の選挙研究において，異なる原理を有する選挙制度を足し合わせることによって発生する力学の研究が低調であったことは，それ自体再検討されるべき事象である。おそらく，1989年参院選の強烈な経験(一人区における自民党の完敗)が，人々の選挙制度に対する見方を固定化してしまったのであろう[21]。1989年参院選以降，選挙制度改革の肯定派も否定派も，小選挙

21　第８次選挙制度審議会の議論が，1989年参院選の影響を受けていたことについては，

区部分のみに対する過剰な関心で突き動かされてしまったように思われる[22]。

並立制が有する非自民勢力分断効果は，制度導入時や二大政党化現象が順調に進んでいた頃は，「小さなこと」として付随的に取り上げられる程度の問題であったかもしれない。しかし，二大政党化現象が頓挫してしまった2012年以降の政党競合においては，小選挙区制の効果に隠れて見えにくくなっていた，こうした微弱な効果から説明される部分が大きくなってきているといえよう。

(3) 近年の動向について

民主党政権崩壊後，野党はどのような形で自公政権に対抗するかで模索を続けてきたが(森2016b；森・益田2020b)，それは大きく２つのパターンに分けられる。以下で述べるように，本書執筆の時点では，どちらも成功しているとは言い難い。

第１は，保革イデオロギー軸上の中央付近に，自民党の一部も巻き込んで新規の巨大政党を再度作り上げるというものである。こうした構想は，2017年総選挙直前に希望の党として実現しかけたものの，短期的に巨大政党を創出するという試みは，やはり失敗に終わった。希望の党の中心メンバーであった若狭勝は，解党後に出版した書籍の中で，「つくづく思うことは，先般の総選挙時に，私を含めて多くの人が『希望』の名のもとに急ぎ過ぎたということである」と述べている(若狭2018：190)。

第２は，非自民勢力による選挙区の「すみ分け」である。それぞれの政党が，党の基本政策と組織をとりあえずはそのままの状態にした上で，公認候

石川(1992)が指摘している。ところで，生活に直結する消費税の是非が問われ，連合型選挙が成功した1989年参院選の結果が，選挙制度改革の展開に多大な影響を与えてしまったことの意味も，再検討されるべきであろう。筆者の見解を述べれば，おそらくそれは逸脱的な選挙なのであって，イデオロギー的な争点であるPKOの問題が問われ，連合型選挙が失敗した1992年参院選こそが，並立制における選挙の参照事例とされるべきではなかったかと考える次第である。この点に関しては，森(2001：169-171)参照。

22　1997年度日本選挙学会(於：椙山女学園大学)における分科会「小選挙区・比例代表並立制の検証」で，討論者の西平重喜は，議論が小選挙区制の是非に集中してしまうのは問題であり，小選挙区(総定数300)と比例代表11ブロック(同200)が組み合わされた並立制をトータルに論じることこそが必要なのではないか，と述べている。この西平の呼びかけに対する応答として，水崎・森(1998)が書かれたことをここに記しておきたい。

補者を出す選挙区について他党と譲り合う，という戦術である。選挙区によっては相互に選挙協力をする場合もあるが，それが難しいときはそこまで至らなくてもよい，というところに特徴がある[23]。ただ,「すみ分け」の考え方は，参院選や地方選挙における戦術論としては有効であろうが，政権選択の選挙という考え方が定着しつつある衆院選では，戦略論としての内実が問われることになる[24]。実際のところ，2021年総選挙における立憲民主党と共産党の共闘は，選挙前に想定されたような大きな成果をもたらすことはなく,「すみ分け」の主唱者であった立憲民主党の枝野幸男は選挙後に党首辞任に追い込まれた。

選挙区の「すみ分け」については，それが有権者にとってどのような意味を持つかという重要な問題があることも，指摘しておかなければならない。表８－５は，過去３回の小選挙区における無効票率の上位30選挙区を示したものである。自民党と選挙区の「すみ分け」を実施している公明党が候補者を出した選挙区と，非自民勢力の中で候補者を出したのが共産党のみであったという選挙区が目立っている。政党側の都合で実施されている選挙区の「すみ分け」に，一部の有権者が無効票を投じることで拒否反応を示しているのであれば，それは政治的にも，政治学的にも，注目されるべき事象であるといえよう。

23　2017年総選挙において，希望の党の動きに加わらず，立憲民主党を立ち上げた枝野幸男の言動が興味深い。『朝日新聞』の特集「検証　民進分裂　下」(2017年11月21日)は,「20年間気づかなかったけれど，国民は政権交代のための合従連衡を望んでない」という枝野の言葉を紹介しつつ，彼の考えを次のようにまとめている。「枝野がいま，思い描くのは，野党各党が独自の色を発揮しつつ，対政権で協力できるのなら，選挙戦ですみ分けを図る姿だ」。2019年夏の参院選に向けての枝野の戦術を解説する『毎日新聞』の特集記事(2017年12月３日)でも,「立場が近い政党でも一緒になるのは有権者に嫌われる一方で，すみ分けは共産党とのすみ分けであっても許される」という枝野の言葉が紹介されている。

24　衆議院選挙と参議院選挙が異なった意味を有していることに着目し，有権者の意識と行動の側面から「選挙サイクル」の存在を指摘するものとして，今井(2018)参照。

表8－5　小選挙区の投票者に占める無効票の割合(上位30選挙区)

	2014年	無効率	小選挙区における競合	2017年	無効率	小選挙区における競合	2021年	無効率	小選挙区における競合
1	大阪3	15.26	公×共	大阪3	10.22	公×共×無	大阪5	12.35	公×共×れ×無
2	大阪5	14.90	公×共	東京12	9.71	公×共×諸	大阪3	10.07	公×立×共×無
3	大阪6	11.44	公×共×生	兵庫8	8.84	公×共	兵庫8	9.56	公×共×れ
4	兵庫8	10.41	公×共	大阪5	8.21	公×立×共×幸	大阪6	8.13	公×立×無
5	熊本4	9.12	次×共	大阪6	8.15	公×立	大阪16	8.10	公×立×N
6	長崎3	7.66	自×共	東京17	6.65	自×希×共	奈良3	7.28	無×共×無×N
7	福岡7	7.43	自×共	東京16	5.97	自×立×希	兵庫2	6.66	公×立×共
8	東京17	7.24	自×維×共	大阪16	5.82	公×立	東京17	5.72	自×維×共×国
9	福岡6	7.24	自×共	福岡8	5.67	自×共	愛知11	5.08	自×共×無
10	熊本2	7.11	自×共	兵庫2	5.56	公×無×共	千葉11	5.04	自×共×れ
11	石川2	7.02	自×共×無	東京14	5.25	自×希×共×幸×無	福岡8	4.96	自×共×れ
12	福岡1	6.63	無×民×無×共×無×諸	徳島2	4.78	自×共×幸	和歌山3	4.90	自×共×諸×無
13	兵庫2	6.57	公×民×共	和歌山3	4.77	自×共	千葉8	4.84	立×自×無
14	熊本3	6.46	自×共	熊本3	4.57	自×共	福岡5	4.75	立×自
15	千葉12	6.40	自×共	宮崎2	4.43	自×共×幸	神奈川11	4.74	自×共
16	東京14	6.32	自×民×共	福岡1	4.27	自×立×希×共	東京12	4.71	公×維×共
17	広島5	6.26	自×共	熊本1	4.27	自×希	香川3	4.43	自×共
18	群馬4	5.98	自×共	群馬1	4.27	自×希×共	富山3	4.35	自×共
19	埼玉2	5.93	自×共	愛知7	4.23	無×自	東京15	4.33	無×立×維×無×無×諸×無
20	福岡8	5.79	自×共	北海道7	4.14	自×共	東京16	4.33	自×立×維×共×N
21	鹿児島2	5.64	自×共	富山2	4.05	自×社	石川2	4.31	自×共×無
22	徳島2	5.50	自×共	岐阜2	4.03	自×共	群馬5	4.08	自×共
23	群馬5	5.47	自×社×共	兵庫12	3.81	自×希×共	東京13	4.01	自×立×共×無×無
24	三重4	5.30	自×共	千葉11	3.72	自×希×共	兵庫9	3.75	自×共
25	茨城2	4.97	自×共	香川3	3.70	自×社	神奈川1	3.72	立×無×維
26	大阪16	4.79	公×民×次×共	福井2	3.68	自×希×共	東京11	3.65	自×立×共×無
27	東京12	4.76	公×共×生×次	大阪14	3.67	自×維×共	東京14	3.65	自×立×維×無×無×無
28	兵庫9	4.70	自×共	福岡4	3.61	自×維×共	愛媛2	3.51	自×国×共
29	千葉11	4.65	自×生×共	山口2	3.61	自×共	秋田3	3.47	自×共
30	栃木5	4.65	自×共	埼玉7	3.60	自×希×共	広島3	3.42	公×立×維×無×N×無

政党名は次の通り。公＝公明党，共＝共産党，生＝生活の党，次＝次世代の党，自＝自民党，維＝維新の党，無＝無所属，民＝民主党，諸＝諸派，社＝社会民主党(以上，2014年総選挙)。公＝公明党，共＝共産党，無＝無所属，諸＝諸派，立＝立憲民主党，幸＝幸福実現党，自＝自民党，希＝希望の党，社＝社会民主党，維＝日本維新の会(以上，2017年総選挙)。公＝公明党，共＝共産党，れ＝れいわ新選組，無＝無所属，立＝立憲民主党，N＝NHKと裁判してる党弁護士法72条違反で，自＝自民党，国＝国民民主党，維＝日本維新の会，諸＝諸派(以上，2021年総選挙)。

5　結論と含意

以上本章では，小選挙区比例代表並立制導入前から現在に至るまでの30年を，便宜的に3つの時期(中選挙区制から小選挙区比例代表並立制への移行期，二大政党化現象の進展期，自民党一強・非自民勢力分断期)に分け，それぞれの時期の政治過程の特質を検討してきた。

本章における発見は次の３点にまとめられる。①中選挙区制時代の政党競合のあり方が，新しい選挙制度のあり方を規定しており，それが自民党に有利に働いた。②小選挙区比例代表並立制導入後の巨大政党の誕生は，予言の自己成就としての性格を有しており，それが非自民勢力に多大な負荷を与えた。③異なる原理を有する小選挙区制と比例代表制を足し合わせた制度である小選挙区比例代表並立制は，政治過程に複雑な力学をもたらしており，それが現在の非自民勢力分断現象を生んでいる。

同じ小選挙区比例代表並立制であっても，小選挙区の数(比率ではない)がいくつになるかで，政党競合のあり方が大きく変わることを，本章の内容は示唆している。1990年代半ば以降の日本における政党競合の展開は，「小選挙区部分が300の小選挙区比例代表並立制」の帰結として把握されなければならない，というのが筆者の主張である。

第9章

選挙・政党研究と利益団体研究の連動

筆者が政治学を学び始めた頃は，全国の研究者が研究領域を分担することによって，日本の政治過程を体系的に研究していこうという機運が高まっていた時期であった[1]。筆者自身も，自分が所属している研究室が，広大な日本政治研究のどの部分を担当しているかを考え，そこに如何に自分自身を連ねていくかを思案したものである。筆者は，当初は選挙研究のみで政治学の道を進んでいくつもりでいたが，複数の研究室を経ることになったために，意図せずして研究の守備範囲を拡張していくことになった。「政治過程論の三本柱は選挙・政党・利益団体。それを1人でやれたらたいしたものだ」という言葉に導かれながら，試行錯誤を繰り返した四半世紀である。

本章は，筆者が『レヴァイアサン』の創刊20周年記念号(特集　政治分析・日本政治研究におけるフロンティア)に寄稿した「選挙過程の実態把握を目的とする研究について」(森2007)の再掲である。「学部生にも研究の面白さがわかるようなエッセイを」というレヴァイアサン編集委員会の依頼に応じて執筆したものであるが，本書の第8章までの内容と第10章以降のつながりが明瞭になると考え，タイトルを「選挙・政党研究と利益団体研究の連動」に変更した上で収録することにした。内容に関しては，執筆時に紙幅の関係で割愛したものを復元した箇所以外は，ほとんど手を加えていないことをお断りしておく。15年前の原稿をそのままの形で掲載することの意味は，次章以降の内容を読んでいただければ了解できるようになっているので，この点を予め記しておきたい。

1　当時のそうした機運は，『レヴァイアサン』創刊号に掲載された「『レヴァイアサン』発刊趣意」(猪口・大嶽・村松1987)，『選挙研究』第1号に掲載された「発刊の辞」(富田1986)等に明確に示されているといえよう。

1　日本における選挙研究の展開

筆者の研究関心は，日本の選挙過程の実態を把握することにある。政治現象の実態把握，すなわちwhatを志向する研究に対しては，「実態把握だけでよいのか」という批判がなされることがある。what（記述を目的とする研究）をwhy（説明を目的とする研究）にまで昇華させることができてはじめて意味ある研究と呼べるのではないか，という批判である[2]。政治過程を研究する研究者の関心が比較政治学に移っているように見える現状においては，whatの確認で満足しているような筆者の研究は，確かに旧いタイプの研究といえるかもしれない。

しかし，whatを扱った研究の蓄積がなければ，意味あるwhyが生まれないことは言うまでもないことである[3]。比較政治学の本場であるアメリカ政治

2　記述と説明については，比較政治学の研究者である岩崎美紀子の整理がわかりやすい。岩崎は，政治学の初学者向けの書籍の中で，問題の立て方と回答の仕方に着目して，記述（what），説明（why），処方（how to）の内容を次のように解説している。①記述は，「何」（what）を問うもので，回答の仕方は「～は……である」となる。②説明は，「なぜ」（why）を問うもので，回答の仕方は「……だから～である」となる。③処方は，「どうすれば」（how to）を問うもので，回答の仕方は「～にはこのようにすればいい」となる。こうした整理の後に，岩崎が，次のように述べていることを重視したい。「３つのうち，どれが正しいということではない。なぜならそれぞれの目的に応じて求められるものが違うからである。重要なことは，問題のたて方にはこの3つがあり，何を求められているかで使い分け，使いこなすことである」（岩崎2005：107）。

3　次に引用するのは，『レヴァイアサン』14号（1994年）に掲載された座談会（参加者は田辺国昭・辻中豊・真渕勝）の一節である。現象を記述するだけではなく，現象を説明することこそが重要だという立場の真渕の疑問に対して，辻中は以下のように応答している。「for what，whyということを知るためには，whatとhowというのがある程度わかってないと全く見当違いの議論になる場合がある。いつも感じるんだけど，日本では『事実』研究に対して批判的な見方もある，理論に導かれない記述は意味がないと。だけどある程度までの研究段階においては，利益集団とは何であるのか，どの程度あるのか，どういう活動をしているのかという事実そのものの研究を次々と累積していかないと，次の類型化や正しい議論につながらないんじゃないかなという気がする。まあ，程度の問題だけど，アーギュメントが先行するだけでは有意性がないし，駄目でしょう。……私の場合最近ようやくにして議論が出てくるようになってきた。それは何故かというと，日本だけでなく韓国とアメリカとデータを発掘してきて初めてwhyという問題が鮮明に出てきた。日本の団体の数のレベルがこの位なんだけど，それはどういう意味があるのか

学を見ても，それが無味乾燥な無数の地域研究の成果に依拠していることは明白であろう。それに加え，現在の日本政治は変化の真只中にある。このような状況にあっては，変化の内容を把握すること自体に大きな意味があるといえる。

選挙研究の分野は，かつては記述的研究が充実した分野であり，選挙研究を専門としない研究者にも，かなりの程度開かれた分野であった。理論や方法論に基づく研究といえばwhyを志向する研究の専売特許のように思われがちだが，whatを志向する研究にも当然に理論や方法論がある。選挙過程のwhatを把握する手法には，主として①特定選挙区の事例分析，②得票集計データの分析，③世論調査データの分析，の３つがある[4]。①②③ともに，日本の政治学には伝統と蓄積がある。

特定選挙区の事例分析といえば，カーティス(Gerald L. Curtis)の『代議士の誕生』(カーティス1971)が有名だが，選挙研究者にとっては杣正夫編の著作(杣編1970；1974；1979；1982；1985；1987)や高畠通敏の『地方の王国』(高畠1986)の方が馴染み深いのではないだろうか。選挙のたびに出版された杣編の著作は，当該選挙の実相を知る上で欠かせない書物となっている。また，地方の新聞記者などに対する取材に基づいていると思われる高畠の記述と分析は，研究者が現場の状況を知る上で貴重である。こうした研究があってはじめて，研究者の間で，中選挙区制における選挙のイメージが共有されていったのではないか。選挙制度が小選挙区比例代表並立制になってからも，特定選挙区の記述的分析は多くなされているが(大嶽1997；朴2000；谷口2004)，やや理論志向が強く読者の幅を狭めている点，企画と出版が単発に終わっている点で，課題を残しているように思われる。

選挙の得票集計データの分析では，統計学者である西平重喜，新聞記者である石川真澄の貢献が大きかったといえよう(西平1972；石川1978；1984)。統計の専門家である西平，工学部を卒業した石川が「算数」レベルの手法を多用したことは注目に値する。特に，石川の２つの得票率(相対得票率と絶対得票率)を用いた選挙分析の手法は，単純でありながら工夫が凝らされて

というのは，日本とアメリカだけでもわからなかったんだけど，韓国を比べることによって初めて出てきたという感じがします」(田辺・辻中・真渕1994：182-183)。

4　この他，政治資金の研究(佐々木ほか編1999)，公約の研究(堤1998；河村1999；品田2006)なども選挙過程の実態把握を志向する有力なアプローチといえよう。

おり，学ぶべきところが多々ある。政治学者の分析では，多変量解析の手法を援用した小林良彰の選挙区特性値の算出とそれを応用した選挙分析が大きな意味を持ったといえよう（小林1985）。これらの分析は，膨大なデータで示される複雑な現象を，誰もが納得いくような形でわかりやすく示すという計量政治学の魅力を存分に示すものであった。得票集計データの分析については，後でもう一度詳しく論じることにする。

世論調査の分析は，かつては選挙研究の主力ではなかったように思われる。研究予算上の都合，研究環境の都合（当時は大型コンピューターがある大学でしか分析できなかった）も大きかっただろうが，地縁・血縁・組織の規定力が大きかった時代に有権者の政治意識を追究するという発想が研究者側に弱かったという理由もあったのではないだろうか。それゆえ，世論調査の分析は，当初は都市部有権者に限られる傾向があった（小川ほか1975；荒木ほか1983；堀江・梅村編1986；三宅1990）。全国的な世論調査が一般化してくるのは，そうした地域ベースの世論調査に基づく研究が一定の成功を収め，かつ日本の有権者に一定のうつろいやすさが生まれてからであった。世論調査は，継続的になされてはじめて多くのことを明らかにしてくれるものであり，この点で，その研究意義があまり認知されていなかったと思われる頃から，一貫して有権者の政治意識を追究し続けた三宅一郎，綿貫譲治の貢献（三宅1985；綿貫ほか1986），収集されたデータを公開する制度であるレヴァイアサン・データバンクを整備した蒲島郁夫の貢献は大きなものであったといえよう（写真①）。

2　得票データの分析について

かつての選挙研究のデータ分析といえば，その主流は得票集計データの分析であった。しかし，世論調査が頻繁に行われるようになり，そのデータが一般の研究者に公開されるようになると，有権者の心の内面にまで立ち入ることのできない得票分析は，その魅力を大幅に低下させることになった。とはいえ，世論調査にはバイアスがつきものであり，決して万能ではない。また，選挙制度が複雑になり，選挙結果を一義的に解釈することが難しくなっている現在の状況においては，得票データの分析が果たす役割は依然として大きいと筆者は考えている。

総選挙の結果は，市区町村単位で公表されている。筆者の学部時代の指導

写真①　レヴァイアサン・データバンクが設立された頃に使用されていたフロッピーディスク（オリジナルのデータが保存されている）。筑波大学蒲島研究室が保管していたものを，1997年に森が譲り受けた。

教官であった水崎節文教授は，総選挙が行われるたびに，地域票データを全国の選挙管理委員会から独自に入手し，それをコンピューターに入力して，候補者得票の地域性を解析するという作業を継続していた。筆者は，学部時代からその作業を手伝い続け，近年，それを引き継いだ（写真②）。『レヴァイアサン』39号の拙稿「2005年総選挙と政党システム」（森2006）は，そのひとつの成果である。

水崎教授の研究テーマは，自民党候補者の地域偏重的得票構造を計量化することであった（本書第５章参照）。中選挙区時代の自民党候補者の中には，選挙区内の特定地域に依拠して得票することで安定的な当選を果たしている候補者が40～50人ほど存在した。その数は必ずしも多くないが，このような候補者がいなければ，自民党が過半数割れを繰り返した保革伯仲期に，自民党が政権を維持し続けることは難しかっただろう。

水崎教授の研究は，当初の目的を超えて発展していくことになった。研究の過程で作成されたデータベースが，その他の目的の選挙分析にも利用可能

写真②　全国の都道府県選挙管理委員会から届いた2005年総選挙の投開票結果。封筒の表面に見られる書き込みは，データ入力を担当した学生たちの作業メモである。データベースの作成は1980年に始まったが，岐阜大学，椙山女学園大学，京都女子大学，同志社大学の学生がその作業を担ってきた。

だったからである。水崎教授が作成したデータベースは，現在，レヴァイアサン・データバンクにJED-Mという名称で登録され，多くの研究者に活用されている。水崎教授と筆者は，中選挙区制が廃止されてから数回の選挙が過ぎた時点で，データベース作成をやめようと考えていたが，結局，本稿執筆の時点までその作業を継続している。

小選挙区比例代表並立制になってからの我々の研究は，とりあえず先にデータベースを作って，そこから何かを発見していこうというスタイルに変わらざるを得なかった。中選挙区における候補者の地域偏重的な得票構造が，新しい小選挙区の区割りにおいてどのように変容したかという点以外は，「何を分析したらよいか」という問いそのものから探す必要があった。たとえば，「小選挙区に政党が候補者を擁立するかどうかで当該政党の比例代表の得票率が変わってくる」という「連動効果」などは，そうした試行錯誤の中から発見・確認した現象である(水崎・森1998)。

試行錯誤が常に何らかの発見につながるとは限らない。2000年，2003年と，２回連続して盛り上がりに欠ける総選挙が続いたときは，我々としても半ば報告書のような論文を書くしかない状態が続いた。しかし，得票集計データの分析は同じ作業を継続的に行うことでその強みが発揮されるものだということを，筆者は2005年総選挙の分析で知ることになる。筆者は先述の拙稿「2005年総選挙と政党システム」で，「①自民党の勝因は都市部における投票率の大幅上昇が自民党の得票増に結びついたことにあった。②自民党は全体として見れば得票を大幅に増加させたが，従来強かった農村部において得票水準を下げている。③民主党は議席を大幅に減らしたが得票水準は前回並みを維持している。2005年総選挙のことだけを考えれば①が注目されるが，中長期的な選挙政治の展開を考えると②や③の持つ意味の方が大きいといえよう」(森2006：90)と書いたが，これらの論点は，得票データの体系的な分析を継続していたからこそ把握できたことであった。

whatを志向する研究においては，「継続する」ということ以上に重要なことはないのかもしれない。その時点において特段の意味を感じない選挙だからといって，当該選挙について研究を行わなかったならば，注目される選挙がやってきたときにその面白さの正体をつかむこともできなくなる。同じ作業を継続しているからこそ，「複雑でテクニカル」ではない「単純な手法」であっても(加藤淳2006：8-9)，相当のことを明らかにすることができるのである。短期的な評価に依存することなく，地道な作業を繰り返していくという当たり前のことが，選挙研究ではひとつの方法論として成立することをここで主張したい[5]。

3　投票行動論と集票行動論

ここからは，話が飛躍して恐縮だが，筆者が近年従事している利益団体調査のことについて，選挙過程の研究との関連で触れてみたい。選挙研究に従事している筆者が，利益団体調査にかかわることになった経緯とそこで考えたことを述べることにする。

学部生時代の筆者は，岐阜大学教育学部に在籍していた。教員としての将来を考えないでもなかったが，その当時居住していた岐阜県に所在する国公立大学において，文系の内容を扱う学部が他になかったことが「岐大」の

5　以上で触れた得票データ分析については，すべて水崎・森(2007)にまとめて収録されているので，ここに記しておきたい。

「教育」に進学した最大の理由であった[6]。この点において，やや不本意で始まった大学生活であったといえる。これが本意なものに変わったのは，２回生の秋に水崎教授の政治学演習を受講したときからであり，大袈裟な表現をとれば，筆者はそのタイミングで学問に出会ったのであった[7]。以後の展開は

6　教育学部には，教育学の教育・研究を目的とする教育学部と，学校教員の養成を目的とする教育学部の2種類がある。筆者が進学したのは後者であり，所属の名称は「教育学部中学校教員養成課程社会学科(法律・経済学専攻)」というものであった。中学校教員養成課程の場合は，一般に思われている程には教科外に関する科目(教育学・心理学関連)の比重は大きくなく，教科(筆者の場合は社会)に関する専門科目である法学，経済学，政治学，地理学，哲学，倫理学，社会学，歴史学の講義を幅広く受講した上で，専攻分野(筆者の場合は法学・経済学・政治学)の卒業論文を書くことが求められていた。筆者が提出した卒業論文のタイトルは，「総選挙における候補者の地域偏重的得票を規定する要因の考察」である。

7　２回生後期の水崎教授の演習では，戦後政治をテーマとして，石川真澄著『データ戦後政治史』(石川1984)の講読が行われた(受講生は３回生２名，２回生２名)。本書でも紹介した絶対得票率という考え方は，このときに知ったものである。同書の山場のひとつは，亥年現象(参院選の投票率は亥年になると低下するという現象)を解説した箇所であるが，筆者はそれが衆院選でも当てはまるかについて選挙区レベルの結果で自分なりに確認してみたいと申し出てみたことがあった(衆院選における亥年現象についての石川の見解は同書Ⅱ－７参照)。その１カ月ほど前に，「60年安保のときの各党派の動きをもう少し詳しく知りたい」と申し出た際に，信夫清三郎著『安保闘争史』(信夫1969)を渡され，その読み取りを報告したことがあったので，同様の展開を予想してのことであったが，水崎教授はやや間を取りつつ次のように応答された。「森君がコンピューターを持っていれば，データをフロッピーディスクであげることができるのだけれど，さて，どうするかな……。じゃあ，明日の昼休みに，研究室に来ることはできる？」。翌日，指定された時間に教養部棟６階にある水崎研究室に行くと，ドアの横の小さなホワイトボードに「事務室にいます。水崎」という文字が書かれていた。事務室は水崎研究室の斜め向かいにあるのだが，部屋の中からはコピー機がウィーン，ウィーンと稼働する音が響いていた。「まさか，さすがに，水崎先生がコピーをとっているということはないだろう」と思いつつ，ドアをノックして中に入ってみると，筆者に気づいた水崎教授は真面目な顔で次のようにおっしゃった。「森君，これは，たいへんな作業なんだねぇ」。コピー機の横には，各回の詳細な選挙結果が載っていると思われる十数冊の分厚い冊子が置かれており，その時点でコピーされたB4判の用紙はかなりの量になっていた。「大学の先生が，自分のような学生のために……」と衝撃を受けるのと同時に，「絶対に面倒な学生だと思われているに違いない。他の受講生にとっても迷惑だろうから，こういうことをするのは，これで最後にしよう」と，変なところで悩んでしまっていた自分を深く反省した。やや不本意であった大学生活がわかりやすいほどに本意になっていったのはこれ以降の話である。時間があれば電卓を叩いて，手書きの図を作ったり，地理学の講

一直線である。3回生の春からは，新たに着任された松田宏一郎助教授(当時)の政治学演習も並行して受講し，プログラミングを覚えるためにコンピューターの学校に通うということも行い，4回生の9月に筑波大学の5年一貫制の大学院を受験して，これに合格した。国際政治経済学研究科を進学先としたのは，蒲島郁夫教授が在籍しておられたからであるが，この点についての説明は不要であろう。大学院入学後の数年間については，本書の第5章と第7章に記したので省略し，所属する研究室が変わることになったあたりから話を始めることにしよう。

蒲島教授の指導の下で日本社会党に関する修士論文を書き終え，蒲島研究室の一員として共同研究にも励んでいた筆者を待っていたのは，蒲島教授の大学移籍というニュースであった[8]。それと同時に，筆者の指導教官は辻中豊助教授(当時)に変更となった。当時の辻中助教授は，世界的にも例がないと思われる無作為抽出法に基づく利益団体調査の実現可能性を模索しておられた。辻中助教授は，半ば冗談で，「利益団体調査を手伝ってくれるなら指導教官になってもいい」と筆者に言った。筆者も，半ば冗談で，「団体が選挙過程でどのような活動をしているかというキワドイ質問をその調査に入れてもいいのなら調査の実務を担当する」と言った[9]。当時の筆者は，投票行動の調査があるのに，どうして集票側の行動に関する調査がないのかという素朴な疑問を有しており，辻中助教授の話を聞いた瞬間に，選挙研究の一環としてこの利益団体調査を利用してやろうと思ったのである[10]。いずれにせよ，

義で得た知識を応用しながら，地図に色を塗ったりする日々が始まったのである。

8　蒲島教授の東大移籍については，新聞や週刊誌で扱われるほどのニュースであった。たとえば『週刊朝日』(1997年5月2日号)では，「東大法学部教授になった蒲島郁夫氏の旋回人生」というタイトルの3ページにわたる記事が掲載されている。この記事は，記者の取材と関係者の証言で構成されたものであったが，「蒲島さんの筑波大学の教え子には，教育学部出身者や社会人から入ってきた人間まで，いろいろな経歴の，学閥とは無関係な優秀な研究者も多い」という辻中助教授の証言は，その当時の筆者らにとって，大きな励ましとなるものであった。

9　調査をするのだから，聞きたいことは何でも聞けると思われるかもしれないが，実際はそのようにはいかないのである。調査を受ける側が嫌悪感を持つような設問を入れると，回収率が低下する傾向があるので，調査では聞けない事柄も多いのである。

10　このときのことは，辻中教授も別の媒体で回顧しておられるので，次に引用しておく。「『＜多元的共生＞の国際比較』研究の直接的な出発点になる研究は，約10年前，90年代の中ごろに科学研究費基盤A『日米独韓における環境政策ネットワークの比較政治

そのような会話が契機となって，筆者は辻中研究室の一員として利益団体調査(JIGS調査)にかかわり，その後に出版されることとなった『現代日本の市民社会・利益団体』(辻中編2002)に多くの論文を執筆した。

JIGS調査は，東京都と茨城県の職業別電話帳(『タウン・ページ』)の「組合・団体」という項目に電話番号を載せている団体に質問票を郵送し，回答をもらおうという調査であった(写真③)。当初の計画では事業所統計のリストを活用する予定であったが，それを使用することを国から許可されなかったために，いわば失敗覚悟で実施した調査である。結果として，回収率もほどほどにあり，内容的にも一定の水準を示せたのではないかと思っている。

筆者はこの調査ではじめて，調査の質問文(ワーディング)を考案するという作業を経験した。蒲島研究室で世論調査データの分析を一通り経験していたものの，それはすべて二次データ(自分以外の誰かが実施した調査のデータ)の分析であった。

このときの筆者の戸惑いは大きなものであった。投票行動の調査であれば，だいたい何を聞けばどのような割合でどのような回答が得られるかの見当がつく。しかし，団体調査では，そもそも何を聞けばよいのか，その結果，どのような回答が返ってくるのかの見当がさっぱりつかない。村松・伊藤・辻中(1986)，『レヴァイアサン』臨時増刊号(1998年冬)の特集「政権移行期の圧力団体」[11]につながった圧力団体調査が既に存在したわけだが，これは頂上団体になされた面接調査であり，政治に関与しているかどうかが疑わしい社会過程に存在する無数の団体を，どのような枠組で把握したらよい

学的実証分析』(1995－98)研究として出発した。4か国の実態調査を謳い文句に研究費を得たものの，予定した海外研究者はファンドを得られず，基本的な資料研究だけでほとんど資金を消耗してしまい，やや途方に暮れていたころ，小生を突き上げ，実証調査に踏み出させたのは，実は当時の大学院生たち若手研究者である。これは半ば偶然であり，蒲島郁夫教授の東京大学への転出に伴い，行き場を失った数名の大学院生がエネルギーを持て余していた(もしくは新しい指導教員である小生に気を遣っていた)のである。ともかく小生の下にいた数名の大学院生に加えて蒲島門下の数名が雪崩れ込んできたため，活気に溢れた研究室から地球環境政策ネットワーク調査(GEPON)とともに市民社会組織調査(もとは利益集団調査とよび略称JIGS)が生まれたのである。ここでのポイントは層としての若手研究者が大切という点である。この点では自然科学系研究室と類似する」(辻中2005：26)。

11　このときの特集では，圧力団体調査データに基づく次の論文が掲載された。村松(1998)，辻中・石生(1998)，真渕(1998)，秋月(1998)，伊藤(1998)。

かについて，完璧な解答を与えてくれるものではなかった。ひとつのワーディングをめぐって，石生義人助手(当時)のアドヴァイスを受けながら，研究室のメンバーと長時間議論することが幾日も続いた。

調査票が戻ってきてからも，状況は同じであった。集計された結果が何を意味するのか，本当に正しい数値なのかどうかを判断する材料がなく，分析結果が統計的に正しいかどうか，有意かどうかという以前の問題で，我々は何度も立ち往生することになったからである。

こうして筆者は，利益団体調査に従事することによって，かえって選挙研究(主として投票行動研究)の蓄積を再認識することになった。投票行動の調査は，被調査者の社会的属性に関する質問，態度・心理に関する質問，行動に関する質問からバランスよく構成されている。そして，何気ないひとつひとつの質問文に来歴があり，それを裏付ける先行研究群がある。こういった部分こそに，whatを志向する研究が深めなければならない理論的，方法論的

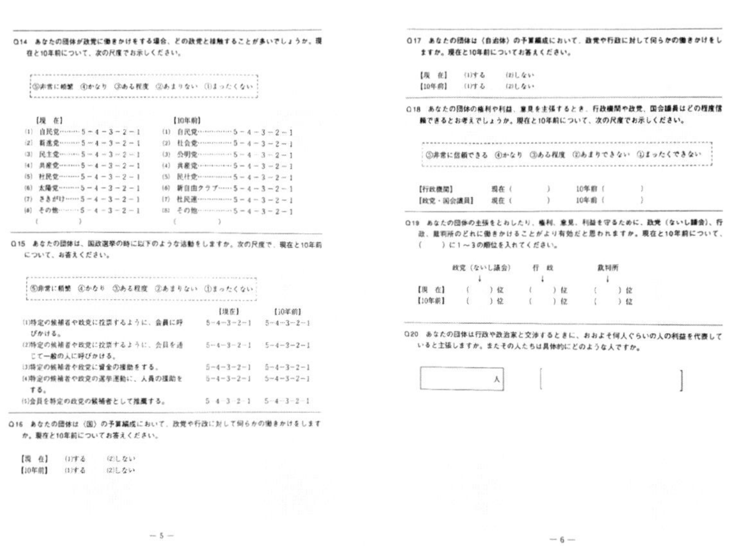

Q14　あなたの団体が政党に働きかけをする場合、どの政党と接触することが多いでしょうか。現在と10年前について、次の尺度でお示しください。

⑤非常に頻繁　④かなり　③ある程度　②あまりない　①まったくない

【現　在】
(1)　自民党……5－4－3－2－1
(2)　新進党……5－4－3－2－1
(3)　民主党……5－4－3－2－1
(4)　共産党……5－4－3－2－1
(5)　社民党……5－4－3－2－1
(6)　太陽党……5－4－3－2－1
(7)　さきがけ……5－4－3－2－1
(8)　その他……5－4－3－2－1
(　　　　)

【10年前】
(1)　自民党……5－4－3－2－1
(2)　社会党……5－4－3－2－1
(3)　公明党……5－4－3－2－1
(4)　共産党……5－4－3－2－1
(5)　民社党……5－4－3－2－1
(6)　新自由クラブ……5－4－3－2－1
(7)　社民連……5－4－3－2－1
(8)　その他……5－4－3－2－1
(　　　　)

Q15　あなたの団体は、国政選挙の時に以下のような活動をしますか。次の尺度で、現在と10年前について、お答えください。

⑤非常に頻繁　④かなり　③ある程度　②あまりない　①まったくない

	【現在】	【10年前】
(1)特定の候補者や政党に投票するように、会員に呼びかける。	5－4－3－2－1	5－4－3－2－1
(2)特定の候補者や政党に投票するように、会員を通じて一般の人に呼びかける。	5－4－3－2－1	5－4－3－2－1
(3)特定の候補者や政党に資金の援助をする。	5－4－3－2－1	5－4－3－2－1
(4)特定の候補者や政党の選挙運動に、人員の援助をする。	5－4－3－2－1	5－4－3－2－1
(5)会員を特定の政党の候補者として推薦する。	5－4－3－2－1	5－4－3－2－1

Q16　あなたの団体は〈国〉の予算編成において、政党や行政に対して何らかの働きかけをしますか。現在と10年前についてお答えください。

【現　在】　(1)する　(2)しない
【10年前】　(1)する　(2)しない

— 5 —

Q17　あなたの団体は〈自治体〉の予算編成において、政党や行政に対して何らかの働きかけをしますか。現在と10年前についてお答えください。

【現　在】　(1)する　(2)しない
【10年前】　(1)する　(2)しない

Q18　あなたの団体の権利や利益、意見を主張するとき、行政機関や政党、国会議員はどの程度信頼できるとお考えでしょうか。現在と10年前について、次の尺度でお示しください。

⑤非常に信頼できる　④かなり　③ある程度　②あまりできない　①まったくできない

【行政機関】　現在（　　　）　10年前（　　　）
【政党・国会議員】　現在（　　　）　10年前（　　　）

Q19　あなたの団体の主張をとおしたり、権利、意見、利益を守るために、政党（ないし議会）、行政、裁判所のどれに働きかけることがより有効だと思われますか。現在と10年前について、（　　）に１～３の順位を入れてください。

	政党（ないし議会）↓	行　政↓	裁判所↓
【現　在】	（　　）位	（　　）位	（　　）位
【10年前】	（　　）位	（　　）位	（　　）位

Q20　あなたの団体は行政や政治家と交渉するときに、おおよそ何人ぐらいの人の利益を代表していると主張しますか。またその人たちは具体的にどのような人ですか。

［　　　　人］　［　　　　　　　］

— 6 —

写真③　1997年調査のために作成された調査票。実際に使用され，回収された調査票の実物は，その一部が辻中豊筑波大学名誉教授から筑波大学アーカイブズに寄贈され，保存措置が講じられている。同アーカイブズ所蔵の「辻中プロジェクト関係文書」については，森・益田(2020a)参照。

な課題があると，その時，痛感した次第である。

現在，辻中教授が組織した研究チームの一員として，筆者は次の団体調査に引き続き関与している。投票行動研究のような一定の枠組に基づいて利益団体も体系的に調査できないか，という野望があるのだが，日本における投票行動研究が体系化されるまでに30年近くかかったのだとすれば，我々の利益団体研究も長期戦にならざるを得ないのだろう。ここでもやはり，短期的な評価に依存することなく，試行錯誤を意識的に繰り返していきたいと思う。

4　今後に向けて

以上，選挙過程の現状把握を目的とする研究について，私的な観点を交えて，いろいろなことを述べた。もっと別の書き方ができたのではないかとも思うが，『レヴァイアサン』40号の企画「政治分析・日本政治研究におけるフロンティア」の趣旨説明を額面通りに受け取って，このような小論を執筆した次第である。

我々の研究対象である選挙過程は，広範であり複雑である。それに対し，whatを志向する研究は，その一部しか捕捉できていないのが実情ではないか。ひとりの研究者ができることは限られている。我々がとるべき戦略は，互いの長所を活かしつつ，協働することであろう。政治過程分析に必要なのは頭の良さではなく，「ねばり」と「しつこさ」であるというのが筆者らの信条のひとつであるが[12]，筆者自身もこれまでの研究を継続させつつ，より一層，守備範囲を拡大していかなければならないと考えている。

---

12 「ねばり」と「しつこさ」という表現の出典は，岐阜大学の学園祭(1994年)で配布された研究室紹介のパンフレットに掲載されていた水崎教授の「私の研究紹介」(B5判で1頁)であり，その末尾は次の文章で結ばれている。「……いずれにしても，こうした研究を続けるには『ねばり』と『しつこさ』が必要であり，来年定年を迎える私にとっては，これからは年齢と健康との勝負となっています。私にとっては，若い学生諸君のエネルギーは魅力であり，活力源になっているのです」(水崎1994：9)。

第10章

利益団体の選挙活動

―JIGS1997の報告―

第10章～第12章では，筆者が属する団体基礎構造研究会(代表・辻中豊筑波大学名誉教授)が実施してきた団体調査(JIGS調査)の概要と結果を紹介する。本章が扱うのは，初回調査に位置づけられる1997年調査(JIGS1997)のデータである[1]。筆者は，研究会・論文等で初回調査に関する多くの報告を行ったが，学会報告の第一弾は1998年5月に開催された日本選挙学会(於：学習院大学)の国政部会「選挙キャンペーンにおける持続と変化」における「利益団体の選挙活動　『団体の基礎構造に関する調査』の報告」であった。前章の後半に記した素朴な着想が，実際の調査としてどのように具現化したかを確認していただくために，24年前の学会報告の原稿に最小限の加筆・修正を施したものを以下に掲載する[2]。

1　はじめに

学際的な研究が進展している選挙研究という分野において，政治学が固有に担うべき領域は何か。この問いに答えるためには，我々の研究対象である選挙を，もう一度現実の政治の中に投げ返して考えてみることが必要だろう。

現実の選挙過程では，さまざまなアクターがそれぞれの思惑のもとに活動を展開している。選挙過程に参加するアクターは，有権者と政党，候補者だけではない。本章が議論の対象とする利益団体も，選挙過程に参加する重要なアクターである。日本の選挙において，各種の団体が活発な選挙活動を展

1　調査全体の報告として，辻中編(2002)参照。

2　本学会報告の後に加筆・修正作業を重ねて，森(2000；2002)を公刊したが，本章は元原稿に近い状態に戻したものであることを記しておきたい。

開していることはよく指摘される。しかしながら，どのような団体がどのような活動を行っているかについての情報は，体系的に収集されたことがなく，団体の選挙活動については知られざる部分が多い。

「利益団体と選挙」というテーマは，選挙研究と団体研究の双方からアプローチが可能なテーマである。しかし，このテーマを実証的研究の対象として正面からとりあげた研究は少ない[3]。その理由を研究史的観点から大きく整理すると，以下の３点を挙げることができるのではないだろうか。

第１に，高畠通敏らに代表される「選挙の実証的研究における日本政治学の伝統」(三宅1985：5)は，確かに選挙における組織的動員を重視してきた。しかし，団体の選挙とのかかわりを規範的観点から論じる傾向が強く，またその効果を事実に即して評価するという点で不十分なところがあったように思われる[4]。第２に，現在選挙分析の主流となっている三宅一郎，蒲島郁夫らに代表される投票行動研究は，組織的動員効果で選挙結果の全てを説明しようとする伝統に批判的であり，非組織的動員効果(政党支持，争点等)の実証分析に力点を置いている[5]。確かに彼らも投票や政党支持に与える組織加入の影響などは論じているが，それは有権者の行動や意識に影響を与えるかどうかという観点からの分析であるため，被説明変数から因果関係的に遠い団体の行動そのものは触れられていない[6]。第３に，村松岐夫・伊藤光利・辻中豊

3　既存の選挙研究の中で，団体と選挙の関係に触れたものは多いかもしれないが，選挙と団体の関係を主題とした論文となると，その数は限られたものとなる。管見の及ぶ限りでは，内田(1972)，犬童(1977)，橋本(1980)，上林(1985)，堀(1985)がある。しかしこれらも，体系的な調査に基づくものではない。

4　代表的著作として，高畠(1980)を挙げておく。組織的動員効果の過大視を，「戦後政治学」の特性との関連で検討したものとして，大嶽(1994b：第４章)がある。組織的動員効果で選挙結果の全てを説明できるかのような記述には疑問があるとしても，集票する側から選挙過程を眺める高畠らの視点は，投票者側から選挙過程を眺める研究が主流となっている今日，継承すべき点が少なくない。集票する側の視点から既存の選挙運動研究を整理したものとして，山田(1997)がある。

5　三宅一郎は，高畠の主張する組織的動員効果の重要性は認めつつも，「しかし，その効果は決定的とはいえない」とし，政党支持研究の重要性を主張している(三宅1985：5)。また蒲島郁夫も，高畠の「投票は，組織への忠誠度の証明としてなされる」という見解に疑問を投げかけ，選挙における争点の重要性を主張している(蒲島1988：49)。

6　有権者の団体加入の実態については，三宅(1989：第２章)で整理されているように，投票行動研究の立場からも情報収集がなされていることは付言しておきたい。池田謙一

に代表される団体研究は，「政治の実質部分」を説明するのは団体研究であるという認識から出発している[7]。それゆえ彼らの研究関心は，有権者と政党の行動を軸に展開されるいわば表の政治過程ではなく，「政治の実質」を規定する団体を主役とする政治過程の解明に向けられることになる。確かに彼らも，団体が選挙活動を提供することによって，政党に影響力を行使している側面に触れてはいる[8]。しかし，それを実証的に検討するには至っておらず，表の政治過程と裏の政治過程がどのように交錯しているかという興味深いテーマは，放置された状態にあるといわなければならない[9]。

筆者が参加している団体基礎構造研究会は，1997年３月から６月にかけて，無作為抽出法による団体調査を行った。この調査には，団体の選挙活動を把握するための設問が組み込まれている。以下では，「団体の基礎構造に関する調査」のデータを用いて，①どのような団体がどのような選挙活動を行っているのか，②現在と過去とを比較した場合，その活動には何らかの変化が見られるのか，の２点を中心に団体の選挙活動を実証的に検討する。

2　「団体の基礎構造に関する調査」の概要

政治過程における団体の行動を論じるに当たっては，団体に関する基礎的な情報の収集それ自体が重要になる。アプローチとしては，事例研究，質問票に基づくサーヴェイ調査，国勢調査や事業所統計等の集計データに着目するものの３つが挙げられる。団体の活動に関する生き生きとした情報を引き

の研究でも，「労組や業界団体，生協，町内会などのボランタリーな加入団体のうち，最重要とする加入団体，２番目の加入団体から，手紙や電話，会合でどの政党の推薦を受けたかを尋ねたところ，働きかけを受けたことのない人々がそれぞれ71%，77%にも上った」ことが1993年の全国調査に基づいて報告され，「このことは，一般の団体がそれほど活発には政治的な活動をしているわけではないことを示している。しかしその不活発な中にもかなりの濃淡がある」と指摘されている（池田2000：31-33）。

7　代表的研究として，村松・伊藤・辻中（1986）を挙げておく。なお，この見解は，村松（1998）においてより明確に表明されている。

8　伊藤光利は，伊藤（1981）において，団体の影響力を論じる際に多くの論者が団体の集票力を重視している事実を指摘している。

9　村松らの団体調査では，団体－政党関係を把握するための設問は用意されているが，団体の選挙活動に関する質問はない。

出すという点で事例研究は重要だが，議論の一般化という点ではサーヴェイ調査が優れている。

サーヴェイ調査による団体研究はすでに行われている。その代表が村松らによって1980年と1994年に行われた調査である。この調査による研究は，1986年の『戦後日本の圧力団体』と1998年の『レヴァイアサン』臨時増刊号の特集「政権移行期の圧力団体」に結実しており，圧力団体論の分野においてその貢献ははかり知れない。ただこの調査の対象団体は，調査実施者が設定した「頂上団体」に限定されており，サンプルの代表性という点で検討の余地が残されていた。この問題を克服しようとするのが無作為抽出法による「団体の基礎構造に関する調査」である。本調査の方法論的意義に関しては，すでに研究代表者の辻中豊と筆者による別稿で論じてあるので(辻中・森1998)，ここでは調査概要を簡単に記すにとどめる。

利益団体は理論上，特定の利益を共有し，恒常的に存在する非営利的団体と定義される[10]。問題は，このような定義にかなっている団体を抽出する作業である。有権者名簿のような「利益団体名簿」があればよいのだが，そのようなものは存在しない。利益団体の定義に近似する性格の団体の情報を収めた何らかの団体リストを利用して，それを利益団体であるとみなして，実際の調査を試みるしかないのが実情である。この点において，本研究における利益団体の定義は，あくまで「作業定義」として存在することに留意されたい。

本調査では，東京都と茨城県の職業別電話帳「組合・団体」の項記載の23,128団体から無作為抽出した4,247団体に調査票を郵送し，そのうち1,635団体(東京1,438，茨城197)から有効回答を得た。有効回収率は，東京37.2%，茨城51.7%である。ここで本調査の母集団，無作為に抽出した調査対象団体，そして有効回答団体の分布を電話帳の「組合・団体」における下位項目別に示すと表10－1の通りである。今回の調査での標本が，母集団を反映した比率で構成されていることがおわかりいただけよう。

以下の分析においては，電話帳の団体分類ではなく，各団体が選んだ団体分類を用いる。提示した団体分類は，農業団体，経済団体，労働団体，教育団体，行政関係団体，福祉団体，専門家団体，政治団体，市民団体の９分類である。回答の分布は，表10－2を参照していただきたい。

10　利益団体の定義については，辻中(1988)，辻中編(2002)参照。

表10－1　調査対象団体の分布（電話帳上の分布）（％）

電話帳の項目	母集団		調査対象団体		回答団体	
	東京	茨城	東京	茨城	東京	茨城
組合団体	42.8	33.0	42.0	29.4	44.2	27.9
（学術・文化）	14.9	2.4	14.4	3.1	14.1	4.1
（漁業協同組合）	0.3	2.6	0.6	3.1	0.3	3.0
（経済）	20.0	15.2	19.5	12.6	19.4	14.7
（社会保険）	3.8	1.9	4.6	2.6	7.0	3.0
（宗教）	2.0	4.0	2.0	3.1	1.1	1.0
（政治）	3.0	3.2	2.9	3.7	1.8	3.0
（農業協同組合）	1.0	12.2	1.4	18.6	1.3	15.2
（農林・水産）	3.1	15.1	3.2	13.1	2.4	17.3
（労働）	9.0	10.4	9.5	10.5	8.4	10.7
	100.0	100.0	100.0	100.0	100.0	100.0
	21366	1762	3866	381	1438	197

表10－2　団体9分類の分布（％）

	東京	N	茨城	N
農業団体	2.4	35	28.9	57
経済団体	19.0	273	15.2	30
労働団体	7.6	110	11.2	22
教育団体	8.6	123	2.5	5
行政関係団体	9.5	136	5.1	10
福祉団体	5.9	85	4.6	9
専門家団体	9.4	135	4.1	8
政治団体	2.0	29	2.5	5
市民団体	4.2	60	3.6	7
その他	29.0	417	19.8	39
無回答	2.4	35	2.5	5
	100.0	1438	100.0	197

3　団体－政党関係と選挙活動

(1) 選挙活動の種類

団体の選挙活動にはいくつかの種類があるだろう。本調査では，それを以下のような設問で把握しようとした。

あなたの団体は，国政選挙の時に以下のような活動をしますか。次の尺度で，現在と10年前について，お答えください。

⑤非常に頻繁　④かなり頻繁　③ある程度　②あまりない　①まったくない

1. 特定の候補者や政党に投票するように，会員に呼びかける。
2. 特定の候補者や政党に投票するように，会員を通じて一般の人に呼びかける。
3. 特定の候補者や政党に資金の援助をする。
4. 特定の候補者や政党の選挙運動に人員の援助をする。
5. 会員を特定の政党の候補者として推薦する。

図10－1　団体の選挙活動

%	東京 全体 1438	農業 35	経済 273	労働 110	教育 123	行政 136	福祉 85	専門 135	政治 29	市民 60	茨城 全体 197
									会員 79% 一般 69% 人員 59%		
40				会員							会員
									資 候		
		会員									
30				人員							
				一般							
20											一般
		一般		候補							
				資金							
											候補
	会員	人員	会員								
10											
										会員	
	般資候人		資 候		会員						人員
		候補	一般		般 候	会資候		会員		般 資	資金
			人員		資 人	一般	般会資人候	候般資人			
0		資金				人員				人 候	

会員＝会員への投票依頼
一般＝一般への投票依頼
資金＝資金援助
人員＝人員援助
候補＝候補者提供

活動率＝（ある程度＋かなり頻繁＋非常に頻繁）／N×100

図10－1は，「非常に頻繁」「かなり頻繁」「ある程度」と回答した団体が全体(もしくは当該分類全体)に占める割合を示したものである。

まず選挙活動の地域差を確認するために，東京，茨城の「全体」を見よう。東京では，選挙時において活発な活動を行う団体は1割程度にすぎない。団体の選挙活動は，予想されたよりは低調であった。これに対し茨城では，活発な選挙活動が行われている。団体の選挙活動にこのような地域差が見られることは興味深い。選挙活動の種類の中では，「会員への投票依頼」が一番多く見られる点は，東京，茨城に共通している。

次に，東京を団体の分類別に見ていこう。各団体分類の間には，大きな相違が見られる。選挙活動が活発なのは，政治，労働，農業団体であり，行政関係，福祉，専門家団体は低調である。選挙活動の種類という点では，多くの分類で「会員への投票依頼」が一番となっている。「会員への投票依頼」が最も手ごろな選挙活動なのだろう。興味深いのは，２番以下である。たとえば労働，農業団体では人的活動が上位にくるが，経済団体では資金援助の方が上位にきている。この点に，各分類の性格がでているように思われる。

(2) 団体の政党支持と政党接触

先の団体の選挙活動に関する設問では，「特定の候補者や政党」という文言を用いたが，それが具体的にどの候補者や政党なのかを問う設問は，調査票の紙幅の関係で残念ながら組み込むことはできなかった。この点は，選挙の設問とは異なる箇所で尋ねた団体の政党支持，政党接触より類推するしかない。

本調査では，団体の政党支持，政党接触の程度について，政党ごとに次の５段階で回答を求めている。「非常に強い(頻繁)」が5,「かなり強い(頻繁)」が4,「ある程度」が3,「あまりない」が2,「まったくない」が1である。図10－2，10－3は，「非常に」「かなり」「ある程度」と回答した団体が全体(もしくは当該分類全体)に占める割合を，政党支持率，政党接触率としてまとめたものである。

まず政党支持率だが，東京と茨城の「全体」を見ると，自民党の優位が共通して確認される。2位以下が新進党，民主党，社民党と続く点も同じである。どちらの地域でも，自民党の支持率は他を圧倒しているが，その優位は茨城において際立っている(東京26.9%，茨城46.2%)。

東京を分類別に見ても，全体の基調は自民党優位である。特に農業団体，経済団体，行政関係団体は，自民党の優位が著しい。他と大きな相違を見せるのは，労働団体である。労働団体では，社民党，民主党の支持が高く，自民党支持は新進党に次いで４位となっている。

次に政党接触率だが，政党支持率における結果と類似した分布になっている。２つの図を並べると，団体の政党支持と政党接触が関係していることが

図10－2　団体の政党支持

	東京 全体 1438	農業 35	経済 273	労働 110	教育 123	行政 136	福祉 85	専門 135	政治 29	市民 60	茨城 全体 197
政党（上位から）	自民 新進 民主 社民 さ太共	自民 新進 社 太 民主 共 さ	自民 新進 民主 太陽 社さ共	社民 民主 新進 自民 共産 さき 太陽	自民 新進 民主 さき 社民 共 太	自民 新進 民主 さき 社 太 共産	自民 新進 民主 社共 太 さ	自民 新進 社 民 太 さ 共産	自民 民主 新進 太陽 社民 さき 共産	自民 新進 共産 社民 民 さ 太陽	自民 新進 民主 社民 共太さ

自民＝自民党
新進＝新進党
民主＝民主党
共産＝共産党
社民＝社民党
太陽＝太陽党
さき＝さきがけ

政党支持率＝（ある程度＋かなり強い＋非常に強い）／N×100

よくわかる。

農業団体と労働団体の２つが選挙過程に深くかかわっているのは先に見たが，その政党支持率，接触率から見て，農業団体の選挙活動は主に自民党，労働団体の選挙活動は主に社民党，民主党に対して行われているといってよいだろう。

図10－3　団体の政党接触

	東京 全体 1438	農業 35	経済 273	労働 110	教育 123	行政 136	福祉 85	専門 135	政治 29	市民 60	茨城 全体 197
%	自民 新進 民主 社民 共さ太	自民 新 社 民 太 共 さ	自民 新進 民 太 社さ共	社民 民主 自 新 共産 さき 太陽	自民 新 民 社 さ 共 太	自民 新進 民主 社さ太 共産	自民 共 民 新進 社民 太 さ	自民 新進 民社共 太 さ	自民 民主 新進 社民 太陽 さき 共産	自民 共産 新 社 民主 さき 太陽	自民 新進 民主 社民 共太さ

（縦軸：0, 10, 20, 30, 40, 50 %）

自民＝自民党
新進＝新進党
民主＝民主党
共産＝共産党
社民＝社民党
太陽＝太陽党
さき＝さきがけ

政党接触率＝（ある程度＋かなり頻繁＋非常に頻繁）／N×100

(3) 政党接触と選挙活動

なぜ団体は，選挙活動を行うのだろうか。常識的に考えれば，団体は選挙活動を提供することによって，政党から見返りとして何らかの利益を得るのだろう。そうであるとするならば，政党と関係を持たない団体よりも，政党と関係のある団体の方が選挙活動を多くしているはずである。また，選挙活動をする団体には，政党を有効な政治的標的と認識しているものが多いだろう。このような通説的理解は，データによって確認できるだろうか。

団体が政治に働きかけるルートは，基本的には２つある。ひとつは行政を通じてのルートであり，もうひとつは政党を通じてのルートである。団体の行政，政党との接触パターンは，①行政・政党の両方に接触する，②行政だけに接触する，③政党だけに接触する，④どちらにも接触しない，の４つがある。表10－３は，この４パターンの分布を示したものである[11]。全体として団体は行政接触派と政党接触派にきれいに二分化はされず，むしろ「行政・政党両方接触派」（東京34.4％，茨城53.8％）と「行政のみ接触派」（東京38.2％，茨城26.9％）の二分化が見られ，「政党のみ接触派」は少数である（東京5.4％，茨城3.6％）。

表10－３　行政・政党接触のパターン（％）

	両方接触	行政のみ	政党のみ	非接触	N
東京全体	34.4	38.2	5.4	22.0	1438
農業団体	62.9	22.9	0.0	14.3	35
経済団体	41.8	39.2	5.1	13.9	273
労働団体	40.9	14.5	22.7	21.8	110
教育団体	24.4	48.8	4.9	20.0	123
行政関係団体	36.0	52.2	0.0	11.8	136
福祉団体	32.9	50.6	1.2	15.3	85
専門家団体	30.4	43.0	3.7	23.0	135
政治団体	55.2	10.3	24.1	10.3	29
市民団体	43.3	30.0	8.3	18.3	60
茨城全体	53.8	26.9	3.6	15.7	197

11　ここでは行政接触，政党接触の有無を次のように操作化しよう。まず行政接触の有無だが，本調査には団体の行政接触を尋ねる質問として，「あなたの団体が行政に<直接的>に働きかけをする場合，次のそれぞれの役職の方とどの程度接触（面会・電話等）されるでしょうか」というものがある。提示した役職は，国については，大臣・局長クラス，課長クラス，係長クラス，一般職員の４つ，自治体については，首長，課長クラス，係長クラス，一般職員の４つである。ここでは国，自治体あわせて８つの役職のうち１つでも接触している団体を「行政接触あり団体」とみなす。政党接触の有無は，自民党，新進党，民主党，共産党，社民党，太陽党，さきがけ，その他のうちの１つでも接触している団体を，「政党接触あり団体」とみなす。なお本来の質問は，行政，政党接触ともに接触の頻度を尋ねるものであるが，ここでは頻度は問わない。「まったくない」という回答以外，つまり「あまりない」という回答以上を「接触あり」とする。また回答欄の全てが無回答の場合は，「接触なし」とみなす。

ただし，この点も分類ごとに見ると，様相が異なってくることは指摘しておきたい。特徴的な点を列挙すると，農業団体は「両方接触派」が圧倒的に多く，政治団体がこれに続いている。「行政のみ接触派」が多いのは，行政関係団体，福祉団体，教育団体である。全体の傾向に反しているのは，労働団体と政治団体であり，「政党のみ接触派」が２割以上存在している。

さて，この４パターンと選挙活動の関係はどのようなものだろうか。選挙活動の５つの種類のうち，ひとつでも活動を行っている団体を＜選挙活動あり団体＞とみなすと[12]，東京では21.6%，茨城では49.7%の団体がこれに該当する。表10－４は，４つのパターンごとに＜選挙活動あり団体＞の割合を算出してみたものである。結果は明瞭で，東京，茨城ともに，行政・政党両方接触，政党のみ接触の２つにおいて，＜選挙活動あり団体＞が多い。行政のみ接触，両方非接触という団体では，選挙活動を行う団体は少ない。

表10－4　行政・政党接触のパターンと選挙活動（%）

	両方接触	行政のみ	政党のみ	非接触
東京全体	48.5	3.3	51.3	3.8
茨城全体	76.4	9.4	100.0	16.1

数値は，「選挙活動あり」団体の割合を示したもの。

4　選挙活動の停滞化

ここで選挙活動の変化に目を移そう。近年，国政選挙における投票率が低下しているが，投票率の低下傾向は，本調査の対象地域である東京，茨城でも共通している。

なぜ投票率が低下するのか。そのメカニズムの解明は，選挙研究の大きなテーマであり，投票行動論の立場からの研究には少なからず蓄積がある[13]。しかしながら，集票する側の動向を視野に入れた実証的研究は，集票活動

12　本来の質問は，活動の頻度を尋ねるものであるが，ここでは頻度は問わない。「まったくない」という回答以外，つまり「あまりない」という回答以上を「活動あり」とした。また回答欄の全てが無回答の場合は，「活動なし」とみなした。

13　蒲島(1998：第10章)では，投票－棄権に対する組織加入の「媒介」効果が確認されている。

の変化を定量的に把握することが困難なこともあってほとんど進んでいない[14]。

本調査では，調査対象団体に「現在」と「10年前」の選挙活動に関する自己評価を求めたことは先に触れたが，同一団体の「現在」と「10年前」の回答を比較すると，次に見るように選挙活動が活性化している団体より

表10－5　選挙活動の変化

	会員			一般			資金			人員			候補者		
	→	↑	↓	→	↑	↓	→	↑	↓	→	↑	↓	→	↑	↓
東京	91.4	1.9	6.7	96.5	0.9	2.7	96.4	0.9	2.7	96.3	0.9	2.8	96.6	0.6	2.8
	62.0	8.4	29.6	73.7	6.4	19.9	72.5	6.5	20.9	67.2	8.4	24.4	69.5	5.3	25.2
農業	88.9	0.0	11.1	96.4	0.0	3.6	93.1	0.0	6.9	93.1	3.4	3.4	92.9	0.0	7.1
	76.9	0.0	23.1	85.7	0.0	14.3	66.7	0.0	33.3	60.0	20.0	20.0	66.7	0.0	33.3
経済	88.6	2.0	9.4	97.1	0.4	2.5	93.8	0.8	5.4	95.8	0.8	3.4	94.5	1.7	3.8
	54.8	8.1	37.1	75.0	3.6	21.4	63.4	4.9	31.7	58.3	8.3	33.3	55.2	13.8	31.0
労働	80.0	3.2	16.8	85.6	0.0	14.4	91.1	1.1	7.8	84.8	2.2	13.0	89.0	1.1	9.9
	64.8	5.6	29.6	69.8	0.0	30.2	74.2	3.2	22.6	68.2	4.5	27.3	65.5	3.4	31.0
教育	95.5	1.8	2.7	97.2	1.9	0.9	99.0	1.0	0.0	98.1	1.0	1.0	100.0	0.0	0.0
	64.3	14.3	21.4	57.1	28.6	14.3	75.0	25.0	0.0	60.0	20.0	20.0	100.0	0.0	0.0
行政関係	93.8	0.9	5.3	97.3	0.9	1.8	97.3	0.9	1.8	98.2	0.0	1.8	96.4	0.9	2.7
	58.8	5.9	35.3	57.1	14.3	28.6	72.7	9.1	18.2	71.4	0.0	28.6	55.6	11.1	33.3
福祉	92.8	0.0	7.2	100.0	0.0	0.0	98.5	0.0	1.5	98.5	0.0	1.5	100.0	0.0	0.0
	37.5	0.0	62.5	100.0	0.0	0.0	66.7	0.0	33.3	66.7	0.0	33.3	100.0	0.0	0.0
専門家	93.0	2.6	4.3	96.4	2.7	0.9	100.0	0.0	0.0	99.1	0.9	0.0	100.0	0.0	0.0
	55.6	16.7	27.8	60.0	30.0	10.0	100.0	0.0	0.0	66.7	33.3	0.0	100.0	0.0	0.0
政治	85.7	9.5	4.8	90.5	4.8	4.8	76.2	9.5	14.3	80.0	10.0	10.0	90.0	0.0	10.0
	83.3	11.1	5.6	88.9	5.6	5.6	61.5	15.4	23.1	66.7	16.7	16.7	81.8	0.0	18.2
市民	93.2	2.3	4.5	100.0	0.0	0.0	100.0	0.0	0.0	100.0	0.0	0.0	97.7	0.0	2.3
	62.5	12.5	25.0	100.0	0.0	0.0	100.0	0.0	0.0	100.0	0.0	0.0	75.0	0.0	25.0
茨城	86.7	4.8	8.4	90.7	4.0	5.3	95.3	2.7	2.0	92.6	2.7	4.7	96.0	0.7	3.3
	75.8	8.8	15.4	76.7	10.0	13.3	69.6	17.4	13.0	73.2	9.8	17.1	86.7	2.2	11.1

・記号は，(→)変化なし，(↑)活性化，(↓)停滞化を示す。数値は，全体(もしくは当該分類全体)に占める割合を％表示。
・上段：全体(もしくは当該分類全体)における割合。下段：「現在」「10年前」ともに当該選挙活動をしていない団体を除外した場合。
・活動の変化は次のようにして算出した。なお，対象とした団体は，それぞれの設問の「現在」と「10年前」の両方に回答した団体。
(活動の変化)＝(現在の活動に関する自己評価)－(10年前の活動に関する自己評価)

14　集票する側の動向をいかに把握するかが課題となるが，この点で，片岡・山田(1997)が注目される。この論文は，大嶽秀夫・片岡正昭・山田真裕によってなされた読売新聞の各支局選挙班の責任者に対するアンケート調査を通して，選挙過程における各種団体の動向などを明らかにしている。

も，停滞化している団体の方が多いことが明らかになった。

表10－5は，団体の選挙活動の変化をまとめたものである。活動量の変化は，「現在」の活動についての評価(1～5)と「10年前」の活動についての評価(1～5)の差から求めた。東京の「全体」を例にして，表の見方を説明しよう。たとえば「会員への投票依頼」だが，「現在」と「10年前」の活動に変化がない団体(→)は91.4%，「現在」の方が活動の頻度が高い団体(↑)が1.9%，「現在」の方が低い団体(↓)が6.7%となっている。

この選挙活動の停滞化傾向は，その他の項目についてもほぼ共通して見られる。茨城の場合も,「資金援助」以外は，全て停滞化の方が活性化を上回っている。

東京の分類別の結果も同様の傾向を示している。個々の分類についてはケース数が少なくなっているため，ここで踏み込んだ解釈をすることはできないが，選挙活動の全般的な停滞化傾向を指摘することはできよう。選挙活動を活発に行っている農業，労働の2つの分類においても，選挙活動の停滞化が起こっていることは注目される。

このような選挙活動の停滞化はどのようなメカニズムで発生したのだろうか。残念ながら今回の調査では，その要因を探索するための設問を用意していないので断定的なことは言えないが，調査の時期から推測すると，次の2点が団体の選挙活動に何らかのインパクトを与えたように思われる。

第1は政党政治の流動化である。1993年の政変以降，政党の離合集散ならびに候補者の党籍変更が頻繁に見られたが，その結果，過去に形成されてきた政党(候補者)－団体関係に一定の混乱が生じ，団体の選挙活動を停滞させたのではないか。

第2は選挙制度の変化である。1996年総選挙から衆議院の選挙制度として小選挙区比例代表並立制が採用されたことは周知の通りであるが，当選者が1人に限定される小選挙区制下においては，定数が複数の中選挙区制下よりも，どの候補者が当選するかを見定めることが一般に難しくなる[15]。これに加え1996年総選挙は，新制度下における初の選挙であったという事情から，一層不確実性が高まっていたといえるわけで，このような状況に直面し

15　ここでの指摘は，小選挙区において複数の有力候補者が競合している状況を想定した上での一般論である。1996年総選挙の小選挙区部分における接戦度については，水崎・森(1998)を参照。

た団体側が，リスクを回避するために選挙活動を抑制した側面もあったのではないだろうか[16]。

5　おわりに

日本の選挙において，各種の団体が活発な選挙活動を展開していることは，これまでにもよく指摘されてきた。しかしながら，「利益団体と選挙」というテーマは，実証的選挙研究と実証的団体研究の間にあって，体系的に論じられることはほとんどなかったといえよう。本章はこの空白部分を埋めるべく，利益団体と選挙に関する設問を組み込んだ「団体の基礎構造に関する調査」のデータを用いて，①どのような団体がどのような選挙活動を行っているのか，②現在と過去とを比較した場合，その活動には何らかの変化が見られるのか，の２点を中心に団体の選挙活動を実証的に検討してきた。ここで本章における知見を簡単にまとめておこう。

⑴ 利益団体の選挙活動には地域差がある。東京と茨城を比較すると，茨城の団体の方が選挙活動を活発に行っている。

⑵ 利益団体の選挙活動には，いくつかの種類があることが想定される。本調査では,「会員への投票依頼」「一般の人への投票依頼」「資金援助」「人員援助」「候補者の提供」の５項目について調査対象団体に活動の程度を尋ねているが，この中では「会員への投票依頼」が群を抜いて高かった。この点は，東京，茨城に共通している。

⑶ 東京の団体を分類別に見ると，政治，労働，農業団体が選挙活動を活発に行っている。選挙活動の種類という点では，やはり「会員への投票依頼」が多くの分類で一番になっている。

⑷ 団体の選挙活動がどの政党に向けられたものであるかは，団体の政党支持，接触から類推することが許されよう。団体の政党支持，接触は，全体として自民党が優位を保っている。他と大きく異なっているのは，労働団体である。労働団体では，社民党，民主党の支持が高い。

⑸ 団体の政党，行政への接触パターンは,「両方接触」「行政のみ接触」「政党のみ接触」「非接触」の４つに分けられるが，このうち選挙活動を行っている団体が多く見られるのは，「両方接触」と「政党のみ接触」とい

16　片岡・山田(1997：350)もこの点を指摘している。

うパターンである。

(6) 本調査では，調査対象団体に「現在」と「10年前」の選挙活動の程度に関する自己評価を求めているので，団体の選挙活動の変化を捉えることが可能である。同一団体の「現在」と「10年前」の回答を比較すると，選挙活動が活性化している団体よりも，停滞化している団体が多いことが明らかになった。

以上の諸発見のほかに，選挙過程における集票側の動向を，無作為抽出法による社会団体調査のデータを用いて定量的に把握し得たこと自体にも，選挙研究の方法論の革新という点で，大きな意味があるといってよいのではないだろうか。団体基礎構造研究会では，日本で実施した調査と同じ質問を用いて，韓国，アメリカの利益団体調査を進めている。日本における利益団体の選挙活動が比較政治学的にどのような意味を持っているのかについては，別の機会に報告されることになるだろう。

第11章

利益団体の存立・行動様式
―JIGS2007の報告―

本章は，2006年12月～2007年３月に実施された団体調査(JIGS2007)の報告である[1]。筆者は，JIGS2007に関しても研究会・論文等で多くの報告をしているが，その第一弾は2008年６月に開催された日本公共政策学会(於：北九州大学)の分科会「市民社会(自治会，社会団体，NPO)と自治体のガバナンス」における「日本の政治過程における団体の存立・行動様式　市民社会団体調査(JIGS2調査)の分析」という報告であった。前章と同じ理由に基づき，14年前の学会報告原稿に最小限の加筆・修正を施したものを掲載する。

1　JIGS2007の位置づけ

前章で扱ったJIGS1997は，日本の政治過程に関して，さまざまな発見をもたらした。筆者は，2003年に次のような原稿を書き，暫定的な総括を示している。「JIGSグループが調査をする前は，『ポスト官僚主導』『ポスト自民党一党優位』というような変動期特有の姿が明確に捉えられるのではないかと予測したが，率直に言ってその予測は外れた。いったん構築された組織間の関係性や行動パターンは，政治経済環境が変化しても，にわかには変わらないものなのである。……利益団体は利益を追求する。その行動は，基本的に利己的である。その利己的行動が，政治学の理論の中で是認されているのは，そこに『社会の中にある利害を政治過程の中に表出する』という一定の政治的機能が認められているからである。しかし，現在の日本では，歴史的に形成された制度的枠組や行動パターンが，当初の目的とは無関係に残存している部分があり，その結果，政治過程に表出される利害が社会の実態を反映していないという問題が発生している」(森2003：103-111)。

1　調査全体の体系的な報告として，辻中・森編(2010)を参照されたい。

調査は継続してこそ，多くのことを明らかにしてくれるものである。そのような考え方に基づいて，団体基礎構造研究会は，2006年12月～2007年3月に再度の調査(JIGS2007)を試みた。JIGS1997では東京都と茨城県の団体を対象としたが，JIGS2007では調査対象を全国の団体に拡張している。すなわち，NTT番号情報株式会社の*i*タウンページに登録されている「組合・団体」(2005年12月時点，199,856件)から，重複して掲載されている団体や，解散した団体，団体と認められない登録情報(店舗，工場，診療所などの施設類)などを除く91,101団体に対して調査票を郵送し，最終的に15,791団体から有効回答を得た(回収率・抽出率：17.3%)。

以下では，このJIGS2007データを用いて，現代日本の政治過程における諸団体の存立・行動様式を分析した結果を紹介する。具体的には，前回のJIGS1997データを分析した際に析出された「旧構造の残存現象」が依然として継続しているのかどうか，変化が見られるとすれば，どのような点にそれがあらわれてきているか，を議論する。

2　どのような団体がどのような分布で存在するのか

(1) 団体分類

社会の中に無数に存在する団体には，どのような種類があるだろうか。団体の分類方法にはさまざまなものがあるが[2]，団体自身が関心を有する政策領域ごとに団体を分類していく方法が，政治学の実証的な分野では，団体の存立・行動様式のあり方をよりよく捉えられると考えられている。JIGS1997では，調査に回答した団体の7～8割が，経済団体，労働団体，農業団体，専門家団体，教育団体，行政関係団体，福祉団体，政治団体，市民団体の9分類のどれかに該当すると回答している。諸外国との比較では，日本の場合，この9分類の中で経済団体・農業団体といった生産者セクターの団体が多いことに特徴がある[3]。

2　利益団体の分類方法には，①設立や運営の資金源，②設立時の事情・イニシアティブ，③当該団体の基礎となる集団の性格，④団体の持つ法人格，⑤大規模集団か小規模集団か，⑥団体内の個人と団体との交換過程に注目した交換便益による分類，⑦団体がどのような政策領域に関心を持っているか，などがある(辻中1988：41)。

3　国家間比較については，辻中編(2002：第11章～13章)を参照。

表11－1
JIGS2007における団体分類

団体分類	実数	%
農林水産業団体	2775	17.6
経済・業界団体	3997	25.3
労働団体	1183	7.5
教育団体	570	3.6
行政関係団体	845	5.4
福祉団体	1175	7.4
専門家団体	857	5.4
政治団体	337	2.1
市民団体	704	4.5
学術・文化団体	592	3.8
趣味・スポーツ団体	460	2.9
宗教団体	136	0.9
その他	1985	12.6
不明(無記入など)	169	1.0
合計	15785	100.0

このような傾向は，JIGS2007でも継続して確認された。表11－1は，調査結果を整理したものである。JIGS2007では，先の9分類の一部を改変して(農業団体を農林水産業団体，経済団体を経済・業界団体とした)，3つの分類(学術・文化団体，趣味・スポーツ団体，宗教団体)を加えた12分類で団体のあり方を捉えようとした(設問は，「あなたの団体は次の12の分類のどれにあたりますか」である)。経済・業界団体，農林水産業団体の比重が群を抜いて高いことがわかるだろう。

(2) 現存する団体はいつ生まれたのか

人間に寿命があるのと同じように，団体にも寿命があるのだろうか。人間について人口ピラミッドを作図するのと同じやり方で，団体に関しても図が作れないか。JIGS1997データを分析する際に，このような素朴な関心から設立年分析(団体がいつ設立されたかに着眼した分析)が行われたわけだが，この分析は想像した以上に日本の団体に見られる属性の特色をあぶりだすものとなった。

JIGS調査では，調査対象団体に団体の設立年を尋ねており，我々は，この項目から当該団体の年齢を知ることができる。図11－1は，現存する団体の設立年分布を示したものである。まずは，JIGS1997データに基づく国際比較(5年単位で集計，対象は各国の首都地域の団体)を見ていこう。これを見ると，多くの国では，最近になって設立された団体が多く現存することがわかるが，日本だけは特徴的な分布をとっている。すなわち，終戦直後に設立された団体がきわめて多く残存しており，他国に見られるような団体の噴出現象はこの図からは確認できない。

JIGS1997は，東京都と茨城県に限定してなされた調査であり，またケース数にも限りがあったので，データを団体分類別に分析することは困難であった。これに対して，JIGS2007はケース数が充実しており，データを団体分類別に分析することも可能である。

図11－1　現存する団体の設立年分布(調査対象：各国の首都圏地域)

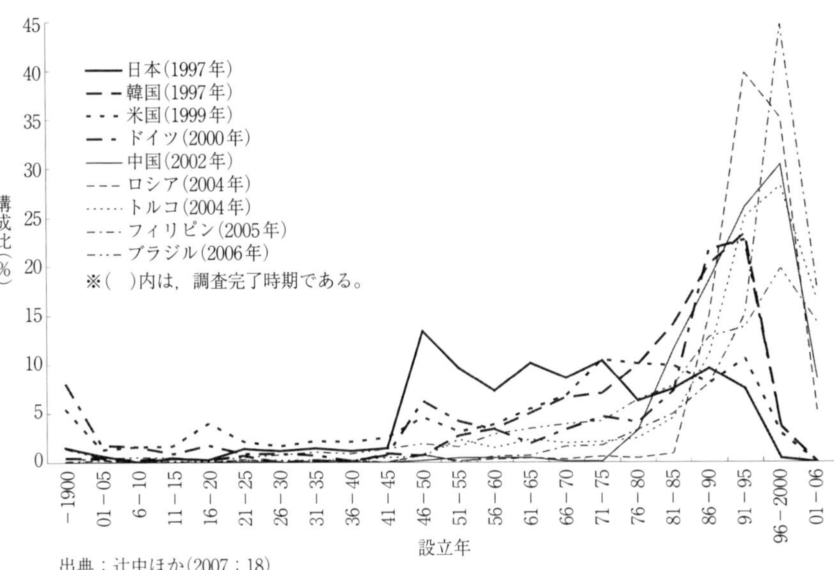

出典：辻中ほか(2007：18)

表11－2は，団体分類別に設立年分析を行った結果である。これを見ると，団体分類間で大きな相違があることがわかる。多くの団体分類は，全体傾向と同じように，終戦直後～高度経済成長期に設立された団体が多く残存している。それに対し，福祉，政治，市民団体は，近年になって設立されたものが多い。団体分類によっては，団体の噴出現象が発生していることをこの表は示している。

(3) 団体が活動対象とする地理的範囲

先に述べたように，団体を分類する方法にはさまざまなものがあるが，「団体が活動対象とする地理的範囲」という設問(「あなたの団体が活動対象とする地理的な範囲は次のどのレベルですか。①市町村レベル，②県レベル，③複数県にまたがる広域圏レベル，④日本全国レベル，⑤世界レベル」)への回答も，当初の予想以上に団体の存立・活動様式を把握する上で重要であることが，JIGS1997の分析でわかってきた(辻中編2002：第５章)。団体の世界は，政策領域とともに，地理的空間によっても，仕切られているのである。

表11－2　団体分類別にみた設立年分布(JIGS2007)（%）

	－1945	1946 －1955	1956 －1965	1966 －1975	1976 －1985	1986 －1995	1996 －2007	N
農林水産業	6.4	31.3	13.6	15.0	8.5	9.8	15.3	2695
経済・業界	3.6	19.8	29.0	19.9	13.0	8.2	6.5	3948
労働	3.5	27.0	19.1	16.3	8.3	17.0	8.7	1150
教育	8.4	27.4	14.8	16.5	10.5	10.7	11.7	562
行政関係	2.9	21.2	15.0	17.4	17.2	17.7	8.7	832
福祉	3.9	12.9	13.1	15.9	13.5	15.3	25.3	1152
専門家	6.6	29.0	11.6	15.3	13.1	10.8	13.5	830
政治	4.2	8.5	8.8	7.3	12.7	24.5	33.9	330
市民	3.2	9.8	12.7	11.8	9.9	15.0	37.6	694
学術・文化	12.2	14.7	13.5	12.3	13.9	19.9	13.5	584
趣味・スポーツ	9.1	21.5	13.3	14.6	12.6	14.2	14.6	451
宗教	33.8	20.3	12.0	9.0	14.3	6.8	3.8	133
その他	4.7	14.8	16.4	21.1	15.0	14.7	13.2	1941
全体	5.3	21.2	18.1	17.0	12.2	12.6	13.7	15439

JIGS2007は，東京都と茨城県を調査対象としたJIGS1997と異なり，全国をまんべんなく調査したものであるから，より一層，この点に留意しなければならないだろう。表11－3は，JIGS2007について，団体の活動対象地域をまとめたものである。日本に存在する団体の80%近くが，いわゆる地方レベルを活動対象としていることは，もっと注目されてもよいかもしれない。政治学の教科書で一般的に扱われるような，日本全体に対して活動を展開するような団体は，団体世界の中でも相当に頂上に位置する団体であり，少数派なのである。利益団体政治といったときに，政治学者の多くが依然として全国レベルのそれしかイメージできないとすると，日本の政治学には未踏の知的平野が広がっていると言わなければならない。

ちなみに，JIGS2007でも，東京都のみ(1,815団体)でデータを見ると，市町村レベルが15.7%，都道府県レベルが13.7%，広域圏レベルが6.8%，全国レベルが52.7%，世界レベルが11.1%と，全国レベルで活動する団体が半数を超えている。このような地域は東京都のみであり，東京都の次に全国レベルの%が高い大阪府では，その数値は大幅に下がり13.4%となる。JIGS1997調査は東京都を主たる調査対象としているので，当然に，多くのバイアスを抱えている。JIGS2007の分析が進んでいけば，JIGS1997に基づく知見は，一定程度是正され，相対化されていくことになるだろう。

表11－3　活動対象の地理的範囲（%）

	市町村	都道府県	広域圏	日本全国	世界	N
農林水産業	61.7	26.2	3.9	7.4	0.8	2764
経済・業界	48.9	32.8	6.4	9.9	2.0	3987
労働	38.0	31.9	11.1	17.1	1.8	1175
教育	25.0	44.5	3.2	21.3	6.2	569
行政関係	44.7	37.6	5.8	10.5	1.4	842
福祉	54.9	28.3	2.6	9.4	4.8	1173
専門家	36.1	41.4	6.7	12.3	3.6	856
政治	51.6	32.5	1.5	11.6	2.7	335
市民	52.7	24.9	5.4	9.5	7.4	702
学術・文化	22.6	21.9	3.9	35.8	15.8	589
趣味・スポーツ	25.7	38.9	7.4	19.3	8.7	460
宗教	27.4	17.8	13.3	17.0	24.4	135
その他	45.4	27.0	5.9	11.9	9.9	1946
全体	46.9	31.0	5.7	12.1	4.4	15634

3　政治へのアプローチ

(1) 政党か行政か

ここからは団体の政治への接近行動について見ていこう。圧力団体論の視点からすると，団体の活動は２段階に分かれる。第１段階は団体相互間の交渉であり，そこで事態が解決しない場合，第２段階として団体は政治アクターと関係を持つのである（村松・伊藤・辻中1986）。そして，この第２段階における団体の活動こそが，政治学の主たる研究対象であり，団体がどのようなルートを通じて政治と関係を持つのかが，まず問題とされる。一般的にいえば，団体は「政党を通じてのルート」と「行政を通じてのルート」の２つのルートによって，政策決定にかかわろうとする。

それでは，日本の団体は，政党と行政にどの程度接触しているのだろうか。まず政党，行政との接触パターンだが，これには次の４パターンが論理的に存在する。①政党・行政の両方に接触する，②行政だけに接触する，③政党だけに接触する，④どちらにも接触しない。表11－4は，この４パターンの実際の分布をまとめたものである[4]。これを見ると，団体は「行政接

4　行政接触を尋ねる質問文は，「あなたの団体が行政に＜直接的＞に働きかけをする場合，次にあげる役職の方と，どのくらい面会や電話をしますか」である。提示した役職

表11－4　政党・行政接触のパターン（%）

	両方接触	行政のみ	政党のみ	非接触	N
農林水産業	38.3	35.7	3.8	22.2	2775
経済・業界	34.7	32.0	5.1	28.2	3997
労働	42.7	7.4	28.3	21.6	1183
教育	24.0	40.4	3.2	32.5	570
行政関係	14.2	44.9	3.8	37.2	845
福祉	21.7	48.9	3.4	26.0	1175
専門家	35.0	29.3	6.7	29.1	857
政治	69.4	5.9	15.7	8.9	337
市民	31.1	40.1	7.8	21.0	704
学術・文化	12.8	39.5	2.2	45.4	592
趣味・スポーツ	17.6	33.9	3.5	45.0	460
宗教	7.4	10.3	10.3	72.1	136
全体	30.4	32.6	6.7	30.3	15785

触派」と「政党接触派」に分かれるのではなく，「政党・行政両方接触派」と「行政のみ接触派」に大別されることがわかる。「政党のみ接触派」の少なさが印象的である。

この結果は，JIGS1997の際，初めて明らかになったものであるが，これも調査前にはあまり予想していない結果であった。団体は，「政党へのルート」と「行政へのルート」のどちらか一方を使うはずだ，という思い込みが，我々の間にあったからである。今回，JIGS2007でもほぼ同様の結果が得られたことで，この点に関する事実は，確定的なものになったと考えてよいだろう。

もちろん結果を分類ごとに見れば，分布に差異が見られる。特徴的な点を列挙すると，政治団体は「両方接触派」が圧倒的に多く，労働団体，農林水

は，「大臣などの中央省庁幹部」，「中央省庁の課長クラス」，「首長などの自治体幹部」，「自治体課長クラス」。それぞれについて，「まったくない」「あまりない」「ある程度」「かなり頻繁」「非常に頻繁」の５段階で回答を求めた。ここでは，「ある程度」以上の回答が１つでもあれば「行政接触あり」とみなした。政党接触を尋ねる質問文は，「あなたの団体が政党に働きかけをする場合，次にあげる政党と，どのくらい接触しますか」である。提示した政党は，自民党，民主党，共産党，社民党，公明党，地域政党である。それぞれについて，「まったくない」「あまりない」「ある程度」「かなり頻繁」「非常に頻繁」の５段階で回答を求めた。ここでは，「ある程度」以上の回答が１つでもあれば「政党接触あり」とみなした。

産業団体，専門家団体，経済・業界団体がこれに続いている。「行政のみ接触派」が多いのは，福祉団体，行政関係団体，教育団体，市民団体，学術・文化団体である。全体で見た場合に少数派であった「政党のみ接触派」は，労働団体で3割近く存在する。

(2) 団体－行政関係

団体－行政関係の基調がどのようなものであるかについての検討に入ろう。日本における団体－行政関係については，その相互浸透的な性格がさまざまな形で指摘されてきた。たとえば伊藤大一は，日本の官僚制は「底が抜けた」[5]状態にあるという印象的なフレーズでそれを表現しているし(伊藤1980：26)，村松岐夫は「最大動員システム」という概念で官民の協働を説明しようとした(村松1994)。村松が指摘するには，比較政治的に見て，日本の官僚制は行政資源が少なく，それを補うために政府がさまざまなアクターを動員してきたという。動員されたアクターの中には，当然に，利益団体も含まれている。

ただ，上記の議論は，1990年代よりも前の時期を想定した議論であった。日本の政治は，1990年代以降に急激な変化を遂げつつあり，団体－行政関係にも何らかの変化が生じているかもしれない。この点を確認するために，表11－5と表11－6を作成してみた。これは「あなたの団体は行政機関とどのような関係にありますか。国と自治体のそれぞれについてお答えください」という設問の回答を整理したものである。

5　筆者が伊藤の「底が抜けた」というフレーズの存在と意味に気づけたのは，松田宏一郎の福澤諭吉論で「底」の話が言及されていたのを読んでいたからであるが(松田1996；2008：第Ⅰ部第4章)，その内容を以下に引用しておきたい。「およそ複雑な利害関心の統合・調整に相当の歴史的蓄積をもった社会の統治には，組織の内部構造と外部との明確な境界に即した合理性についてよりも，『底』の抜き方にこそ慎重な配慮と洗練された技量が必要である。近代国家形成の理論的説明には，『底の抜き方』の理論的モデルこそが必要であるといえなくもない。たとえば，M. クロジェがフランス社会についていう『悪童集団』的な社会，すなわち上位者による専制的な強制なしには相互秩序をつくれない社会では，『底』を堅くしておく必要もあろうが，そちらの方が『近代的』といえるかどうかは疑問無しとしない」(松田2008：165-166)。

表11－5　団体と＜国＞の行政機関の関係

（%）

	N	許認可	法的規制	行政指導	団体や業界事情の意見交換	政策決定への協力支持	政策執行への協力援助	審議会委員派遣	ポスト提供	補助金
農林水産業	205	53.7	55.6	56.6	33.2	22.4	22.0	12.7	18.5	21.5
経済・業界	394	59.1	62.4	66.5	62.2	19.8	25.9	23.4	17.0	11.2
労働	201	15.4	30.3	19.9	24.4	10.9	8.0	13.9	3.5	1.0
教育	121	45.5	38.8	41.3	29.8	16.5	19.0	15.7	5.0	11.6
行政関係	88	62.5	55.7	68.2	44.3	29.5	38.6	18.2	33.0	18.2
福祉	110	54.5	42.7	48.2	26.4	12.7	13.6	10.9	10.9	22.7
専門家	105	47.6	41.9	47.6	35.2	19.0	16.2	26.7	11.4	8.6
政治	39	23.1	38.5	15.4	17.9	10.3	10.3	5.1	7.7	2.6
市民	67	23.9	25.4	20.9	20.9	4.5	13.4	9.0	0.0	9.0
学術・文化	211	56.4	38.9	47.4	20.4	9.5	15.2	12.8	5.7	10.9
趣味・スポーツ	89	37.1	25.8	27.0	16.9	6.7	7.9	3.4	2.2	27.0
宗教	23	43.5	43.5	34.8	0.0	0.0	0.0	0.0	0.0	4.3
その他	232	50.0	48.3	48.3	29.3	12.5	17.2	7.8	8.6	9.9
全体	1895	47.5	45.9	47.4	34.4	15.3	18.2	14.7	11.0	12.3

団体が活動対象とする地理的範囲を「全国レベル」と回答した団体に限定。

表11－6　団体と＜自治体＞の関係

（%）

	N	許認可	法的規制	行政指導	団体や業界事情の意見交換	政策決定への協力支持	政策執行への協力援助	審議会委員派遣	ポスト提供	補助金
農林水産業	2537	68.7	53.6	76.2	58.1	34.9	33.4	25.5	10.4	33.6
経済・業界	3514	56.4	44.5	63.1	61.2	28.6	34.3	30.1	15.7	34.1
労働	953	16.2	19.6	16.6	40.1	17.1	17.7	23.2	2.1	9.8
教育	413	34.9	28.8	48.4	41.9	25.4	32.0	29.3	12.8	35.1
行政関係	742	37.1	30.2	47.0	35.3	21.4	29.9	13.2	22.6	30.7
福祉	1007	60.2	46.2	70.8	52.6	38.1	38.6	40.0	19.6	44.4
専門家	720	53.2	38.5	52.9	52.1	21.9	35.0	40.1	10.8	18.9
政治	287	14.3	36.2	21.3	36.9	33.1	30.3	10.8	1.7	2.8
市民	583	35.0	25.0	34.3	42.9	24.9	31.6	32.2	3.9	28.6
学術・文化	285	41.8	31.2	41.4	36.5	22.8	33.3	31.9	9.5	34.7
趣味・スポーツ	331	35.6	25.4	40.2	39.3	22.4	24.5	22.4	8.8	36.9
宗教	79	43.0	27.8	30.4	6.3	2.5	3.8	5.1	1.3	1.3
その他	1522	40.3	30.4	45.1	34.6	17.0	18.8	15.4	9.0	20.9
全体	13058	49.4	39.2	55.2	49.7	26.8	30.3	26.6	11.9	29.4

団体が活動対象とする地理的範囲を「市町村レベル」「都道府県レベル」「複数県にまたがる広域圏レベル」と回答した団体に限定。

これらの表では，行政機関と関係の深い団体分類とそうではない団体分類があることが一目瞭然となっている。日本の政策過程の中に深く入り込んでいると言われてきた経済・業界団体，農林水産業団体，そして政策受益系の団体分類の数値は，やはり高くなっている。1970年代後半からのコーポラティズム化の進展が注目された労働団体は，2007年現在，行政機関と疎遠な状態に置かれている。近年その動向が注目されている市民団体は，国との関係は低調であるが，自治体との間には一定の関係性を保持していることがわかる。

総じて，許認可，行政指導，法的規制といった行政側の活動量があらわれる項目の数値が高く，団体側の活動に関する政策執行への協力，政策決定への協力といった数値は低くなっている。日本の団体－行政関係には，行政側からの包摂という側面が基調にあり，次に団体と行政の情報交換，政策決定・執行に関しての相互交流があり，最後に人の動き・補助金の関係があるという結果である。政策決定への関与と政策執行への関与を対比すると，その値が均衡する分類もあれば，一致しない分類もあるところが興味深い。たとえば市民団体では，国の場合も地方の場合も，政策決定への関与より政策執行への関与の方で数値が大きくなっている。

規制緩和の必要性が各方面で指摘され，小さな政府への動きが進展しているはずの日本で，団体と行政はなぜこのように密な関係を維持しているのだろうか。団体－行政関係に関連する調査結果を検討した中で，最も印象的であったのは，多くの団体が行政（中央省庁，自治体）を自らの活動にとって必要な情報源と認識している点であった。情報源を尋ねた質問文は，具体的には，次のようなものである。「あなたの団体は，活動する上で必要な情報をどこから得ていますか。次の中から重要な順に３つまでお答えください。」提示したリストは，①中央省庁，②政党，③自治体，④地方議員，⑤学者・専門家，⑥企業，⑦マスメディア関係者，⑧専門紙・業界紙関係者，⑨系列団体，⑩協力団体，⑪あなたの団体の会員，⑫NPO，⑬町内会・自治会，⑭その他，である。

表11－7は，当該情報源が「１位」に選択された割合を示している。表を一見してわかるように，多くの団体にとって「自治体」「中央省庁」は，かなり重要な情報源となっている。団体分類で見れば，多少の相違は発見できるが，全体としてこの傾向に変わりはない。行政が団体の必要とする情報を独占的に保有している状況は，日本の政治過程の変化の小ささの意味を考

表11－7　団体の情報源(１位選択率)：活動空間別集計

市町村レベル		都道府県レベル		広域圏レベル	
系列団体	38.89	系列団体	36.90	系列団体	25.99
自治体	23.49	自治体	18.01	自団体の会員	17.29
中央省庁	9.03	中央省庁	13.42	中央省庁	16.94
自団体の会員	9.01	自団体の会員	9.28	自治体	8.70
協力団体	5.85	協力団体	6.06	協力団体	8.24
専門・業界紙関係者	3.62	専門・業界紙関係者	4.42	企業	7.31
その他	2.02	企業	2.80	専門・業界紙関係者	5.10
企業	1.99	その他	2.36	マスメディア関係者	3.71
マスメディア関係者	1.42	学者・専門家	2.23	学者・専門家	3.36
政党	1.24	マスメディア関係者	1.89	その他	1.97
町内会・自治会	1.20	政党	1.39	政党	0.46
学者・専門家	0.92	地方議員	0.59	NPO	0.46
地方議員	0.79	NPO	0.59	町内会・自治会	0.35
NPO	0.52	町内会・自治会	0.08	地方議員	0.12
全国レベル		世界レベル		全体	
中央省庁	28.27	系列団体	29.36	系列団体	34.46
系列団体	16.76	自団体の会員	20.95	自治体	17.82
自団体の会員	16.70	中央省庁	12.54	中央省庁	13.32
学者・専門家	9.95	学者・専門家	9.17	自団体の会員	11.00
協力団体	6.54	協力団体	6.12	協力団体	6.14
企業	4.76	その他	5.50	専門・業界紙関係者	3.99
自治体	4.59	マスメディア関係者	3.98	企業	2.92
専門・業界紙関係者	3.89	専門・業界紙関係者	3.82	学者・専門家	2.91
マスメディア関係者	3.41	自治体	3.67	その他	2.42
その他	3.24	企業	3.06	マスメディア関係者	2.05
政党	1.30	政党	0.92	政党	1.24
地方議員	0.38	NPO	0.61	町内会・自治会	0.63
町内会・自治会	0.16	地方議員	0.15	地方議員	0.61
NPO	0.05	町内会・自治会	0.15	NPO	0.48

えていく上で，もっと注目されてもよいように思われる[6]。

6　この問題は，実際にはもう少し複雑かもしれない。曽我謙悟は，日本の官僚制と民間部門のそれぞれが「情報共有型の組織」としての性格を持ち，相互補完的に情報を共有してきたと議論している(曽我2005)。つまり，団体の側からすれば官僚が情報源になるが，官僚の側からすれば団体が情報源になっている可能性があるのである。こうした点は過去の調査データからもうかがうことができる。たとえば，村松岐夫によって実施された高級官僚調査には，「行政が利益(圧力)団体と接触することには，どのような利点があると思われますか」という設問があり，「必要な情報を得ることができる」(28.7%)が２番目に多い回答と報告されている(村松1981：220)。曽我は，官僚制改革の方向性を次のように論じているが，それは団体－行政関係を研究する際にも欠かせない視点であると思われる。「官僚制はそれだけが自立して存在しているのではなく，一方では政治

(3) 団体－政党関係

行政と政党を比べれば，行政の方により団体が接触しているということが確認されたわけだが，それと同時に，政党にも接触する団体が確実に存在し，その数が少なくないことも重視しなければならない。

JIGS2007では，団体がどの政党にどの程度接触しているかを，政党ごとに５段階(⑤非常に頻繁，④かなり頻繁，③ある程度，②あまりない，①まったくない)で回答を求めている。図11－２は，「非常に」「かなり」「ある程度」と回答した団体が当該団体分類全体に占める割合をまとめたものである。これを見ると，労働団体を除くすべての分類で自民党が群を抜いていることがわかる。団体世界における基調は，依然として自民党の一党優位が継続しているのである。労働団体の接触対象が社会党から民主党になった点を除けば，現在の団体－政党関係は，55年体制型のそれとほとんど変わっていないという言い方もできよう。

以上のような単純分布で見る限り，自民党の一党優位は継続している。しかし，ここで確認しておかなければならないことがある。利益団体は，本来的に何らかの利益を追求する組織である。もし，その政党に接触することが当該団体の利益につながると考えれば，複数の政党に接触するであろうし，有権者の政治意識・行動を追究する投票行動研究では想像もつかないような接触政党の組み合わせがあるかもしれない。

接触政党の組み合わせについて，より直接的に把握するために，表11－８を作成してみた。この表では，①ある政党に接触している団体がいくつの政党と接触しているか，②当該政党の他にどの政党と接触しているか，③当該政党に優先的に接触している団体(当該政党の接触頻度が一番高い団体)の割合はどの程度か，をまとめてある。

家集団と，他方では民間部門と常にかかわる存在である。そして，これらすべての間に，補完性の結果として，情報共有型の組織が成立していたことが，戦後の日本社会の特徴だった。官僚社会は，我々の社会でもあったのである。したがって，官僚制の改革も，民間部門や政党組織の変化に適合的な形態をとる必要がある。それらとの関係を無視して，官僚制の改革だけを考えても，官僚制は機能不全に陥るだろう」(曽我2005：190)。

図11－2　団体の政党接触

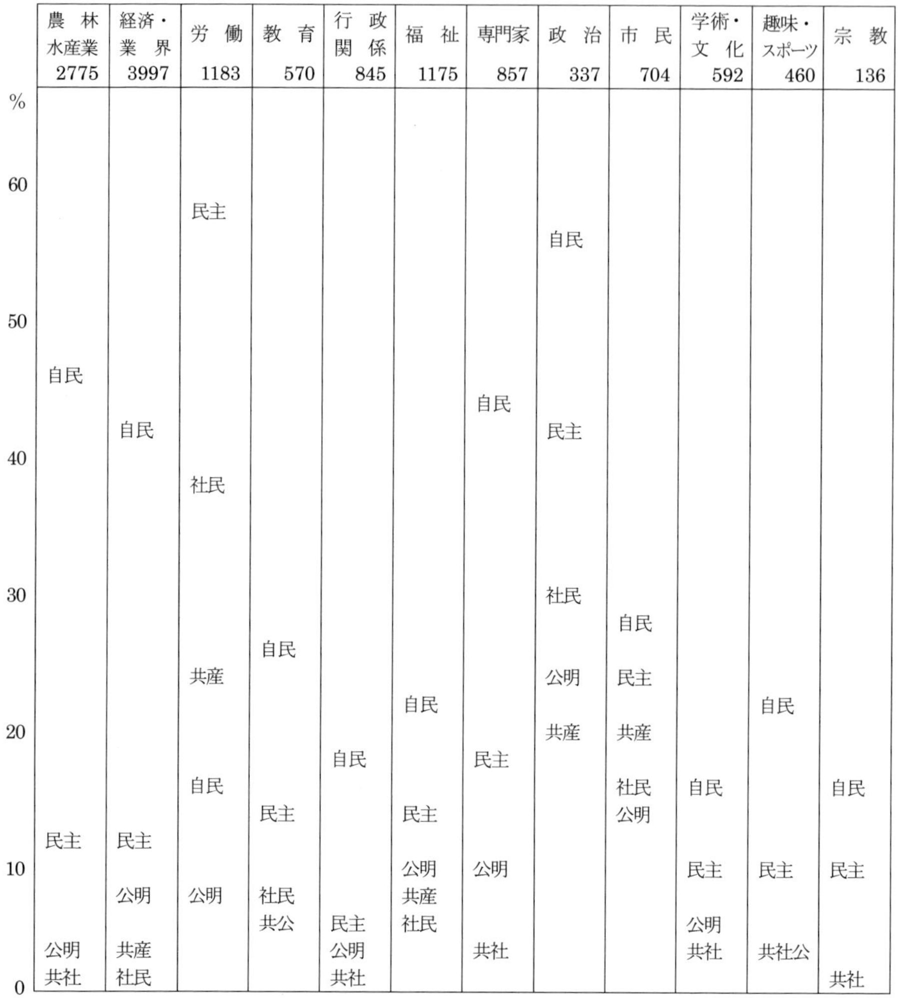

%	農林水産業 2775	経済・業界 3997	労働 1183	教育 570	行政関係 845	福祉 1175	専門家 857	政治 337	市民 704	学術・文化 592	趣味・スポーツ 460	宗教 136
60												
			民主									
								自民				
50												
	自民											
							自民					
		自民						民主				
40												
			社民									
30								社民				
									自民			
				自民								
			共産					公明	民主			
						自民					自民	
20								共産	共産			
					自民		民主					
			自民						社民	自民		自民
				民主		民主			公明			
	民主	民主										
10						公明	公明			民主	民主	民主
		公明	公明	社民		共産						
				共公	民主	社民				公明		
	公明	共産			公明		共社			共社	共社公	
0	共社	社民			共社							共社

接触率＝（ある程度＋かなり頻繁＋非常に頻繁）／当該分類団体数×100

表11－8　ある政党に接触している団体は その他にどの政党と接触しているか

	自民接触団体 4512	民主接触団体 2056	公明接触団体 836	社民接触団体 847	共産接触団体 739
接触政党数					
1	61.9%	20.7%	3.5%	12.5%	36.1%
2	21.3%	39.8%	29.7%	33.3%	11.6%
3	8.5%	20.1%	28.2%	17.1%	12.0%
4	3.4%	8.4%	13.0%	11.3%	12.0%
5	2.3%	5.1%	11.2%	11.6%	11.9%
6	2.7%	5.8%	14.4%	14.2%	16.2%
接触政党					
自民と接触	100.0%	61.5%	91.5%	42.9%	45.3%
民主と接触	28.0%	100.0%	62.0%	74.5%	49.9%
公明と接触	17.0%	25.2%	100.0%	30.5%	32.6%
社民と接触	8.0%	31.1%	30.9%	100.0%	47.8%
共産と接触	7.4%	17.9%	28.8%	41.7%	100.0%
地域政党と接触	10.5%	19.1%	28.8%	28.2%	25.0%
当該政党優先率	77.1%	27.8%	4.3%	21.3%	48.3%

「ある程度」以上の回答を接触ありとみなして集計した。

当該政党優先率 ＝(当該政党のみに接触している団体数＋接触した複数政党のうち当該政党の方が接触頻度の高い団体数)／当該政党接触団体数 × 100

自民党に接触している団体の場合を例にとって，表の見方を説明しよう。自民党に接触している団体数は4,512であった。これらの団体の政党接触数を見ると，ひとつの政党のみに接触している割合(すなわち，自民党のみに接触している割合)が62％であり，38％は自民党の他にも別の政党と接触していることがわかる。

次に，自民党の他にどの政党と接触しているかを見ていくと，一番多いのが民主党で28％となっている。次に多いのが公明党で17％である。社民党や共産党とも，１割近い団体が接触していることは，興味深い。

では，自民党に接触する4,512団体のうち，自民党に優先的に接触している団体の割合は，どの程度なのであろうか。ここでは，当該政党優先率を，(当該政党のみに接触している団体数＋接触した複数政党のうち当該政党の接触頻度の方が高い団体数)／当該政党接触団体数×100で計算してみた。すると，自民党の場合は，77％という結果になった。

注目すべき点を列挙しておく。民主党接触団体については，当該政党優先率の低さがまず印象的である。民主党に接触している団体の８割が複数の政党と接触しており，その組み合わせは自民党が一番多いという結果も注目さ

表11－9　自民党と民主党への接触パターン

	自民のみ	両方	民主のみ	非接触
農林水産業	32.8	7.8 (2.2+5.2+0.4)	0.8	58.6
経済・業界	29.7	7.7 (2.3+5.2+0.2)	0.9	61.7
労働	3.5	9.2 (0.5+6.7+2.0)	41.5	45.8
教育	14.4	6.8 (1.1+5.6+0.2)	3.5	75.3
行政関係	12.3	3.7 (0.6+2.8+0.2)	0.9	83.1
福祉	10.8	7.7 (1.0+5.7+0.9)	3.8	77.7
専門家	26.0	13.2 (3.0+9.6+0.6)	1.1	59.7
政治	35.6	11.9 (3.0+7.1+1.8)	19.6	32.9
市民	9.1	13.5 (1.0+10.9+1.6)	5.4	72.0
学術・文化	8.3	3.9 (0.5+3.2+0.2)	1.4	86.5
趣味・スポーツ	12.8	5.4 (0.2+4.8+0.4)	1.3	80.4
宗教	8.1	4.4 (0.7+2.9+0.7)	2.2	85.3
全体	20.6	8.0 (1.6+5.8+0.6)	5.0	66.4

「ある程度」以上の回答を接触ありとみなして集計した。表中の(　)の中の数値は，両方接触の内訳である。左から，「自民党の方が接触頻度が高い」「接触頻度が同じ」「民主党の方が接触頻度が高い」を示している。

れる。公明党接触団体については，公明党のみに接触する団体がきわめて少数であるという点に特徴があり，自民党に９割，民主党に６割が接触している。社民党接触団体については，民主党との組み合わせが多い点，共産党接触団体については，当該政党優先率に一定の高さが見られる点，組み合わせではどの組み合わせも高い割合となっている点が注目される。

有権者レベルで進展する二大政党化の流れが，団体世界でも確認できるのだろうか，という素朴な疑問に対する答えを記しておこう。これまで自民党を支えていた団体分類(たとえば，農林水産業団体，経済・業界団体)の中に，民主党と接触する動きが広範に見られるのであれば，団体世界でも二大政党化が進展しているといってよいだろう。表11－9は，自民党と民主党の2つの政党に限定して政党接触のパターンを集計したものである。全体を見ると，「自民党のみ接触」が21%，「自民・民主の両方に接触」が8％「民主党のみ接触」が5％となっている。分類別に見ても同様の傾向であることが多く，問題の農林水産業団体，経済・業界団体では，民主党のみに接触する団体はほとんどない。これらの分類で民主党に接触する団体は，たいてい，自民党にも接触しているのである。団体世界における自民党一党優位は，全体の単純集計で把握される以上に，依然として一定の強固さを維持しつつ存在しているといえよう。

4　旧構造の残存現象と「もうひとつの政治過程」

ここまで，社会過程(どのような団体が存在するか)→政治過程(政治へのルートはどのようなものか)という伝統的な利益団体論・圧力団体論の視点から，日本の団体政治の構造を素描してきたが、JIGS2007のデータで描かれる団体の姿は，一般の人が思い描くそれとギャップがあったと思われる。「生産セクターの優位」,「官僚主導」,「自民党一党優位」といった言葉で日本の団体世界を特徴づけているからである。

ただ，以上のような図式的な記述は，伝統的な利益団体論・圧力団体論に依拠しすぎであるかもしれない。たとえば，表11－10に示した団体の主観的影響力[7]の回答分布を見ると，意外なほどに，それぞれの団体が自己の影響力を高く見積もっており，「政策過程に深く入り込み影響力を行使する経済団体・農業団体・政策受益団体」と「政策過程から排除され不満を抱える労働団体・市民団体」というこれまでの通説的理解が，皮相的なものであった可能性を議論できるからである。

政策過程に深く入り込んでいないと思われる団体たちが，一定の影響力を実感できるのはなぜだろうか。ここで，とりあえず注目したいのが，マス・メディアの存在である。かつて蒲島郁夫は，日本の政治体制を考える上で，

7　主観的影響力とは，調査の回答者自身が考える団体の影響力であるから，それは影響力そのものではない。たとえば，日本の政治・経済・社会のすべての領域にかかわっている巨大団体は，客観的影響力が大きい割に，主観的には自己の影響力を小さく見積もる傾向がある。反対に，限定された単一の問題にしか関心がないような団体は，その問題と範囲の小ささゆえに，主観的には大きな影響力を実感する傾向がある。

表11－10　団体が活動対象とする地理的範囲別にみた団体の主観的影響力　（%）

	市町村	都道府県	広域圏	日本全国	世界	全体
農林水産業	61.2	52.7	44.4	53.5	66.7	57.8
経済・業界	60.1	46.9	35.0	52.6	55.8	53.4
労働	49.7	54.3	47.7	56.6	65.0	52.4
教育	35.5	47.4	41.2	48.3	25.7	43.0
行政関係	43.1	44.6	34.1	64.3	41.7	45.3
福祉	52.6	54.4	29.0	48.6	32.7	51.1
専門家	55.1	46.4	38.6	51.0	33.3	49.2
政治	72.5	72.0	100.0	75.0	55.6	72.6
市民	46.9	58.4	48.6	60.0	47.1	51.0
学術・文化	40.0	41.4	43.5	30.5	40.7	37.2
趣味・スポーツ	43.1	39.2	23.5	35.2	46.2	38.9
宗教	13.5	8.3	22.2	17.4	30.3	18.5
その他	34.5	42.3	32.7	49.3	34.2	38.1

主観的影響力に関する質問文は，「(あなたの団体が活動対象とする地理的範囲で)あなたの活動分野において何か政策の問題が生じたとき，あなたの団体はどの程度影響力を持っていますか」であり,「まったくない」「あまりない」「ある程度強い」「かなり強い」「非常に強い」の５段階で回答を求めた。表中の数値は，(「ある程度強い」＋「かなり強い」＋「非常に強い」) ／当該地理的範囲を活動対象とする団体数×100。

マス・メディアの役割を無視できないという前提に立ち，エリート調査のデータに基づき次のように主張した。「長期にわたる自民党一党優位体制の下では，実際の政策決定は自民党，官僚，体制派利益集団間の綿密な交渉によって行われている。この意味では『権力』は依然集中している。しかし，世論中心の民主主義社会では，これらの権力も国民の反応を常に考慮しなければならなくなっている。マス・メディアは社会のさまざまな問題やニーズをすくい上げ，それを国民と政策決定者に気付かせ，それに反応させることを通して日本の影響力システムに強く入り込んでくる」(蒲島1990：20)。

蒲島の提唱したメディア多元主義モデルは魅力的な議論であるといえるが，その実証研究はあまり進んでいない。このモデルの骨子は，権力の核外に位置するマス・メディアが，「新興集団で，かつ社会全体に利益を与えるような公共財のために活動している集団」の利害を積極的に政治過程に注入することにより，一元化に向かいがちな社会を多元主義の方向に引き戻す，という点にあるが，こうした抽象的な議論をいかに操作化し，どのようなデータでそれを実証していくかが，一番の課題といえよう[8]。

8　蒲島・竹下・芹川(2007)では，メディア多元主義モデルの紹介に多くの紙幅が割かれこの点に関連して，利益団体の動向を包括的に捉えたJIGS調査のデータは，メディア多元主義モデルの洗練化に向けて，ひとつの素材を提供できるかもしれない。JIGS2007では，利益団体とマス・メディアの関係性を尋ねる設問を，調査票にいくつか組み込んでいる。表11－11の左側は，「あなたの団体は，政治や行政に要求や主張をする際に，次にあげる手段や行動をどのくらい行いますか」という設問における「マス・メディアへの情報提供」という回答を整理したものであり，右側は，「過去3年間に，あなたの団体はテレビや新聞・雑誌に何回ぐらいとりあげられましたか」という設問の回答を整理したものである。この表からは，市民団体が積極的にマス・メディアへ情報提供を行っていることと，他の団体分類よりも数多くテレビ・新聞・雑誌に登場していることを確認できる。「もうひとつの政治過程」が存在することを示唆するには，十分なデータであろう。

こうしたマス・メディアを活用するロビー戦術の他にも，我々が着目すべき団体行動があるかもしれない。たとえば，「裁判所の活用」という戦術もそのひとつと考えなければならないだろう。JIGS調査の国際比較の一環として行われたトルコ調査は，団体世界における裁判所が持つ機能の重要性をJIGSチームが認識する契機となった。すなわち，トルコでは，行政や政党よりも，裁判所を重視する団体が有意に多かったのである。この現象を分析したトルコ政治の研究者である平井由貴子は，トルコには①行政や政党をあてにできず裁判所に頼るしかない団体(現在の政治体制のイデオロギーと相容れない団体)が数多く存在する一方で，②裁判の勝利をもって政府の政策に変更をせまり，併せて，人々の注目を喚起することを目的として，戦略的に訴訟を起こす団体が存在することを確認した(平井・辻中2007；平井2009)。①についてはトルコに特有の現象であるが，②については，日本の分析にも十分に援用できる議論であろう[9]。

残存する旧構造に対して，ここで触れたような「もうひとつの政治過程」

ているが，当該モデルの根幹である多元主義の復元過程に関する言及はほとんどなく，マス・メディアに影響力があるかどうか，マス・メディアが中立的かどうかという，当該モデルにとって重要ではあるが部分的側面に議論の焦点が固定化されている。利益団体側の動向を把握するための調査とデータの不在が，実証の幅を狭くしているように感じられる。

9　山田(2008)は，日本でも市民団体が訴訟を起こすと新聞で大きく取り上げられる傾向があることを，特定の分野ではあるが，新聞の紙面分析で実証している。

がどのようなインパクトを有しているかについては，今後の利益団体政治の研究において，ひとつの大きな論点になろう。周辺領域の研究(マス・メディア研究，裁判所の機能に関する法社会学的研究など)の知見も接合していかなければならない。

表11－11　団体のマス・メディア利用

	マス・メディアへの情報提供*	マス・メディアに登場した回数**30回以上
農林水産業	13.2	2.4
経済・業界	19.6	5.2
労働	30.4	3.7
教育	20.8	4.4
行政関係	11.2	4.3
福祉	20.4	4.5
専門家	17.9	3.3
政治	48.1	5.0
市民	40.2	12.1
学術・文化	25.9	8.1
趣味・スポーツ	22.3	11.1
宗教	7.1	2.2

*　質問文は，「あなたの団体は，政治や行政に要求や主張する際に，次にあげる手段や行動をどのくらい行いますか」。回答は５段階。数値は，(「ある程度」＋「かなり」＋「非常に頻繁」)／当該団体分類全体×100。

**質問文は，「過去３年間に，あなたの団体はテレビや新聞・雑誌に何回ぐらいとりあげられましたか」。

第12章

利益団体の存立・行動様式再考
―JIGS2017の報告―

調査は継続が基本である。同一形式の調査を繰り返すことによって，新しく起こっている現象に気づくことができる。グローバル化が進展し，政治・経済・社会に大きな変容が生じている中で，団体の存立・行動様式にはどのような変化が見られるだろうか。本章は，最新の団体調査であるJIGS2017の報告である。

1　JIGS2017の位置づけ

(1) 10年に一度の調査を形式化する試み

筆者が属する団体基礎構造研究会は，前章までで扱った内容の利益団体調査を，ある時期から10年に一度の間隔で繰り返し実施していこうと考えるようになった。これまでのところ，以下の調査が完了している。

①JIGS1997　東京都と茨城県の職業別電話帳(いわゆる『タウンページ』)の「組合・団体」に掲載されている団体から無作為に抽出された4,247団体(東京都3,866，茨城県381)に対し，郵送にて調査票を送付し，回答を記入の上返送することを求めた(1997年３月～６月)。最終的な有効回答数は1,635（東京都1,438，茨城県197)。報告書として，辻中編(2002)が刊行されている。

②JIGS2007　47都道府県のNTT番号情報株式会社のインターネット版タウンページ(iタウンページ)に登録されている「組合・団体」から，重複して掲載されている団体や，解散した団体，団体と認められない登録情報(店舗，工場，診療所などの施設類)などを除く91,101団体に調査票を郵送し，回答を記入の上返送することを求めた(2006年12月～2007年３月)。最終的な有効回答数は15,791（回収率・抽出率：17.3%)。報

告書として，辻中・森編(2010)が刊行されている。

③JIGS2012　東日本大震災後の団体世界を把握するために，11都府県(岩手県，宮城県，山形県，福島県，茨城県，東京都，愛知県，京都府，大阪府，福岡県，沖縄県)に限定して変則的に実施された調査(2012年11月～2013年3月)。JIGS2007の母集団リストを再利用し，「組合・団体」欄の28の下位カテゴリごとに50％無作為抽出を行った(層化二段無作為抽出法)。調査対象となった14,477団体のうち，3,296団体から有効回答を得た(回収率：22.8％)。報告書として，辻中編(2015)が作成されている。

④JIGS2017　東京都と茨城県のiタウンページの「組合・団体」に掲載されている団体から無作為に抽出された4,400団体(東京都3,400，茨城県1,000)に対し，郵送にて調査票を送付し，回答を記入の上返送するか，またはウェブ上の調査票にアクセスして回答することを求めた(2017年2月～3月)。有効回答数は1,300（東京都940，茨城県342，所在地不明18)である。中間報告書として，辻中ほか(2017)，報告書として，辻中編(2018)が作成されており，調査データを活用したものとして，辻中・山本編(2021)が刊行されている。

調査対象の範囲が変わるのは，調査に付随するコストの問題が関係している。10年に一度の調査を形式化していくとして，毎回，全国の団体を対象とした調査を組み，データを整理した上で，調査報告書をまとめることは困難である。そこで次善の策として考えたのが，研究のリソースが潤沢なときは全国調査を実施し，そうではないときは東京都と茨城県の団体を対象とした調査をするというやり方である。過去の調査では，必ず東京都と茨城県が含まれているので，この部分に着目すれば，経年的な比較分析が可能となる。

(2) 2017年調査における新しい試み

JIGSのような調査は，毎回の調査を同一形式で実施するからこそ意味を持つものである。この点を絶対視すれば，調査票はワーディングや回答形式も含めて，変更を加えない方がよい。しかしながら，2017年調査では，質問項目の4分の1程度を組み替えることにした。以下に述べるような，旧構造の残存現象に関する疑問を解決するためである。

旧構造の残存現象とは何か。これについては，前章でも触れているが，重複を厭わず，言及しておきたい。話を筆者たちが無作為抽出法に基づく団体調査を企画していた1990年代半ばに戻そう。その当時において想定されていたのは，次のような団体世界の姿であった。①市民社会の活性化，②ポスト官僚主導の政治過程，③ポスト自民党一党優位の政治過程。ところが，1997年に調査を実際にしてみると，まったく異なった団体世界の姿が浮かび上がったのである。その特徴は，①古い団体の残存，②生産セクターの優位(経済，農業)，③官僚(行政)主導の政治過程，④自民党一党優位の政治過程，である。

こうした結果が一度限りのものであれば，調査が現実の姿を捉え損ねた，と考えることもできた。しかし，2007年に全国規模で同一の調査を再度実施しても，ほぼ同様の結果が得られたのである。当初に想定されたような新時代の傾向については，発見できなくはなかったが，その広がりは限定的であった。我々は，こうした団体世界の姿について，旧構造の残存現象と特徴づけたのである。

JIGS2007から10年後に実施されたJIGS2017における最大の関心は，旧構造の残存現象が依然として確認できるか，というものであった。これ以外にも，そもそもの話として，実は2007年の時点で旧構造の変容は始まっていたものの，調査項目が適切なものではなかったために，それを捉え損ねたのではないかという疑念に向き合いたいという気持ちもあった。というのも，我々の団体調査とは別のデータにおいて，それを示唆する材料がいくつか存在したからである。

たとえば，各種の年鑑が示すところによれば，団体の財政規模の縮小傾向が明確にあらわれていた。また，数十年にわたって定期的に実施されている有権者調査が示すところによれば，JIGSが対象とするような組織に所属していると回答する有権者の割合は，明らかに低下傾向にあった(辻中・森編 2010：第2章)。これらのデータから読み取れることをわかりやすく書けば，こういうことになろう。団体という箱は確かに残っている。しかし，そこに入っているはずの内容物(資金，人，活動)の濃度が低下している状態が生まれつつあるのではないか，という見立てである。我々はそれをある時期から旧構造の空洞化現象と呼ぶようになっていたのだが，JIGS2017では，この問題を確実に把握するための工夫が凝らされることとなった。

2　旧構造の空洞化と新しい動きの停滞化

(1) 団体分類と設立年の分布

JIGS2017の報告を始めよう。まず，確認しておきたいのは，団体分類の分布である。前章で述べたように，JIGSでは，団体自身が関心を有する政策領域ごとに団体を分類していく方法が採用されている。JIGS2007以降は，①農林水産業団体，②経済業界団体，③労働団体，④教育団体，⑤行政関係団体，⑥福祉団体，⑦専門家団体，⑧政治団体，⑨市民団体，⑩学術・文化団体，⑪趣味・スポーツ団体，⑫宗教団体，⑬その他，という区分法が固定化されてきたところである。

表12－1は，JIGS2007とJIGS2017の比較である。JIGS2007は全国調査であるが，東京都と茨城県の部分を抜き出して，表を作成している。全体的に指摘できるのは，変化の小ささである。東京都においては経済業界団体が圧倒的な優位を示している。茨城県においては農林水産業団体と経済業界団体が圧倒的な優位を示している。旧構造の残存現象としての一側面は，依然として維持されているといえよう。

興味深いのは東京都の市民団体である。4.3％から10.1％に変化している。

表12－1　団体分類

	東京2007		東京2017		茨城2007		茨城2017	
	実数	%	実数	%	実数	%	実数	%
農林水産業	107	5.9	51	5.4	72	25.2	95	27.8
経済業界*	493	27.1	264	28.1	57	19.9	67	19.6
労働	104	5.7	62	6.6	29	10.1	24	7.0
教育	104	5.7	38	4.0	9	3.1	10	2.9
行政関係	99	5.4	66	7.0	28	9.8	25	7.3
福祉	101	5.5	67	7.1	19	6.6	31	9.1
専門家	121	6.6	46	4.9	15	5.2	17	5.0
政治	25	1.4	9	1.0	7	2.4	1	0.3
市民	79	4.3	95	10.1	14	4.9	21	6.1
学術・文化	243	13.3	125	13.3	5	1.7	17	5.0
趣味・スポーツ	80	4.4	48	5.1	5	1.7	7	2.0
宗教	9	0.5	6	0.6	1	0.3	2	0.6
その他	227	12.5	40	4.3	23	8.0	18	5.3
無回答	30	1.6	23	2.4	2	0.7	7	2.0
合計	1822	100.0	940	100.0	286	100.0	342	100.0

* JIGS2007では「経済業界団体」ではなく，「経済・業界団体」である。

これは新しい現象として注目された市民団体の台頭が拡大している証拠として捉えられよう。ただ，「その他」という回答を見ると，2007年から2017年にかけて大きな減少が見られる点が気にかかるところである。10年前には「その他」と回答していた団体層が，市民団体という名称のイメージ変化に伴い，自らを市民団体と称するようになった可能性もある。

次に，団体の設立年の分布を見よう。データを整理した結果は，表12－2に示されている。上側に東京都と茨城県を全体として見た場合，下側に東京都を団体分類別に見た場合の結果を掲げた。

東京都と茨城県の全体を確認すると，古い団体の残存現象は持続しているものの，その傾向は緩和しつつあることがわかる。他方，新しい団体の比率が大きくなっているわけではない点が興味深い。団体世界全体が縮小していると言ってよいだろう。

注目されるのは市民団体である。2007年調査では，市民団体という分類において団体の噴出現象が確認されたが，2017年においては明らかに停滞傾向が看取される。市民団体の台頭が一過性のものに終わってしまうのかどうかという論点が，現在浮上していることが了解できる。

表12－2　団体の設立年の分布（%）

	N	不明	－1945	46－55	56－65	66－75	76－85	86－95	96－05	06－17
東京(全体)	940	1.5	7.9	15.7	13.1	14.6	10.6	14.7	12.3	7.6
茨城(全体)	342	0.9	3.2	17.5	16.7	14.3	10.5	14.3	9.9	8.2
東京分類別										
農林水産業	51	3.9	5.9	17.6	9.8	21.6	11.8	19.6	5.9	3.9
経済業界	264	0.4	4.5	16.7	22.3	17.4	11.7	12.9	9.1	3.0
労働	62	4.8	1.6	25.8	4.8	22.6	6.5	17.7	9.7	6.5
教育	38	0.0	10.5	18.4	7.9	7.9	18.4	13.2	7.9	13.2
行政関係	66	0.0	3.0	27.3	15.2	12.1	18.2	7.6	7.6	9.1
福祉	67	0.0	4.5	14.9	4.5	13.4	11.9	19.4	20.9	9.0
専門家	46	0.0	0.0	13.0	8.7	15.2	4.3	15.2	19.6	19.6
政治	9	0.0	0.0	0.0	0.0	11.1	11.1	0.0	55.6	22.2
市民	95	3.2	12.6	9.5	3.2	12.6	10.5	17.9	18.9	9.5
学術・文化	125	0.0	17.6	8.0	12.0	14.4	9.6	18.4	13.6	4.8
趣味・スポーツ	48	2.1	12.5	16.7	18.8	2.1	6.3	12.5	12.5	16.7
宗教	6	0.0	16.7	66.7	0.0	0.0	0.0	16.7	0.0	0.0
その他	40	10.0	17.5	15.0	12.5	7.5	2.5	10.0	12.5	12.5

表中には無回答の割合を記載していないので数値を合計しても100にはならない。

(2) 形式の持続と内実の変化

旧構造の空洞化現象の現状を捉えよう。JIGS2017では，団体内部に発生している変化の実相を把握するために，いくつかの項目を提示した上で,「この10年で，あなたの団体には変化がみられましたか」と尋ねている。表12－3は,「会員数」と「財政規模」の２つの項目についての回答結果を整理したものである。

全体として指摘できることは，団体の会員数・財政規模ともに明らかな縮小傾向にあること，財政的縮小よりも人的縮小の方が規模が大きいことである。規模の縮小は茨城県の方で明瞭にあらわれている。

東京都の団体については，団体分類ごとの集計も行ったが，そこにはどのような相違があるだろうか。会員数について言えば，専門家，政治団体を除く全ての団体分類で，会員数が「増えた」団体よりも，「減った」団体の割合の方が高い。その傾向は，半数以上の団体で会員数が減少している農林水産業団体，経済業界団体，行政関係団体で顕著である。財政規模に目を転じてみると，会員数の減少よりも緩やかではあるが，多くの団体分類で規模の縮小が進行していることがわかる。特に，農林水産業団体，経済業界団体,

表12－3　会員数と財政規模の変化（%）

	N	会員数			財政規模		
		減った	どちらともいえない	増えた	減った	どちらともいえない	増えた
東京(全体)	940	49.4	19.1	23.2	40.4	25.2	24.4
茨城(全体)	342	57.9	12.0	20.5	44.1	25.1	19.8
東京分類別							
農林水産業	51	62.7	5.9	25.5	43.1	25.5	23.5
経済業界	264	59.5	17.8	17.8	46.2	30.3	17.8
労働	62	46.8	19.4	21.0	45.2	21.0	19.4
教育	38	36.8	23.7	34.2	34.2	21.1	39.5
行政関係	66	54.5	12.1	24.2	53.0	16.7	19.7
福祉	67	49.3	16.4	22.4	31.3	25.4	29.9
専門家	46	37.0	19.6	39.1	23.9	23.9	43.5
政治	9	33.3	0.0	33.3	22.2	0.0	44.4
市民	95	37.9	29.5	25.3	25.3	31.6	30.5
学術・文化	125	44.0	25.6	24.0	52.0	17.6	26.4
趣味・スポーツ	48	47.9	20.8	25.0	33.3	29.2	27.1
宗教	6	50.0	16.7	0.0	50.0	16.7	0.0
その他	40	45.0	20.0	30.0	22.5	37.5	25.0

表中には無回答の割合を記載していないので数値を合計しても100にはならない。

労働団体，行政関係団体，学術・文化団体ではそれが顕著である。こうした傾向に反するのが，教育団体，専門家団体，市民団体であり，これらの分類では財政規模が拡大傾向にある団体が目立っている。

団体は枠組としては存在するが，その内容物の濃度は低下しているという旧構造の空洞化現象は，明確な姿をとりつつあるといってよいだろう。

(3) 市民団体の停滞

過去の調査報告で「新しい動き」として示した箇所についても，探索を深めておきたい。ここで試みたいのは，市民団体において発生しているとみられる停滞の検討である。

1990年代後半以降，常に伸長の側面が指摘されてきた市民団体領域に停滞現象が見られることを指摘したものとして，心理学者である新井洋輔のNPO調査がある。新井は，首都圏のNPO法人に対して2009年に郵送調査を行い(400団体，回収率28%)，次の諸点を発見している(新井2010)。①7割の団体がリーダーの交代を経験していない，②7割の団体がリーダー交代時の引継ぎ内容を決定していない，③9割の団体がリーダー交代時期に関する明確なルールを持っていない。新井の次の言及は，当該領域における団体の現状を考える上で示唆的であった。「NPO法成立から10年が経過した現在，主婦層や退職者が中心となって設立されたNPO団体には，運営の中心メンバーの交代時期に来ている団体も多いと考えられる。インフォーマルに構成されるNPO団体では，設立メンバーに代わるようなリーダーシップに長けた人物が必ずしもいるとは限らない。スキル継承過程の検討と，円滑な継承方略の発見は，集団の継続と発展にとって極めて重要な課題であると考えられる。」

新井が2009年に確認した事実が，その後どのような展開になっているかを確認すべく，JIGS2017では，団体内におけるリーダー層の世代交代を確認する設問を用意した。回答をまとめたのが表12－4である。他の団体分類と比較しながら市民団体の回答を見ていただきたい。「進んでいない」「どちらかといえば進んでいない」という回答が多くなっている点が注目されよう。

市民団体の増加は，旧構造の残存現象を突き崩すものとして捉えられてきたわけだが，そのような単純な図式で論じ切れないのが団体世界なのである。市民団体の新設ラッシュの状況は持続しているとはいえず，また，既にでき上がった団体の内部において世代交代の停滞が見られる。市民団体領域

表12－4　団体内リーダー層の世代交代(「10年前」との比較) (%)

	N	進んでいない	どちらかといえば進んでいない	どちらともいえない	どちらかといえば進んでいる	進んでいる
東京(全体)	940	8.3	12.0	30.9	32.0	7.1
茨城(全体)	342	7.6	11.4	30.7	30.1	9.1
東京分類別						
農林水産業	51	5.9	17.6	27.5	27.5	11.8
経済業界	264	5.3	11.0	30.3	40.2	9.1
労働	62	4.8	11.3	29.0	25.8	12.9
教育	38	7.9	13.2	36.8	36.8	2.6
行政関係	66	7.6	13.6	30.3	28.8	4.5
福祉	67	6.0	16.4	31.3	20.9	11.9
専門家	46	6.5	8.7	28.3	47.8	4.3
政治	9	11.1	0.0	22.2	22.2	11.1
市民	95	21.1	22.1	20.0	26.3	1.1
学術・文化	125	9.6	5.6	40.8	32.0	4.8
趣味・スポーツ	48	12.5	14.6	35.4	22.9	6.3
宗教	6	16.7	0.0	16.7	50.0	0.0
その他	40	5.0	7.5	32.5	32.5	7.5

表中には無回答の割合を記載していないので数値を合計しても100にはならない。

における重層的な停滞現象がどのような進展を見せるのか。次回調査におけるひとつの焦点になるだろう。

3　行政・政党・司法と団体

本節では，諸団体が政治アクターとどのような関係にあるかを再考する[1]。行政，政党，司法の順番で扱っていくことにしよう。

(1) 団体－行政関係の再考

2010年代に入り，日本の政治・経済・社会は，それまでとは異なる新しい段階に入ったと思われる。キーワードとなるのが新自由主義であるが，その内容については次章で扱うことにしよう。ここでは新自由主義の進展に伴う団体－行政関係の変化について先んじて検討しておきたい。

新自由主義は多義的な概念であるものの，その特徴として，①市場原理が

1　JIGS2017で把握された全般的傾向については，辻中・山本編(2021)参照。

拡張する側面と②市場原理拡張の過程における政府の力の増大という側面の同時存在を指摘できる。市場原理が拡張するのであれば，政府の役割は小さくなるのではないか，と考えられがちであるが，それは最終的な姿なのであって，そこに到達するまでの過程においては，政府の役割はむしろ大きくなると考えなければならない。

JIGS2017では，団体調査においても新自由主義の時代に特有の現象が把握できるのではないか，という見立ての下に，次のような設問を用意した。団体の「活動分野」の状況について，10年前と比べ，「政府の財政的役割」は小さくなったか，大きくなったか，「政府による方向付け」は強くなったか，弱くなったかを尋ねるものである。表12－5，表12－6，図12－1，図12－2は，回答結果をまとめたものである。

東京と茨城の全体を見ることによって，変化を大局的に把握しよう。まず，「政府の財政的役割」についてだが，「どちらともいえない」が最も多く，東京51.9%，茨城38.6%である。「小さくなった」「どちらかといえば小さくなった」という回答は，東京16.0%，茨城20.4%であり，「大きくなった」「どちらかといえば大きくなった」という回答は，東京16.0%，茨城25.7%となっている。政府は一律的に小さくなっているわけではなく，変化はやや複雑な形態で生じていると捉えた方がよいだろう。

次に，「政府による方向付け」についてだが，「どちらともいえない」が最も多く，東京47.8%，茨城38.9%である。「強くなった」「どちらかといえば強くなった」という回答は，東京28.8%，茨城33.9%であり，「弱くなった」「どちらかといえば弱くなった」という回答は，東京8.4%，茨城10.2%となっている。団体の「活動分野」における「政府による方向付け」が強くなったと考える団体は，相当に多いという結果である。

団体分類ごとの結果はどのようなものであろうか。変化を視覚的に把握するために，図12－1，図12－2を作成してみたが，興味深い結果が出ている。ひとつの例外を除いてどの団体分類も「どちらともいえない」が多数派であることを確認した上で，やや踏み込んだ言及を行えば，次のようになる。「政府の財政的役割」については，団体分類ごと，あるいは団体分類内で一定の差異が生じており，政府が一律的に小さくなっているわけではなく，大きくなっている場合もあることがわかる。他方で「政府の方向付け」については，全般的に強まりを見せているという結果が出ており，日本における団体－行政関係の基調を考える上で，ひとつの手がかりを提供するデー

表12－5　団体の活動分野における「政府の財政的役割」

	N	小さくなった	どちらかといえば小さくなった	どちらともいえない	どちらかといえば大きくなった	大きくなった
東京(全体)	940	8.3	7.7	51.9	11.0	5.0
茨城(全体)	342	9.6	10.8	38.6	18.1	7.6
東京分類別						
農林水産業	51	13.7	17.6	37.3	9.8	3.9
経済業界	264	33.3	8.3	62.5	9.8	2.7
労働	62	2.0	8.1	40.3	16.1	9.7
教育	38	5.9	5.3	55.3	21.1	7.9
行政関係	66	17.6	13.6	31.8	12.1	9.1
福祉	67	15.7	11.9	34.3	14.9	9.0
専門家	46	2.0	8.7	52.2	15.2	10.9
政治	9	0.0	0.0	33.3	22.2	0.0
市民	95	15.7	4.2	60.0	8.4	2.1
学術・文化	125	25.5	3.2	59.2	8.8	4.8
趣味・スポーツ	48	7.8	2.1	62.5	8.3	4.2
宗教	6	0.0	0.0	66.7	0.0	0.0
その他	40	7.8	7.5	47.5	10.0	5.0

表中には無回答の割合を記載していないので数値を合計しても100にはならない。

表12－6　団体の活動分野における「政府による方向付け」

	N	弱くなった	どちらかといえば弱くなった	どちらともいえない	どちらかといえば強くなった	強くなった
東京(全体)	940	3.9	4.5	47.8	20.1	8.7
茨城(全体)	342	3.5	6.7	38.9	22.5	11.4
東京分類別						
農林水産業	51	5.9	5.9	45.1	23.5	3.9
経済業界	264	1.9	8.0	53.4	21.2	6.4
労働	62	0.0	1.6	35.5	25.8	16.1
教育	38	2.6	0.0	55.3	31.6	7.9
行政関係	66	9.1	1.5	34.8	22.7	12.1
福祉	67	10.4	4.5	31.3	20.9	17.9
専門家	46	4.3	2.2	34.8	39.1	8.7
政治	9	0.0	0.0	33.3	22.2	11.1
市民	95	4.2	2.1	60.0	8.4	8.4
学術・文化	125	4.8	4.0	53.6	15.2	9.6
趣味・スポーツ	48	2.1	2.1	58.3	18.8	4.2
宗教	6	0.0	0.0	50.0	16.7	0.0
その他	40	2.5	7.5	45.0	17.5	7.5

表中には無回答の割合を記載していないので数値を合計しても100にはならない。

図12－1 団体の活動分野における「政府の財政的役割」（団体分類別）

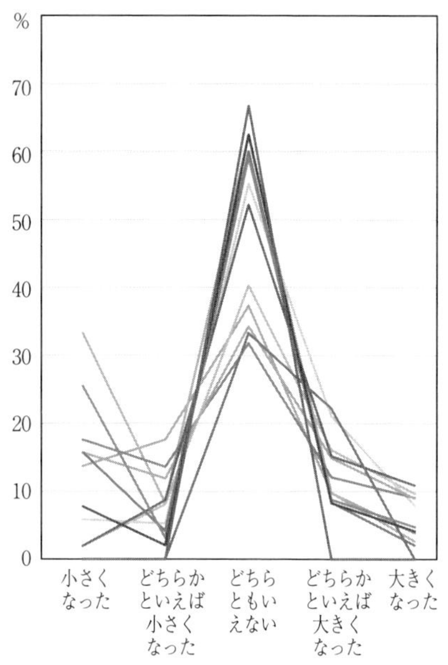

図12－2 団体の活動分野における「政府による方向付け」（団体分類別）

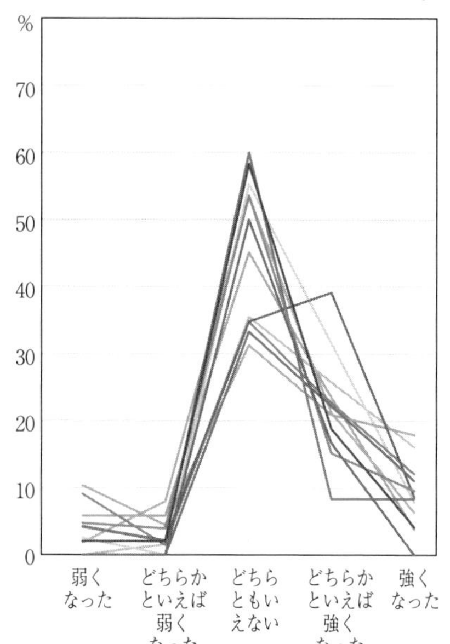

タであるといえよう。

ところで「政府による方向付け」に関しては，調査実施前の調査票作成時に，そもそも「方向付け」という言葉が回答者にとって理解可能なものであるかについて，JIGSメンバーの中で議論があった。無回答の割合が高くなることも覚悟しつつ，あえて「方向付け」という言葉をJIGS2017では使用したのだが，回答率は，教育団体97％，経済業界団体91％，専門家団体89％，学術・文化団体87％，趣味・スポーツ団体86％，福祉団体85％，農林水産業団体84％，市民団体83％，行政関係団体80％，労働団体79％，宗教団体67％，政治団体67％であり，このこと自体がひとつの発見であったと我々が考えていることを付記しておきたい。

(2) 団体－政党関係の再考

団体－政党関係については，「なぜ，団体は政党に対して選挙活動を提供するのか」という根本の部分について，再考を試みたい。この点に関しては，JIGS1997，JIGS2007の報告書では，常識的な解釈を提示するだけで済ませてきた。すなわち，「団体は，何らかの見返りを求めて，政党に選挙活動を提供する」という考え方である。こうした考え方のすべてが否定されるわけではないが，日本の文脈では別の捉え方ができることを示しておきたい。

それは，「団体は，政党や候補者からの働きかけがあるから，選挙活動を提供している」という見方である。この見方においては，団体はかなり受け身のイメージとなる。なぜ，このような着想を得たかだが，これは筆者がさまざまな機会に議員や団体関係者から直接的な聞き取りをする中で浮かび上がってきたものである，と記しておこう。

表12－7は，「あなたの団体は最近の国政選挙において，次にあげる政党の候補者を支持もしくは推薦しましたか」という質問(A)と，「次の国政選挙に向けて，あなたの団体に対して，次にあげる政党から働きかけはありますか」という質問(B)への回答を集計したものである。2017年が調査時なので，2014年衆院選と2016年参院選(選挙区と比例代表を別々に処理してある)が「最近の国政選挙」となる。

国政選挙における支持・推薦の実績と政党からの働きかけの規模には明らかに関連がある。こうした結果をもとに議論をすれば，団体世界における自

表12－7　選挙時の支持・推薦の有無と，次期選挙に向け

	N	自民				民進				公明			
		A			B	A			B	A			B
		14年	16年		次の選挙	14年	16年		次の選挙	14年	16年		次の選挙
		衆院	参院区	参院比例		衆院	参院区	参院比例		衆院	参院区	参院比例	
東京(全体)	940	9.7	8.7	8.8	15.7	4.3	4.0	3.5	8.5	2.8	2.9	2.2	6.0
茨城(全体)	342	28.1	28.7	31.9	28.4	9.1	10.5	8.2	15.8	2.9	3.5	4.1	5.0
東京分類別													
農林水産業	51	13.7	9.8	11.8	23.5	2.0	3.9	0.0	7.8	0.0	0.0	0.0	3.9
経済業界	264	14.8	13.6	15.5	23.5	1.1	1.5	1.1	6.8	4.2	3.8	3.4	8.7
労働	62	3.2	4.8	1.6	3.2	41.9	37.1	37.1	45.2	0.0	0.0	0.0	0.0
教育	38	13.2	10.5	10.5	7.9	10.5	5.3	7.9	2.6	2.6	2.6	5.3	2.6
行政関係	66	13.6	9.1	10.6	18.2	0.0	1.5	0.0	7.6	4.5	4.5	3.0	7.6
福祉	67	7.5	7.5	4.5	26.9	0.0	1.5	0.0	7.5	7.5	9.0	4.5	14.9
専門家	46	15.2	13.0	15.2	10.9	2.2	4.3	2.2	4.3	2.2	4.3	2.2	2.2
政治	9	22.2	33.3	22.2	33.3	33.3	33.3	33.3	44.4	0.0	0.0	0.0	0.0
市民	95	1.1	1.1	1.1	5.3	0.0	0.0	0.0	4.2	1.1	1.1	1.1	7.4
学術・文化	125	4.8	4.0	4.0	6.4	1.6	0.0	0.0	3.2	1.6	1.6	1.6	1.6
趣味・スポーツ	48	6.3	8.3	6.3	20.8	0.0	0.0	0.0	4.2	0.0	0.0	0.0	4.2
宗教	6	0.0	0.0	0.0	0.0	0.0	0.0	0.0	0.0	0.0	0.0	0.0	0.0
その他	40	10.0	7.5	5.0	17.5	0.0	0.0	0.0	5.0	5.0	5.0	2.5	5.0

民党の一党優位については，自民党からの働きかけの量が他党を圧倒しているという事実が重視されるべきであろう。非自民政党は，団体からの支持を受けていないという以前に，特定の団体分類を除いてそもそも団体に働きかけをしていないのである。していないというよりは，する力量がない，もしくは，しようとする意思が弱いと評した方がよいかもしれない。

(3) 団体－司法関係の再考

これまでのJIGSでは団体－司法関係にほとんど触れてこなかった。表12－8にあるように，裁判所を有効な働きかけの対象と考える団体が少ないことが，その理由である(質問文は「あなたの団体の主張をとおしたり，権利，意見，利益を守るために，政党(ないし議会)，行政，裁判所のどれに働きかけることがより有効であると思われますか。( )に1～3の順位を入れてください」)。しかし，それも問題のある見方であったと反省しなければならない。なぜなら，団体の中には，裁判所を最も有効な標的であると考えるものが確実に存在するからである。数量的に多い・少ないという基準で現象を捉えたことによって，政治過程における重要な局面を見逃してしまったかもしれないのである。

そのような反省に基づき，JIGS2017では，司法にかかわる設問をいくつか入れ込むことにした。それらの新規の設問に対する回答を整理しておきたい。

表12－9の「裁判所の影響力」の箇所は，団体が裁判所について，どの程度影響力を認めているかの回答を整理したものである[2]。

た各政党からの働きかけ

社民				共産			
A			B	A			B
14年	16年		次の選挙	14年	16年		次の選挙
衆院	参院区	参院比例		衆院	参院区	参院比例	
0.3	0.4	0.4	1.2	0.4	0.4	0.3	1.8
0.3	0.3	0.6	1.5	0.6	0.9	0.9	1.5
0.0	0.0	0.0	0.0	0.0	0.0	0.0	0.0
0.0	0.0	0.4	0.0	0.4	0.4	0.0	1.5
4.8	4.8	4.8	11.3	3.2	3.2	3.2	11.3
0.0	0.0	0.0	0.0	0.0	0.0	0.0	0.0
0.0	0.0	0.0	0.0	0.0	0.0	0.0	0.0
0.0	0.0	0.0	0.0	0.0	0.0	0.0	3.0
0.0	2.2	0.0	0.0	0.0	2.2	0.0	0.0
0.0	0.0	0.0	0.0	11.1	0.0	11.1	11.1
0.0	0.0	0.0	2.1	0.0	0.0	0.0	0.0
0.0	0.0	0.0	0.8	0.0	0.0	0.0	0.8
0.0	0.0	0.0	0.0	0.0	0.0	0.0	2.1
0.0	0.0	0.0	0.0	0.0	0.0	0.0	0.0
0.0	0.0	0.0	0.0	0.0	0.0	0.0	2.5

2　質問文は「あなたの団体が関心のある政策分野についてどの程度影響力をもっていると思いますか」。回答形式は「非常に影響力あり」を7，「ほとんど影響力なし」を1とする7段階評価。7，6，5を「あり」，3，2，1を「なし」として処理した。

表12－8　団体の働きかけの対象

	N	行政			政党			裁判所		
		1位	2位	3位	1位	2位	3位	1位	2位	3位
東京(全体)	940	50.3	18.4	7.3	20.7	33.1	16.7	3.0	5.1	58.3
茨城(全体)	342	52.0	18.7	6.1	19.0	38.9	14.6	3.2	2.6	61.1
東京分類別										
農林水産業	51	58.8	17.6	2.0	19.6	41.2	13.7	3.9	3.9	62.7
経済業界	264	54.5	17.8	6.8	20.8	36.7	15.9	1.9	3.4	62.1
労働	62	32.3	46.8	8.1	38.7	27.4	17.7	14.5	4.8	66.1
教育	38	57.9	13.2	10.5	18.4	36.8	18.4	2.6	10.5	52.6
行政関係	66	62.1	13.6	6.1	19.7	36.4	16.7	0.0	3.0	63.6
福祉	67	58.2	16.4	4.5	23.9	34.3	13.4	3.0	6.0	53.7
専門家	46	50.0	17.4	8.7	19.6	34.8	15.2	4.3	10.9	50.0
政治	9	22.2	55.6	0.0	66.7	11.1	0.0	0.0	0.0	66.7
市民	95	50.5	16.8	8.4	18.9	33.7	17.9	2.1	7.4	58.9
学術・文化	125	48.0	8.8	10.4	8.8	32.8	20.0	1.6	8.0	50.4
趣味・スポーツ	48	45.8	20.8	8.3	31.3	31.3	12.5	0.0	0.0	70.8
宗教	6	16.7	16.7	0.0	0.0	0.0	33.3	16.7	0.0	16.7
その他	40	37.5	22.5	10.0	17.5	25.0	25.0	5.0	2.5	62.5

表中には無回答の割合を記載していないので数値を合計しても100にはならない。

表12－9　団体と司法の関係

	N	裁判所の影響力			訴訟の利用		法務担当者
		なし	中間	あり	経験	可能性	
東京(全体)	940	34.6	12.4	8.6	5.2	23.0	39.6
茨城(全体)	342	32.4	13.2	7.2	3.5	21.3	23.4
東京分類別							
農林水産業	51	33.3	13.7	3.9	2.0	17.6	29.4
経済業界	264	40.9	10.2	7.6	4.5	19.7	42.8
労働	62	21.0	17.7	24.2	19.4	40.3	33.9
教育	38	23.7	23.7	7.9	0.0	21.1	42.1
行政関係	66	36.4	6.1	9.1	1.5	21.2	28.8
福祉	67	19.4	25.4	9.0	1.5	23.9	47.8
専門家	46	37.0	13.0	6.5	2.2	26.1	41.3
政治	9	22.2	0.0	0.0	22.2	11.1	33.3
市民	95	40.0	5.3	16.8	8.4	21.1	30.5
学術・文化	125	37.6	13.6	4.8	4.0	24.0	48.0
趣味・スポーツ	48	39.6	16.7	2.1	6.3	39.6	47.9
宗教	6	16.7	33.3	16.7	16.7	33.3	50.0
その他	40	32.5	10.0	5.0	5.0	17.5	32.5

表中には無回答の割合を記載していないので数値を合計しても100にはならない。
訴訟の利用経験・可能性，法務担当者については，肯定的回答の割合を表示。

これを見ると，ほとんどの団体が関心分野における裁判所の影響力を低く見積もっていることがわかる。こうした傾向は，農林水産業団体，経済業界団体，専門家団体，学術・文化団体，趣味・スポーツ団体で顕著であるが，労働団体と市民団体は裁判所の影響力を比較的高く認識していることが注目される。

「訴訟の利用」の箇所は，何らかのトラブルが生じた際に訴訟を利用したことがあるか(「経験」)，利用する可能性があるか(「可能性」)についての回答を整理したものである。訴訟経験を有する団体は東京全体で5.2%，茨城全体で3.5%とかなり少ないことがわかる。しかしながら，団体分類別では大きな偏差が生じており，労働団体，市民団体で数値が高くなっている。

団体－司法関係を考えるに当たっては，顕在化している側面だけではなく，潜在的な側面にも注意を払っていくことが重要であろう。何らかのトラブルが生じた際に，訴訟を利用する可能性が「ある」と答えた団体の割合が興味深い。裁判所の影響力を低く認識し，かつ訴訟経験の少ない団体であっても，訴訟の利用は考慮されていることがよくわかる結果が出ている。

この他にJIGS2017では，団体内に専任の法務担当者を，常勤・ボランティア・外部委託のいずれの形で設置しているかを尋ねているが，「法務担当者」の欄で示されているように，東京全体で約40%，茨城全体で約23%の団体が何らかの形で法務担当者を置いていることが明らかになった。

4　グローバル化と団体世界

(1) グローバル化の影響を捉える

2000年代に入ってから，団体を取り巻く環境は大きく変化している。最大の変化は，グローバル化とそれに伴う諸改革の進展であろう。一般的にグローバル化とは，ヒト・モノ・カネ・情報が地球的規模で移動する現象を指すが，団体基礎構造研究会もそうした動きをはやくから注視してきた[3]。ただし，過去の調査で念頭にあったのは「国境を越えて活動する団体にはどのような特徴があるか」を明らかにすることであり，「国境を越えて活動しない

3　団体基礎構造研究会の代表である辻中豊は，JIGSプロジェクトが始動する以前から，トランスナショナルなアクターとしての団体の活動とその影響力に高い関心を寄せ，調査データからそれを明らかにしようとしていた(辻中1994)。また，JIGSプロジェクトが始まってからは，研究会メンバーの足立研幾が，活動の地理的範囲を「世界レベル」と回答した団体(首都圏では10%，全国的には5%の規模)の動向に関し，分析を行っている(足立2002；2010)。

団体」が多数を占める国内の団体世界において，グローバル化がどのような影響を与えているかに関しては，未着手の研究領域となっていた[4]。

JIGS2017では，グローバル化の影響を直接的に尋ねる設問を新設した[5]。質問文は，「現在，経済，政治，文化などの各領域で『グローバル化』と呼ばれる現象が進んでいます。グローバル化には，あなたの団体の活動にとって良い影響があるでしょうか，それとも悪い影響があるでしょうか」というものであり，選択肢として提示したのは，「よい影響」「どちらかといえばよい影響」「どちらともいえない」「どちらかといえば悪い影響」「悪い影響」「関係がない」である。

図12－3は，回答結果を視覚化したものである。回答全体はまず，①グローバル化の影響に「関係がない」とは答えなかった団体，②グローバル化の影響に「関係がない」と答えた団体，③無回答に分かれ，①の回答は①－1「よい影響」，①－2「どちらかといえばよい影響」，①－3「どちらともいえない」，①－4「どちらかといえば悪い影響」，①－5「悪い影響」に分

4 JIGS1997，2007は，日本の「旧構造」との関連で団体世界を捉えることに関心を集中させており，政治・社会過程は基本的に一国内で完結するという認識を保持していた。国際政治学の研究者である鈴木一敏が正しく指摘するように（鈴木2017：15），過去のJIGSにおける調査設計では，1990年代後半以降，急速に進展した政治・経済・社会のグローバル化が団体世界に与えた影響を，直接的に測定し得る質問項目が設けられていなかったのである。なお，団体基礎構造研究会において，グローバル化の問題が本格的に調査対象として認識されたのは，2008年のリーマン・ショック後のことであった。より正確には，村松岐夫が後に『政官スクラム型リーダーシップの崩壊』（村松2010）に収めた諸論稿を発表し始めたことが大きな契機となった。村松は，日本の政治過程に関して膨大な研究を発表してきた政治学者であるが，筆者の見るところ，「グローバリゼーション」という語を論述の中で多用するようになったのは，この研究書からである。同書は，団体基礎構造研究会における議論を重要な側面で方向づけることとなった。

5 団体世界とグローバル化の関係を測定するための質問を作成するに当たり，2つの懸案事項があった。第1は，グローバル化という言葉について，設問中で定義や意味を付すべきか否かという点であり，第2は，団体がグローバル化をどのようなものとして認識しているかについて，いかに測定すればよいかという点である。第1の点については，質問文の中で「グローバル化」という言葉にあえて定義を付さず，回答者がグローバル化の意味について自由に判断を下せるような状況を作ることにした。第2の点については，当初は，より具体的かつ詳細な選択肢を作成した上で，複数の設問に分けて，団体の認識を問うものを準備しようとしたが，調査設計者が想定する回答以外の回答が出る可能性が高いのではないかという議論があり，自由回答の形式を意図的に採用することとなった。この設問の趣旨の解説と分析に特化した報告として，森・益田（2019）参照。

図12－3　グローバル化の影響に対する評価

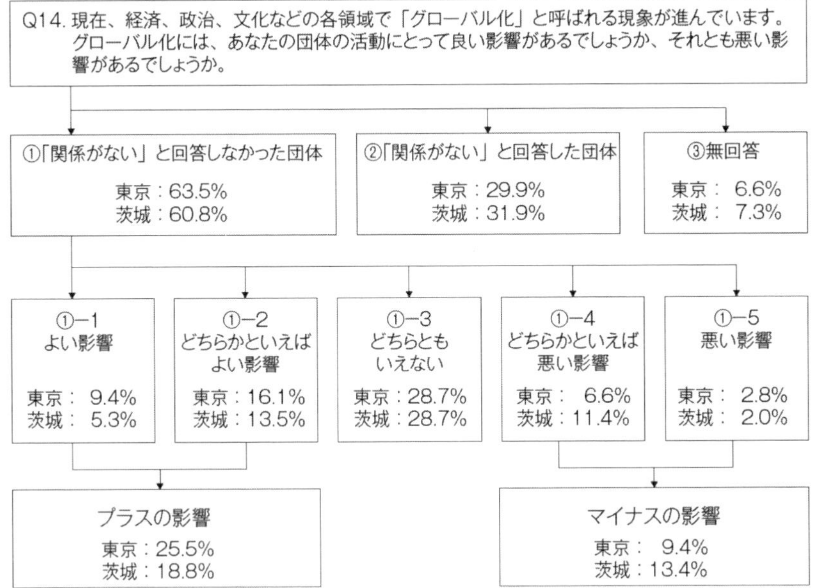

かれる，という構造になっている。

グローバル化の影響に「関係がない」とは答えなかった団体をグローバル化の影響に関係する団体であるとみなせば，その数値は東京都で63.5%，茨城県で60.8%になる。団体世界の６割超の団体が，グローバル化の影響に関係するという認識を持っていることが，本調査によって確定したことになる。この数値を大きいと見るか小さいと見るかは評価の別れるところであるが，次回以降の調査の基準値となるものとして重視することにしたい。

グローバル化の影響に関係があると判断される団体の内訳は，東京都と茨城県の両方で，１番目が「どちらともいえない」であり，２番目が「プラスの影響」であり，３番目が「マイナスの影響」であることは共通している。「プラスの影響」と「マイナスの影響」の間には開きがあり，東京都での差は16ポイント，茨城県での差は５ポイントになっている。団体世界におけるグローバル化の影響の評価は，全体としてみると，プラスの方向に傾斜しており，その傾向は首都圏で明瞭であることを指摘することができよう。

(2) 活動対象範囲と団体分類別にみたグローバル化の影響

こうした結果は，団体の活動範囲，団体分類でどのように相違するかを検討しておこう。以下では，データを細分化していった場合のケース数を確保するために，東京データと茨城データを合算したものを処理していくこととする。

まず，団体の活動範囲である（表12－10）。JIGS調査では，団体の活動対象範囲について，「世界レベル」「全国レベル」「広域圏レベル」「都道府県レベル」「市区町村レベル」で回答を求めているが，興味深い結果が出ている。「世界レベル」という回答以外の団体は，「自らは国境を越えない団体」であるといえるだろうが，グローバル化の影響を何らかの形で被っていると考える団体が多数派である。市区町村レベルにおいても，６割近くの団体が，グローバル化の影響があると回答していることが注目される。

グローバル化に関係があるという団体の内訳を検討すると，次の通りである。「プラスの影響」では，わかりやすい結果が出ており，①世界レベル（55.0％），②全国レベル（28.1％），③広域圏レベル（23.1％），④都道府県レベル（18.7％），⑤市区町村レベル（14.9％），という順番になっている。その裏返しでマイナスの影響について活動範囲が小さくなるごとに増えていくかといえば，確かにそのような傾向は看取できるが，むしろ，「どちらともいえない」という回答が最も多くなっていることが注目されるべきであろう。

次に，団体分類である（表12－11）。団体がグローバル化の影響に関係があるか否かという点では，①経済業界団体（73.2％），②政治団体（70.0％），③学術・文化団体（69.0％），④労働団体（67.7％），⑤教育団体（66.7％），⑥専門家団体（66.6％），⑦市民団体（60.3％），⑧趣味・スポーツ団体（58.9％），

表12－10　団体の活動範囲とグローバル化の影響に対する評価のクロス集計（％）

	関係がある			関係がない	無回答	N
	プラスの影響	どちらともいえない	マイナスの影響			
市区町村	14.9	30.4	12.4	35.2	7.0	355
都道府県	18.7	34.7	11.5	30.5	4.6	262
広域圏	23.1	22.1	13.5	33.7	7.7	104
全国	28.1	29.2	9.1	29.4	4.2	473
世界	55.0	16.3	5.0	15.0	8.8	80
合計	23.8	29.3	10.5	30.7	5.7	1274

表12－11　団体分類とグローバル化の影響に対する評価のクロス集計（%）

	関係がある			関係がない	無回答	N
	プラスの影響	どちらともいえない	マイナスの影響			
農林水産業	12.3	26.7	17.1	36.3	7.5	146
経済業界	23.4	37.8	12.0	21.9	4.8	333
労働	12.6	28.7	26.4	25.3	6.9	87
教育	35.4	29.2	2.1	29.2	4.2	48
行政関係	11.8	32.3	5.4	45.2	5.4	93
福祉	19.4	27.6	5.1	41.8	6.1	98
専門家	20.6	33.3	12.7	27.0	6.3	63
政治	20.0	10.0	40.0	20.0	10.0	10
市民	28.4	25.0	6.9	34.5	5.2	116
学術・文化	43.7	22.5	2.8	28.2	2.8	142
趣味・スポーツ	35.7	19.6	3.6	32.1	8.9	56
宗教	25.0	12.5	12.5	37.5	12.5	8
その他	25.0	25.0	13.3	31.7	5.0	60
合計	23.9	29.4	10.6	30.5	5.6	1260

⑨農林水産業団体(56.1%)，⑩福祉団体(52.1%)，⑪宗教団体(50.0%)，⑫行政関係団体(49.5%)，の順番で関係するという結果が出ている(値は「プラスの影響」「どちらともいえない」「マイナスの影響」を合計したもの)。経済業界団体が最も高い数値を出すであろうことは予想されたが，数値の高さが印象的である。

グローバル化の影響の内容については，回答傾向がプラスの方向に明瞭に傾斜している分類と，そうではない分類があることがわかる。プラスの方向に明瞭に傾斜しているのは，学術・文化団体，教育団体，趣味・スポーツ団体，の３つである。市民団体もその傾向が強い。

全体の基調に反するのが労働団体と農林水産業団体である。これらの２つの分類では，多数派は「どちらともいえない」であるが，「マイナスの影響」が２番目となっており，その規模は相対的に大きい。ただ，「プラスの影響」と回答する団体も一定規模確認されており，これらの団体分類の中にも，小さくない裂け目が存在することがうかがえる結果となっているといえよう。

興味深いのは，経済業界団体である。一般的に経済業界団体は，グローバル化を推進する勢力であるとイメージされているところがあるが，多数派は「どちらともいえない」である。「マイナスの影響」は少数派ではあるが，その規模も無視できるほど小さいものではない。経済業界団体内部に発生している亀裂については，グローバル化の影響を尋ねた設問の直後に付した自由回答欄に最も多数の文字を書き込んだ団体の回答がよく示しているように思われたので，ここでそれを紹介しておきたい[6]。文中に■■■■とあるのは固有名詞(地域名)であり，伏字処理したものである。

> 当団体は，国内，中でも限られた地域社会での活動に特化した団体であり，会務運営，財政を支えるのは会員である地域中小企業からの会費である。■■■■は繊維産業で栄えた街であり，その意味では，海外からの安価な製品が日本市場を席捲する中，「グローバル化」という言葉が一般化するよりはるか以前から，その洗礼を受けてきたと言える。これから先，あらゆる業種の企業にその波が押し寄せた場合，日常業務で手一杯で新たな取組みに資金，人手をまわすゆとりに乏しい中小企業にとっては大変厳しい。結果，特殊な技術力などを持たない企業は淘汰され，逆に何らかの付加価値を持ち合わせている企業は，大手企業に吸収される道を進む可能性が高い。一方，中小企業経営者の高齢化は，感覚的には一般社会のそれ以上に早いスピードで進んでおり，後継者難も鮮明になっている。当然，そのような状況下において，グローバル化戦略を練り出すだけのポテンシャルは持ち合わせていないケースが大多数である。会を支える会員企業がそのような状況である中，会自体もその性質上，グローバル化を図り状況を打開するという選択肢は持ち合わせていない。今後，グローバル化の進展がより一層，深化した場合，これまで当たり前に存在していた国内の社団，財団といった団体は，国，地方からの資金援助で成り立つもの以外，淘汰される可能性があると考える。

グローバル化の進展に伴って発生する経済業界団体の内部の変化については，経済地理学の詳細な事例研究が多くのことを明らかにしている(青野・合田編 2015)。こうした他分野の研究と政治学をいかに連動させていくか。次の調査に向けての大きな課題である。

6　自由回答欄に記載された回答の詳細な分析については，森・益田(2019)参照。

5　展望

新自由主義の進展とグローバル化の進展が団体世界を大きく揺さぶっている[7]。このような状況を読み解く上で手がかりとなるのが，高橋弦と竹内章郎らが示した「市場の内と外のせめぎあい」という分析視角である（高橋・竹内編2014）。彼らは，市場の論理が作用する領域（市場の内。自由権の領域）が拡張する一方で，市場の論理が作用してはならない領域（市場の外。社会権の領域）が圧縮されつつある，という見立てを用いて，日本で起こっているさまざまな現象を読み解こうとしている。

現在の日本において，市場の内と外のバランスに大きな変化が生じているのだとすれば，団体分析においては，次の２つが論点になってくるであろう。まず，圧縮される側である市場の外に関係する団体の存立・行動様式の変容である。これについては，個々の団体レベルでは政府からの支援が増加しているものがあるなど興味深い箇所はあるが，全体として政府からの強い方向づけが加えられているという側面を重視しなければならないだろう。

次に，拡張する側にある市場の内に関係する団体の存立・行動様式である。市場の論理が拡張過程にあるのであれば，企業が作り出す経済業界団体は相当の利益を得ているのではないかと考えがちになるが，実際には，グローバル化や規制緩和が追い風になっている団体と向かい風になっている団体があることが判明した。市場の内と外のせめぎあいが作り出す軋み[8]は，市場の外で発生するものだけが注目されがちであるが，市場の内においても発生しているといえよう。

我々は，過去の調査をまとめる際，各団体分類を一枚岩のものとして語ってきたが，そういう処理が通用しない時代が到来していることを本調査の結

7　本章と同じ観点から，より詳細にJIGS2017のデータを分析したものとして，山本（2019）参照。

8　ここで用いる「軋み」という言葉は，本田由紀の『軋む社会』（本田2011a）の中で使われていたものである。本田は同書の「まえがき」において，「グローバル経済競争とネオリベラリズム（新自由主義）の席捲」などに言及しつつ，「いまのこの社会においては，さまざまな『軋み』がいたるところでギイギイと鳴り響いています。わずかな希望は，逆説的にも，その『軋み』の音が大きくなったことによって，それにかなりの人々が気づきはじめていることにあるのです」と記している。

果は示している。団体分類間の協調・対立だけではなく，団体分類内の協調・対立こそに着目して分析していくことが求められているわけであるが，そうした側面にいかに対応していくかが，今後の団体分析の課題となる。

最後に，職業別電話帳を用いた調査手法に関して，25年前には想定されていなかった問題が発生している点について述べておきたい。辻中・山本編(2021：16)で言及されているように，近年，職業別電話帳に掲載されている電話番号の数がかなり減少しているという事実がある。これについては，①団体数そのものが減少している，②複数の電話回線を有していた団体が減少している，③団体が電話を使っていても電話番号を公開することを望まなくなっている，という諸要因が絡んでいることが推測され，職業別電話帳がどのような情報を有しているかに関する本格的な再検討が求められるところである。いくつかの地域を素材としてこの問題に検討を加えた和嶋・辻中(2021)は，大都市中心部では組織数は微減傾向にあり電話帳の網羅性はやや衰えているが，他の地域での組織数は横這い傾向にあり電話帳の包括性はほぼ維持されている，と議論している。JIGS2027を実施することについて支障はないといえそうだが，その先のことも視野に入れて，さらなる検討を重ねていきたいと考えている。

第13章

新自由主義的教育改革の政治過程とその分析視角

哲学者サルトル(Jean-Paul Charles Aymard Sartre)の有名な書物に『実存主義とは何か』がある。その中で，サルトルは人間について興味深い話を記している。

> 哲学的に言うと，いかなる物にも，本質と実存がある。本質とはつまり，特性の恒久的総体である。実存とは，現に世界に存在するということである。多くの人は，まず本質がきて，次に実存がくると信じている。例えばグリーンピースは生長し，グリーンピースの観念に従って丸くなる，ピクルスはピクルスの本質に参与するが故にピクルスである，といった具合だ。こうした考え方は宗教思想に淵源がある。実際，家を建てようとする者は，いかなる種類の物を作ろうとしているのかを，正確に知っているのでなければならない。本質は実存に先行する。そして，神が人間を創造したことを信じる全ての者にとっては，神は人間の創造に際して，人間について自分の抱いている観念に依拠した筈だ，ということになる。ところが，信仰を表明しなかった者さえも，物はその本質に従ってのみ存在するというこの伝統的見解を保持したのであり，十八世紀全体は，全ての人間に共通の本質，人間の本性と名付けられるものが存在すると考えたのであった。実存主義者は反対に，人間に於ては――そして人間に於てのみ――実存は本質に先行する，と考える。
>
> これの意味する所は単に，人間はまず存在するのであり，そうして後はじめてあれかこれかである，ということに他ならない。一言で言えば，人間は自分自身の本質を自分で作り出さねばならない。世界の中に身を投じ，世界の中で苦しみ，戦いながら，人間は少しずつ自分を定義するのである。そして定義は，常に開かれたものとして留まる(サルトル1955：140-141)。

サルトルが示した「人間はまず存在するのであり，そうして後はじめてあれかこれかである，ということに他ならない。一言で言えば，人間は自分自身の本質を自分で作り出さねばならない。世界の中に身を投じ，世界の中で苦しみ，戦いながら，人間は少しずつ自分を定義するのである」という話は，理屈としては容易に理解できるだろう。問題は，我々がそれを実践できているかどうかである。

この世界に受け身で生まれた人間が，自らの生き方を主体的なものに転換し，自分を定義していくという作業は，容易なことではない。誰からの支援も導きもなく，自分ひとりでそれを成し遂げなければならないのであれば，現代社会においては，誰一人としてそれを成就できる者はいないだろう。ここで意識を向けたいのが教育という営みである。本書の第１章で，政治は人間に固有の営みであると書いたが，実は，教育も人間に固有の営みであることを指摘しておきたい。一般論として述べれば，人間は，生まれただけでは人間とは呼べず，教育を受けることによって人間になっていくのである。

以上で述べたような考え方について，教育に対する過剰な期待だと思う人がいるかもしれない。しかし，それこそが現行の法制度が依拠する基本的な考え方なのである。日本の教育のあり方を規定する法律に教育基本法があるが，その第１条(教育の目的)には，次のように書かれている。「教育は，人格の完成を目指し，平和で民主的な国家及び社会の形成者として必要な資質を備えた心身ともに健康な国民の育成を期して行われなければならない。」

この条文はとても興味深いものである。まず，「人格の完成を目指し」と書かれているわけであるから，我々は，生まれただけでは人格が完成していないということになる。次に，人格の完成を目指して行われるのが教育だというわけであるから，教育という営みは，国語・算数・理科・社会……というような狭い範囲のものと考えられているわけではないことも了解できる[1]。

1　このように記すと，教科の勉強は人格の完成と無関係であってよいと誤解する読者がいるかもしれないので，説明を補足しておきたい。この点に関しては，かつてノンフィクションライターとして活躍した千葉敦子の次の言葉が思考の手がかりとなるであろう。「知性にはいろいろな働きがあるが，最も重要なものは，会ったこともない人々の痛みをわが痛みと感じ，見ず知らずの人々の喜びをわが喜びと感じることのできる能力だと私は思っている。……私自身は，高等教育を受けた人間であり，もし私が見知らぬ人間の

法制度上，教育は人生のすべてにわたって行われていくものであるという設定がとられている。とはいえ，若い時期に膨大な時間とエネルギーが費やされる学校教育が最も重要であることについては議論の余地はないだろう。その学校教育であるが，「教科」と「教科外」の二本の柱で構成されていることを知ると，自分自身が学校という空間で経験させられてきたことの本当の意味が見えてくると思うのだが，いかがだろうか。試しに，中学生の時期を振り返ってみていただきたい。あなたは何を思い出すであろうか。おそらく，国語・数学・理科・社会……といった教科で何を学んでいたかよりも，教科外の局面(たとえばクラス運営など)で，さまざまなことに悩んでいたことの記憶がよみがえってくるのではないだろうか。

このように話を進めてくると，次のような疑問を抱く人がいることだろう。学校教育に人格の完成を支援する力があるのか。むしろ，人格の完成を阻害しているのが学校教育なのではないか。学校教育が正しくなされるのであればよいが，それを悪用する人たちが出現したときに問題は発生しないのか。こうした疑念を突き詰めて考えていくと，そもそも，誰が，どのように学校教育のあり方を決めているのか，という話になってくると思われるわけだが，ここに至って，教育の話は政治過程の話につながっていることが了解されることだろう。

学校教育のあるべき姿をめぐって，さまざまな対立があることは，多くの人にとって既知の話であろう。うまく言語化できないとしても，そうした対立から何らかの影響を被っているという感覚を持っている人も少なくないだろう。たとえば，「ゆとり世代」などと称されることへの反発，「脱ゆとり世代」と称されることへの優越感があるのであれば，以下で述べるように，有権者になるずっと以前から，あなたは確実に政治過程に組み込まれていたと

痛みを自らのものとして受けとめられないのなら，私は受けた教育に値しない人間であることになるだろう」(箙田・千葉1987：13-14)。筆者がこの言葉を知ったのは，筆者自身が大学1回生の秋学期に受講した「哲学BⅣ」の松井正樹教授の著作を通してであったが(仲本・松井1986；松井1989；1998；松井編1993：80)，そこでは，感性(類推論理)と知性(形式論理)が統一した姿，すなわち理性(弁証法論理)の具体例として千葉の言葉が位置づけられている。これは，教育学者の折出健二(折出1986：10-12)が整理した「子どもの人間的自立」の重要な柱である①衝動や欲望への依存からの自立，②他力依存の行動からの自立，③日常の直接経験からの自立，④道徳的自立のうちの③の到達点と考えることができよう。

いえるのである。

「日本の政治過程」と題する本書の最終章にどのような議論を配置するかについては，いくつかの案があった。東日本大震災後に注目された「課題先進国・日本」のような議論[2]を入れ込んで，世界の中で期待されている日本の役割を語ることも考えたが，筆者の講義を実際に受講した経験のある何人かの学生(元学生を含む)のアドヴァイスに従い，新自由主義と学校教育の問題を絡めて論じたものを置くことにしたことを付記しておきたい[3]。

1　新自由主義に対する関心の偏在性

新自由主義をキーワードにして，日本社会の変化を描いた書籍の刊行が相次いでいる(竹内2007；山口2007；折出2007；渡辺・二宮・岡田・後藤2009；佐藤2009；豊泉2010；坂井・岩永編2011；三浦2011)。その傾向が顕著なのは，労働者，高齢者，障害者，女性，若者，子どもの問題を扱う分野である。より一般的に言えば，社会の中で弱い立場にある集団を研究対象とする分野において，新自由主義への関心が増大しているように見受けられる。

日本における新自由主義的改革は，同時代のアメリカ，イギリスで進行した改革と比べて，「予防的」な性格が強いと指摘されてきた(大嶽1994a；熊沢2007)。それゆえ，政治学の分野で日本の改革が分析される際には，主としてエリート側の改革意図に焦点が当てられ，当該の改革が社会に対してどのような影響を与えているかが論じられない傾向があった。また，1990年代以降の諸改革においては，社民勢力が政権に参加していたこともあって，「市場派」と「市民派」の思惑が常に混在していたと指摘されてきた(山口

---

2 「課題先進国」という言葉は，東京大学の総長であった小宮山宏が中心となって提唱したものである(小宮山2007)。筆者がこの言葉を知ったのは，国際政治学者の田中明彦の著作(田中2009)を通してであった。

3　筆者は現在の勤務校で「日本政治入門」,「政党政治論」,「利益集団論」,「教職実践演習」等の講義を担当している。本章の元となった論文(森2012b)は，第6セメスター（3年次秋学期)に開講されている「利益集団論」の後半の内容「第Ⅲ部　社会を逆照射する政治学の試み」から生まれたものである。10年ほど前から筆者の試行錯誤に興味を示し，本書をまとめる最終段階でも草稿にコメントを寄せてくれた和田昌也氏(同志社大学研究開発推進機構特別任用助手，西洋政治哲学専攻)，近藤花雪氏(社会福祉法人日本国際社会事業団プロジェクトコーディネーター，難民・移住者支援担当)に謝意を表する次第である。

2007；徳久 2012；高安 2009)。こうしたことから，日本で行われる改革を新自由主義の改革と把握してしまうことに，躊躇する向きがあったことも事実であろう。しかし，小泉・安倍政権の時期を経て，状況は大きく変わったようにも見える。

そもそも新自由主義は多義的な言葉であり，それを用いて現実の政治過程を描くことには困難が伴う。ただ，小熊英二が語っているように，たとえば社会主義には思想としての社会主義と「現存した社会主義」があり，それと同様，新自由主義にも思想としての新自由主義と「現存した新自由主義」があり得る(小熊 2012)。本章の関心は当然に「現存した新自由主義」にあるが，ここで興味深いのは，本節の冒頭で述べた書籍群において異なる分野の論者が同じようなイメージで新自由主義を語っているところである[4]。日本における「現存した新自由主義」に対する共通理解が，一定の広がりを見せていると言えないだろうか。それは大筋で次の３点にまとめられる(以下では「現存した新自由主義」を単に新自由主義と記す)。

第１に，新自由主義には市場原理の拡張によって社会変革を追求するという側面がある。目的を達成するための主たる手段は，D-L-P 公式という言葉が示すように，規制緩和(deregulation)，自由化(liberalization)，民営化(privatization)である(坂井・岩永編 2011：27)。政府は，財政的には，小さくなることが理想とされる。

第２に，新自由主義には政府に大きな政治的役割を期待するという側面がある。市場原理を拡張する過程において，さまざまな法律や行政上の措置が必要になるからである。時には，ある社会集団の抵抗を政治の力によって抑え込むことが求められる。この意味で，新自由主義は社会に対する政府の積極的・恒常的な介入を是認している。新自由主義を推進しようとする政府は，財政的には小さいが，権力行使という面では強い政府でなければならないことになる。

第３に，新自由主義には保守主義との相互補完性が認められる。競争の進展に伴う諸問題(格差の拡大，社会的な連帯の弱体化など)に対して，新自由

4　新自由主義の学術的定義と一般に流通している新自由主義論を比較し，前者の立場から後者を批判するという論じ方もあり得るが(八代 2011)，本章の関心はそこにはない。本章では，人々が新自由主義という言葉を使って何を語ろうとしているか，に焦点を合わせる。

主義は，伝統・文化・道徳・家族・宗教の規範を復権させることで問題の解決を図ろうとする側面がある。

本章は，以上の諸点を踏まえた上で，日本における新自由主義の広がりとその影響を，政治エリートの側からではなく，改革の影響を受ける側である集団の視点に立って確認しようとするものである。具体的には，教育改革の問題を取り上げ，1980年代以降の約30年間の教育政策の変容を検討する。なぜ教育改革を扱うのか，それをどのような視点で叙述するのかについては，節を改めて説明することにしたい。

2　新自由主義的改革の影響をどのように捉えるか

(1) 既存調査の射程と限界

1990年代以降の日本では，さまざまな改革が断行されてきた。代表的なものとして，選挙制度改革，行政改革，司法制度改革，地方分権改革，そして小泉政権期以降の「構造改革」が挙げられる。このような現実政治の展開を叙述する政治学者の論稿は，政治エリートの動向を追うことに関心を集中させている(竹中2006；上川2010；森田・金井編2012；待鳥2012)。政策の内実に関する叙述をする場合でも，そこで焦点が当てられるのは改革についてのエリート側の意図であり，そうした政策の遂行によってこの国の人々がどのような影響を受けたかについての考察は，あまり進んでいないように見受けられる[5]。

このような課題に，たとえば有権者調査に基づく研究群はどのように対応してきただろうか。筆者の見るところ，現在の有権者調査は，調査項目が投票行動論の視座から取捨選択される傾向が強く，1990年代以降の改革によって人々がどのような影響を受けているかを追えていない。これには，伝統的な調査や学術的な調査であるほど，短期的な理由で調査項目を作成できないという事情も関係している。ただし，萌芽的調査が生まれていることは事実であって(山口・宮本2006；2008)，そうした調査に基づく本格的な分析が待たれるところである。

団体調査はどうだろうか。団体調査に関しても，有権者調査と同様，調

5　本章の元論文が刊行されたのち，状況は変化を見せている。特筆すべきものとして，竹中編(2017)，上川(2018)，待鳥(2020)を挙げておきたい。

査項目の選定で改善の余地があるといえる（辻中編2002；辻中・森編2010）。それに加え，本章の文脈では，団体調査の結果をあまり当てにできない。というのは，団体調査はでき上がった団体を対象とするので，団体化する手前の人々の情報が完全に抜け落ちてしまうからである。団体が結成され，それが維持されているということ自体が持つ含意を軽視できない。非決定権力論や集合行為論を援用するまでもなく，人々が団体を結成・維持するというのは容易なことではないからである。団体調査は，諸集団の中でも，団体を結成・維持することのできる人々の動向を捉えたものと位置づけられなければならない。

伝統的に日本の政治学では，利益の共有は推定されるが組織化までには至っていない段階の人々を利益集団，組織を持った人々を利益団体，実際に政治行動を起こすようになった団体を圧力団体と称してきた（辻中編2002）。この用語法で言えば，本章の関心は利益集団にある。

(2) 社会学的想像力・文学的想像力・政治学的想像力

1990年代以降の日本では，それまで公的問題だったものが個人の私的問題として再定義されることが多くなっている。現実の政治過程において「自己責任」という言葉が強調されるたびに，ミルズ（Charles Wright Mills）が言うところの社会学的想像力の重要性を再認識させられる。ミルズは『社会学的想像力』という著作（原著の出版は1959年）の冒頭で次のように述べている。「こんにち，人びとはしばしば自分たちの私的な生活には，一連の罠が仕掛けられていると感じている。……人が罠にかけられているという感じをもつのは，自分の意志でしているつもりの生活が，実は個人の力ではいかんともしがたい全体社会の構造そのものに生じる，さまざまの変化によって支配されているからである。……けれども普通人びとは，自分たちが耐えている苦難を，歴史的変化や制度的矛盾という文脈の中で把握してはいない。自分たちが享受している安楽を，そこで生きている社会の巨視的な変化には，結びつけて考えないのが普通である。……社会学的想像力を所有している者は巨大な歴史的状況が，多様な諸個人の内面的生活や外面的生涯にとって，どんな意味をもっているかを理解することができる」（ミルズ1965：3-6）。

変革期を生きる我々が，社会学的想像力を働かせるには，どうしたらよいだろうか。ひとつの有効な方法は，社会の中で弱い立場に置かれている人々に着目し，その「まなざし」を借りることであろう[6]。社会の変化を権力の側からではなく，権力からの影響を受ける側から捉え返すことによって，当該社会全体の権力構造を逆照射するという研究戦略である[7]。ここで強調しておきたいのは，「味方」と「見方」を区別することの重要性であり，弱い立場の人々の「味方」になるかどうかという問題はとりあえず括弧に入れて，弱い立場の人々の「見方」を共有したときに我々はどのようなことに気づくか，という観点から議論を試みたい。

ところで筆者が本研究の構想を深める際に，一番参考になったのは文学における議論であった[8]。たとえば，小説家・大江健三郎は『小説の方法』という著書の中で，「日常・実用の言葉は，われわれの現実生活のなかで自動化，反射化している」，「日常・実用の言葉が『異化』されることによって，文学表現の言葉となる」，「構造的劣性の光によって照らし出された全体は，構造的な全体である」と述べ，「周縁性に立つ側の人間，周縁性という条件づけにおいて『異化』されている人間を，文学的モデルとして積極的につくりだ

6　社会の中で弱い立場に置かれている人々に着目するだけで終わるのではなく，そうした人々にとって現在の社会がどのようなものとして現れているかを確認することが重要になるわけだが，ここで求められる視座の移動を了解する上で，福祉の分野で有名な糸賀一雄の「この子らに世の光をではなく，この子らを世の光に」という考え方が筆者にとっては有力な導き手になったことを記しておきたい。「この子らを世の光に」という言葉の含意を解説したものとして，糸賀(1968)，竹内(1993)，髙谷(2011)参照。

7　このような手法は，必ずしも突飛な発想に基づくものではない。労働者の視座から資本主義社会を捉え返したマルクス主義の議論，女性の視座から男性中心の社会を捉え返したジェンダー論，地域住民の視座から高度経済成長期における政治経済の歪みを捉え返した水俣論，戦後日本という時代を現在進行形で捉え返そうとしている沖縄論などを想起すれば，この種の手法が一般的なものであることが了解できるだろう。なお，こうした研究戦略があることを，筆者に直接的にご教示くださったのは，竹安栄子教授と春日雅司教授である。その内容は，春日(2016)，春日・竹安(2022)に示されているので参照されたい。

8　以下で紹介する大江の議論のように方法の問題に特化したものではないが，本章の内容にもかかわる筆者の個人的な試行錯誤において，近現代日本文学の研究者である林正子の作家・作品論，特に松本清張論と水上勉論(林2003；2007)が重要であったことを記しておきたい。また，林(1993)の「あとがき」において紹介されていた次の言葉も，東日本大震災後，筆者自身が自己の研究作法をつかみ直す上で，大きな意味を持つものであったことを記しておきたい。「論文を書く仕事は宝石の研磨に似ている。文学は宝石であり，その一顆ごとに特別の，他とは取り替えのきかない結晶構造をそなえている。精妙な結晶体なのである」。

すこと。それはわれわれの文化の中心指向性，単一化の大勢を批評的に乗り越えるための，想像力の訓練である」と主張している（大江1978：2-3，2，177，193）。当該社会において劣位にある人物や集団にあえて着目し，その視座を借りることによって社会全体を語るという手法が解説されているわけであるが，このことから現在の政治学が学べることは少なくないのではないかと思われる[9]。

(3) 教育問題に着目する理由

現代日本社会において，以上のような文脈で活用できる「まなざし」は多数あるに違いない[10]。本章では，そのひとつとして，社会の中で弱い立場にある子どもという集団に着目し，子どもたちが直接的な影響を受ける教育の問題を取り上げることにする。

子どもという集団が社会の中で弱い立場にあるという判断に異を唱える人は少ないだろう[11]。先に紹介した大江健三郎も，子どもの存在を介して社会

9　ただし，社会的な弱者を登場させれば，自動的に社会を逆照射する政治学が成立するわけではないことを，当然に押さえておかなければならない。アメリカ文学の研究者である市川紀男は，「黒人ナレーター」という同一の設定をとる小説であっても，社会の捉え方が通念的なものに終わってしまうケースがあることを，異なる属性を有する３人の作者の作品を比較検討することで明らかにしている（市川2001）。

10　近時，社会的弱者は複数形で捉えられるべきものであり，その存立形態は重層的であり，固定的ではなく動態的である，という認識が深まりつつある。政治学のレッスンとして弱者論を位置づけるならば，仮に自分自身が何らかの弱者に当てはまるとしても，直接経験に根差した自分語りで終わらないようにするために，自分とは一見関係がないと思われる別の誰かの「まなざし」を借りて社会を捉え返すことが重要となる。「世界に対して私とは異なった位置を占める他者のパースペクティヴを尊重し，他者がその位置から語る言葉＝意見（ドクサ）に敬意を払おうとする態度を導く」ものとしての「複数性」の思想を重視する政治学（齋藤2008：275-282）においては，特にそれが求められるといえよう。

11　子どもが社会の中で弱い立場にあるという判断に異を唱える人は少ないとしても，子どもの「まなざし」とは何か，という点で思考が止まる読者がいるかもしれない。この点については，現在の世界においては，そういうものがあると考えるのが標準的な理解であり，それを専門的に調査・分析する学問分野があることを知っておきたいところである。たとえば，臨床教育学を専門とする楠凡之は，「子どもから見える世界」というものがあることを，日本も締結している「子どもの権利条約」と関連づけて，次のように説明している（楠2015：29-30）。「子どもの権利条約第12条は通常，『意見表明権』（the right to express their own views）と呼ばれているが，この意見と訳されている言葉

を捉え返すことの効用を,「表現された子供」という講演の中で次のように論じている[12]。「子供を表現世界の媒体として導入することによって,われわれは自分が持っている既成の人間・社会・世界へのイメージを揺さぶり,つくりかえる手がかりをえる。この人間世界の悲惨・残酷について,そのただなかで生きつづけねばならぬ以上,われわれはしばしば鈍感になっているけれども,しかしあらためて子供たちがそれに苦しめられるのだということを考えることによって,すなわち子供をイマジネーションの根幹のバネとして導入することによって,新たになまなましく人間世界の悲惨・残酷について強い経験をする」(大江1976：177)。

そして現在,そうした子どもたちが受ける教育が,混乱の渦中にある。英語教育の研究者である寺島隆吉が「教育は経済と政治の影である」という印象的な言葉で述べているように(寺島2007：225-231),近年の日本の教育は経済や政治の論理の影響を強く受けている。教育社会学者の苅谷剛彦も「この時代を後世の教育史家が振り返ると,おそらくは,教育と政治をめぐる問題が露呈した,教育への政治介入が,(ある意味,非常に稚拙で拙速なかたちで)行われた時代であったと特徴づけるのではないか。新自由主義や新保守主義といった政治の潮流が,教育を翻弄しようとした時代であったという評価も出てこよう」と述べ,『教育再生の迷走』というタイトルの著作を出版している(苅谷2008：8)。

が“views”である。この“view”について,英和辞典で最初に出てくる意味は『見える状態,視界,視野』であり,そこから『見方,考え方』,さらには個人の意見,考えという意味が出てきている。子どもの権利条約の“views”は,その原点を考えると,まず,子どもから見える世界ということになるのではないか。その意味でも,意見表明権の保障は,まず,子どもから見えている世界を共感的に理解していくことから出発する必要があると考えられる。」 楠も述べるように,「当然のことながら,小さな子どもの場合,『自分には世界はこのように見えている』ということを言葉で表現することは困難である」(楠2015：30)が,それをどのようにしてつかむかが,教育学の臨床系の分野では深められつつあるのである。教育学系の実践記録の蓄積は,政治学における事例研究の蓄積の比ではない。そうした他分野の豊饒な研究成果を,政治学に援用できないか,というのが,筆者の研究戦略である。

12 臨床教育学の専門家である田中孝彦は,大江のこの講演「表現された子供」を紹介しながら,「おとなの生活,学問・文化,教育,それらを含んだ社会のありようを問い直しながら生きていくための基本的な方法」として「自分のなかに子どもの目をすまわせる」ことの効用を指摘している(田中孝2012：193-196)。

改めて論じるまでもないことであるが，子どもは環境からの影響を受けやすい存在である。それゆえ，部外者にとっては小さな事柄が，教育にかかわる人々には大きな問題として認識されることが多々ある。新自由主義に関しても，おそらく，そのような側面が多分にあるだろう。しかし，政策の一部分にしか新自由主義の要素がないからといって，その影響を小さく見積もることはできない。新自由主義は効果に伴う「副作用」が強いからである（広田2011：44-45）。

なぜ日本の教育改革は「迷走」するのか，そこにはどのような力学が働いているのか，それを教育に関係する人々はどのように捉えているのか。こうした問題を検討することを通して，日本社会の変化を捉えたい。

3　「ゆとり教育」の推進

(1) 学校で子どもたちが学ぶ内容はどのように決まるのか

教育政策はさまざまな分野から構成されている。小論でそのすべてを扱うことはできないし，本章の趣旨からしても適切ではない。本章が焦点を当てるのは「学校で子どもたちが学ぶ内容はどのように決まるのか」，「そこには誰の利害が反映されているのか」という事柄である。教育学では教育課程（カリキュラム）の問題として括られているが，それは公的なカリキュラムだけでなく，教育にかかわる人々の意図を超えたところで作用する「隠れたカリキュラム」までをも包含すると考えるのが一般的である（アップル1986；1992；柴田編2008；広岡編2010）。

戦後日本の教育においては，「学校で子どもたちが学ぶ内容を誰が決めるのか」をめぐって激しい対立や駆け引きが繰り広げられてきた（太田編1978；山崎1986；ショッパ2005）。国が教育内容の基準を定めたものである学習指導要領[13]は，ほぼ10年ごとに改訂がなされている。1960年代の高度経済成長期における学習指導要領は，政財界の意向を背景に，教える内容の系統化と高度化が重視されていた。ところが，1970年代後半になると「詰め込み教

13　学習指導要領は，学校教育法と文部（科学）省令である学校教育法施行規則に基づき文部（科学）大臣が「公示」するものである。当初は「手引き」という位置づけであったが，逆コースの中で行われた1958年の改訂から「法的拘束力」を持つことが強調されるようになった経緯がある。

育」からの転換，すなわち「ゆとり」の必要性がうたわれるようになった。そして1980年代後半になり学校週５日制の段階的導入が計画されるようになると，学習指導要領はそれに合わせる形で改訂されていった。1989年の改訂では子どもたちの「関心・意欲・態度」を評価の対象とすることを軸とした「新しい学力観」が採用され，1998年の改訂では学習内容の大幅削減と総合的学習の時間の導入が図られたのである(柴田編2008；広岡編2010)。こうした一連の教育改革が一般的に「ゆとり教育」と呼ばれるものであり，新自由主義的教育改革の端緒になったと考えられているものである。

以下，1980年代以降の教育改革において，誰の利害が反映されたのかを検討していくが，予め議論の展開をまとめると次のようになる。①「ゆとり教育」という言葉に対して，各勢力がそれぞれに意味を付すことが可能であったために，教育改革は多義的な状態で進行した。②その結果，「ゆとり教育」に関して批判が沸き起こったときに，「どこに問題があるのか」という根本部分で議論がすれ違う状況が生まれ，改革の上にさらなる改革が積み重なるという事態に至った。③近年ではそうした多義的状況を，権力の行使によって一元化しようとする動きが加速している。④学術的な知見に基づく教育学者の批判・提言が，実際の改革から遮断されるという構造があるところも，教育改革の特徴である。

(2) 教育政治の三極モデル

教育改革が大きな動きを見せた1980年代後半の教育をめぐる対立の構図を鳥瞰しよう。図13は，教育社会学者の広田照幸が提示した「教育政治の三極モデル」であり(広田2009)，すでに幾人かの研究者によって活用されているものである(本田2011b；徳久2012)。かつての教育政治の対立は，族議員・文部省(A)と政治的リベラル・社民勢力(C)の二極構造であったが，1980年代後半に入ると新自由主義的改革を志向する勢力(B)が台頭し，教育をめぐる対立が複雑になっていると広田は指摘する。

この中で比較的その主張がわかりやすいのはCの勢力の代表的存在である日本教職員組合(日教組)である。日教組は一貫して子どもたちに対する詰め込み教育や管理教育の緩和を求めていた。それと同時に，教職員の労働組合として教員の負担減(特に週休２日制の実現)も求めていた。1990年代初頭に社民勢力が政権に入ったことによって，教育政策に対する日教組の影響力は格段に高まった。「ゆとり教育」は，日教組の意向が反映されたものだと

図13　教育政治の三極モデル

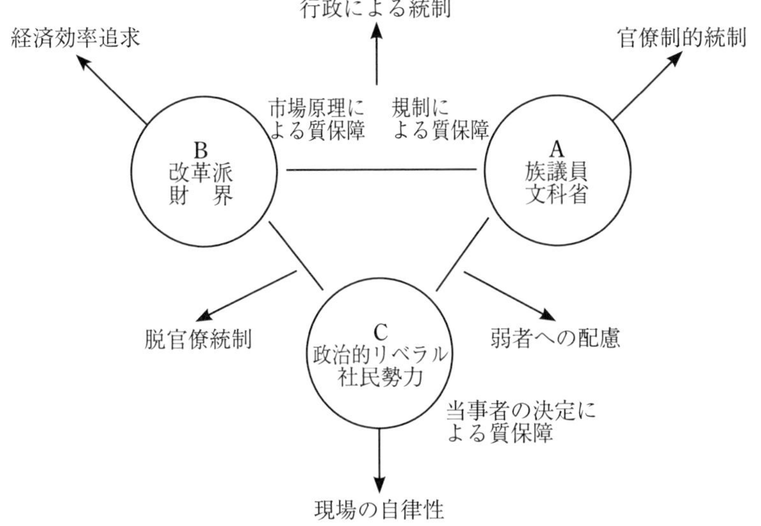

出典：広田(2009：376)

主張する人がいるのは，こうした側面を重視するからであろう(森口2010)。

Bの新自由主義を求める勢力については，広田が指摘するように，少なくとも次の２段階の流れを想定してその動向を見る必要がある(広田2009：283)。1980年代半ばに教育政治の主たるアクターとして登場した頃は，経済界は全体として「日本的経営」に自信を持っていた。それゆえ，教育問題は日米経済摩擦を緩和するための手段である内需拡大の問題とみなされていたようである。後述の学校週５日制，消費としての生涯教育の拡張などがこれに該当する。ところが，1990年代に入って日本経済が低迷し，グローバリゼーションに対応するための産業構造の変化が求められるようになると，経済界は教育問題を重要論点と認識するようになった。その方向性を端的に示す文書としてよく紹介されるのが，1995年に日本経営者団体連盟が出した『新時代の「日本的経営」』である(新・日本的経営システム等研究プロジェクト編1995)。変化する経済情勢に対応して，日本の労働者全体を「長期蓄積能力活用型グループ(期間の定のない雇用契約)」「高度専門能力活用型グループ(有期雇用契約)」「雇用柔軟型グループ(有期雇用契約)」に分け，旧来の「日本的経営」を脱して新しい人事管理システムを構築していかなければならないという内容であるが，この文書は教育に関係する人々に多大なインパクトを与えた。学校教育が人々の振り分けに活用されることが危惧されたのである[14]。

ところで，Bの勢力の意向がどの時点から教育政策の動向を強く規定するようになったかは，議論の余地がある。教育政治の舞台においてBの勢力が台頭する制度的な契機となったのは，臨時教育審議会設置法に基づいて総理府に置かれた臨教審の始動であった。臨教審の任務は内閣総理大臣の諮問に応じて答申を出すことである。メンバーには，教育界に関係のない人物が多く選任され，狭義の教育の論理とは異なる視座から日本の教育問題が議論された。

臨教審が設置されていた期間，文部省の下に置かれている中央教育審議会(中教審)の活動は停止しており，その活動が再開されてから初めての答申(「生涯学習の基盤整備について(答申)」)が出されたのは1990年１月のことであった。以後の中教審の答申は，臨教審で議論されたテーマの具体化に多くの紙幅が割かれており，日本の教育政治において臨教審の設置が画期となったことは疑いない。しかし，その影響が直接的にその後の教育政策にあらわれたかといえば，必ずしもそうではないようである。たとえば臨教審を同時代的に扱った書籍に目を通すと，臨教審は失敗であったという言及が多く見られる(内田1987；原田1988)。なぜ同時代的に失敗したと判断されたものの影響が，その後の教育政策を規定し得たのであろうかという疑問が生じるのである。

(3) 文部省の変化とその意味

ひとつの興味深い見解として，Aの勢力である文部省の「つまみ食い」があったとする議論がある(世取山2008；本田2011b)。すなわち，臨教審で扱われた議論のうち，文部省にとって都合のよいものが優先的に中教審の議論を経て，実施されてきたというのである。先の「教育政治の三極モデル」を提示した広田も，文部省のことを次のように論じている。「対立する議論の

14　生活指導論の研究者である竹内常一は，子どもに「選択の自由」と「自己責任」をセットで与えた上で，学校教育の中で「自分探しを強要する」のは，「雇用・人事管理システムの指定する３つの労働力グループのいずれかに自分をすすんでアイデンティファイ(同一化)していくことを子どもにせまるもの」だと論じている(竹内1998：153-192)。

激しさの割に，割合穏当な筋で報告書にまとめられたのが臨教審の答申で，さらに，その中の比較的穏当な部分を，文部省が主導してやっていったのが，90年代の変革です」(広田2009：279)。

教育改革における文部省優位は，教育法規の構造を概観すると見えてくる部分がある。ここで教育法規に関する市販テキスト(現職の教員や教員採用試験を受験する人に向けて書かれたもの)から，それを端的に解説した箇所を引用しておこう。「教育の法律主義を受けて，教育に関する基本事項は法律によって規定されている。しかし，具体的事項に関しては命令で規定されている場合がほとんどであり，命令は教育法規の体系においてきわめて重要な地位を占めている」(坂田・河内・黒川2012：5)。このことを確認するために，たとえば学校教育法という法律を取り上げてみると，「～は政令で定める」という箇所が複数あることに気づく。次に政令を見ると「～は省令で定める」という箇所が随所にあるのである。「大臣が別に定める」という文言も多数ある。要するに，学校教育法に関する具体的な事柄は，法律の委任の範囲内という前提は付くが，学校教育法施行令(政令)，学校教育法施行規則(省令)といった命令で規定されているのである[15]。本章が着目する「ゆとり教育」に関する事柄の多くは，法的には省令以下のレベルにある問題群であったことに留意したい。

文部(科学)省が省令を制定・改正する際，あるいは法令が定める方向に沿って政策の詳細を詰めていく際に活用されるのが各種の審議会である。省庁再編の前と後では審議会の数，構成，依拠する法令が異なっているが，中央教育審議会(中教審)を中心に教育行政が展開されていることは周知の通りである。省庁再編前の中教審について見ておくと，その主な任務は「文部大臣の諮問に応じて教育，学術又は文化に関する基本的な重要施策について調査審議し，及びこれらの事項に関して文部大臣に建議する」(文部省設置法7条2項)ことにあった。委員に関する規定は，「人格が高潔で，教育，学術又は文化に関し広くかつ高い識見を有する者のうちから，文部大臣が内閣の承認を経て任命する20人以内の委員で組織する」(7条3項)と漠然と

15　教育法規の構造と関連づけて学習指導要領の制度的位置づけを議論したものとして，子安(2009：15-37)参照。議会がその立法権を行政機関の命令に授権する行為を委任立法と呼ぶが，そこに現代政治の特質を捉えようとした議論として，黒田ほか(1967：134-135)参照。日本の委任立法を検討した近年の研究として，田中祥(2012)参照。

しており，文部省と考え方の近い人が選ばれる傾向があった(太田編1978：265-266)。文部大臣の諮問に対する答申については，文部官僚によって構成される事務局がとりまとめを行い，たたき台となる文書を作成するのが一般的である(菱村2010：57)。以上のような中教審の傾向は，文部省が関係する他の審議会についても大筋で当てはまると考えられる(坂本・山本編1992)。

では，「つまみ食い」する側の文部省は，いかなる意向を持っていたのだろうか。ここで注目したいのは1980年代後半以降の急激な文部省の変化である。一般的に，学校教育を規制する省から規制緩和を受け入れる省への変化と捉えられているが[16]，その背後に少子高齢化の時代が迫っているという時代認識があったことは間違いないだろう。教育行政学の研究者が指摘するように，この時期の文部省は政策の方向を量的拡大から質的深化に転換しようと模索していたのである(青木2004；市川2010)。

文部省の変化を考えるに当たって，キーワードとなるのが生涯学習である。文部省では1988年に組織改編があり，社会教育局が改組され生涯学習局となり，これを筆頭局とした。それ以前の筆頭局は初等中等教育局である。1988年から刊行が開始された文部省の白書である『我が国の文教施策』を見ても，生涯学習に割かれる紙幅は群を抜いている。こうした点からは，省の守備範囲を学校教育を超えて拡大しようとする文部省の自発的な姿勢がうかがえる[17]。ただし，文部省の内部は一枚岩ではなかっただろう。「ゆとり教育の旗振り役」として1990年代後半から注目された文部官僚・寺脇研の回顧録を読むと，初等中等教育局や高等教育局を軸に省の守備範囲を狭く捉えがちであった文部省を改革するに当たって，臨教審の答申を追い風とする

---

16 『教育学用語辞典　第4版(改訂版)』の「文部科学省」の項目には，次のような叙述がある。「かつて文部省はいわゆる1955年体制の下，政治的な対立を背景に，その任務として，学習指導要領の基準性の強化，教科書の検定制度の整備など，教育水準の全国的な維持・向上に努めることを通じて，公教育に対する国の役割を整備してきたといわれている。しかし，近年，地方分権の推進，特色ある学校づくり，多様な学校管理システムの提唱，学校教育業務の民間委託に対する要求の動き，教育の規制緩和，義務教育費国庫補助制度の再検討などにより，文部科学行政のあり方が変化しつつある」(岩内ほか編2010：226)。

17 社会教育の研究者は，生涯にわたる学びの営みを「人権」として捉えるのではなく，「消費行動」として位置づける文科省主導の「日本型生涯学習政策」の展開を問題視している(長澤2006)。

省内改革派官僚の姿が見て取れるからである(寺脇2008)。

自民党の文教族に関しては，文部省の規制緩和路線を後押したと思われる。自民党議員の馳浩は著書『馳浩のやさしい教育論』の中で，臨教審の改革を「文部省，日教組などの教育サービスの供給サイドから産業界，ひいては国民一般という消費者サイドに主導権を移す試みが行われたということです」と位置づけ，「多様な教育内容の選択肢が消費者サイドに提供されたわけであり，消費者サイドからみた臨教審改革は，まさに自由化された教育に近いものと言え，高く評価すべきものなのです」と述べている(馳2003：33，36)。文教族は「その重要性と専門性にもかかわらず，選挙や政治資金の面では恵まれることがない」と言われていたが(猪口・岩井1987：200)，1990年代後半になると状況は大きく変わったと考えなければならない。

4　脱「ゆとり教育」の方向性

(1) 学校週5日制と「新しい学力観」

前節のような三極構造の中で推進されたのが「ゆとり教育」であった。「ゆとり教育」の「ゆとり」は多義的な言葉である(徳久2012)。このような多義語の活用は，当該の問題に関心を有する勢力の間に存在する亀裂を見えなくするという点では妙案だったかもしれない[18]。しかし,「ゆとり教育」が実施される段階になると，さまざまな問題が指摘されたのだった。ここでは「ゆとり教育」の主要な柱である学校週5日制，「新しい学力観」の問題について，子どもに対する影響という観点から，論点を整理しておこう。学習内容削減の問題については後述する。

まず，学校週5日制である(坂本・横山1993；市川1995；竹内1998；藤田2005；坂井・岩永編2011)。1992年から部分実施され，2002年から完全実施されたものであるが，これによって公立学校の子どもと教師に「ゆとり」が生まれるかのように見えた。しかし制度導入の当初は，週6日でやってきたことを週5日でやることになるわけで，学校から「ゆとり」が消えたと評価されることがしばしばあった[19]。また，休みになった土曜日について，子ど

18　政治過程における象徴作用の論じ方については，エーデルマン(1998)参照。

19　週5日制の導入に伴う学校行事減少の影響は，日本における政治的社会化という文脈においても注目されるべきものである。土曜日が休みになり，それまで250日でやって

もたちにどのような活動をさせるかに関する具体案が準備されない段階で制度がスタートしたこともあって，教育の私事化という事態が懸念された。週5日制の完全実施となれば，一年間に子どもが学校に通う日数は250日から200日に激減することから，家庭環境がダイレクトに教育格差につながることが危惧されたのである。結局のところ，週5日制によって満たされたのは，「子どもを休みにして家族をレジャーに向かわせる」，「教育・情報産業を振興させる」，「生涯学習施設を作る」といった内需拡大の側面であったと評価する論者は少なくない。

次に，「新しい学力観」である(坂本・横山1993；折出1994；苅谷2002；尾木2006)。「新しい学力観」は1989年改訂の学習指導要領において採用された考え方で，学力評価を「知識の量と理解力」を中心に行うのではなく，「関心・意欲・態度」を中心に行うというものである。こうした評価基準が導入されることによって，試験の結果が振るわない子どもたちをも評価したいという教育関係者の願いが実現するかに思われた。しかし，実際に指摘されたのは，狭義の勉強以外の側面までをも評価という視線にさらされる子どもたちの姿であり[20]，「『新学力観』のもとで『個性重視』をうたいながら『関心・意欲・態度』等の評価への従属・適応を子どもに求める」という「ダブルバインド(二重拘束)」が，子どもの人格形成にどのような負荷を与えるかが危惧された(折出2001：239)。それとともに，「新しい学力観」は子どもたちの学力格差を拡大させる方向に機能するのではないかと考えられるようになった。「できないことも個性」であるという雰囲気が学校内に生まれてしまい，学習意欲を持続できない子どもたちが増えてしまったからである。

いたことを200日でやらなければならなくなると，日本の学校のひとつの特色であったさまざまな行事は整理統合されることとなり，結果として子どもたちは，民主主義の実践において不可欠な要素である「トラブルをきっかけにする」ことを学ぶ機会を失うこととなった。たとえば，体育祭と文化祭が同一日に実施されたり，その準備期間が短縮されたりしている現状では，「トラブルをきっかけにする」などと悠長なことは言っていられない。「ゆとり」のない中で，いかに効率的に行事をこなしていくか。「トラブルは事前に予期して避けるものである」という発想が強くなってこざるを得ないのが，現在の学校という空間の実情であろう。

20　かつての若者には，大人に「見られること」を嫌がる傾向(いわゆる「まなざしの地獄」)があり，近年の若者にはむしろ「見られないこと」を嫌がる傾向(逆「まなざしの地獄」)があることを，幾人かの社会学者が議論しているが(見田2008；土井2005)，こうした傾向を助長するものとして日本の学校教育が機能している側面があるかもしれない。

(2) 学力低下問題と脱「ゆとり教育」の方向性

「ゆとり教育」が推進されてしばらく経過した頃，すなわち1990年代後半になると，学力低下問題と「新しい荒れ」と呼ばれる現象に，人々の関心が集まるようになった。そして，これらの問題と文部省が主導した「ゆとり教育」とを短絡的に結び付ける議論が横行し，結果として教育改革は官邸主導による脱「ゆとり教育」へと動いていくのだった。ここでの問題は，脱「ゆとり教育」がどの方向に進められたかである。

2000年代の教育改革の特徴は，首相が関与する会議が活用され，実際に多大な影響力を持った点にある。教育問題に特化した会議としては，小渕・森政権の教育改革国民会議，安倍政権の教育再生会議，福田政権の教育再生懇談会があり，この他にも経済財政諮問会議，総合規制改革会議等において，教育改革に関する提言が数多くなされた。教育改革における首相官邸の影響力の増大は，政治改革(党執行部の権限強化)と行政改革(内閣機能の強化)の影響のあらわれと考えられるが，先の図でいえばＢの勢力の意向が教育改革に大きな意味を持つようになった。教育行政学の研究者である小川正人は，こうした事態を「主役から脇役に後退した文部科学省」と評している(小川2010：54)。

まずは学力低下問題をとりあげ，脱「ゆとり教育」において新自由主義的改革が加速した点を指摘しておこう。先述のように，1998年の学習指導要領改訂では，学校週５日制の完全実施に合わせて学校で教える内容を３割削減することが示された。これに対し，子どもたちの学力低下に関する懸念が多方面から表明された。当初，文部(科学)省サイドは，学校で学びきれなかった部分は生涯学習で補えばいいという楽観論を展開していたが(苅谷2002)，最終的には，学習指導要領は最低基準(ミニマム・スタンダード)を示したものであり，それ以上の内容を教えてはいけないということではないという見解を強調するようになった。「できる子」と「できない子」を義務教育段階で選別することを容認する議論であるが，こうした文部(科学)省サイドの変化は，経済界が提唱する規制緩和・自由化の流れを，文部行政の当局が追認したものとして受け止められることとなった(斎藤2004)。

ところで，学力低下問題に関しては，①本当に学力は低下したか，②低下している場合，誰の学力が，なぜ，どのように低下したのか，という議論が教育学者の間でなされている(苅谷・志水2004)。②に関しては，家庭環境等の要因が初等教育段階における教育格差を生んでいるのではないかという有力な議論がある。もしそれが事実であるとすると，教育の私事化が進展している現状をそのままにして，一律に学校で教える内容を増量したり，あるいは競争の契機を増やしたりすることによって学力向上を図ったところで，問題の根本的な解決につながらないのではないかという疑問が生じることになる。

しかし，先の諸会議では，学校という空間に市場の論理(習熟度別教育，学校選択制，学力調査の実施など)を持ち込むことの効用が主として議論されたのだった[21]。「できる子ども・恵まれた家庭の子どもには個性・能力に応じてどんどん先に進める教育を，そうでない子どもは『ゆとり』のなかでゆっくり学んでいけばいい」(藤田2005：187-190)という教育格差拡大を肯定する議論である。こうした脱「ゆとり教育」の方向性に対しては，教育社会学者の志水宏吉が「教育的に不利な環境のもとにある子どもたちの基礎学力を引き上げることに成功している学校」から学ぶという姿勢が欠如しているのではないかと問題提起を行っている(志水2010：161)。

(3)「新しい荒れ」の原因は何か

「新しい荒れ」と呼ばれる現象についても触れておく。「新しい荒れ」とは，学級崩壊，いじめ，キレる，暴力をふるうといった子どもたちの「何でもあり」と称される逸脱行動であり，1990年代後半になって顕著になった現象である。こうした種類の問題に対して，伝統的に日本の教師は，子どもたちによって表出された行動をその文脈や関係性に配慮しながら捉えることを課題としてきた(佐藤・吉岡2012)。生活指導学の研究者である折出健二が論じるように，「『荒れる』行動をする子どもたちは，ある局面だけをとれば『問題行動』の生徒であるかもしれないが，かれらの攻撃性や『荒れる』行動にみるアクティング・アウトを，上述のような〔新自由主義的な風潮が強まっている－引用者〕社会状況とセットで見るのでなければ，真にかれらの

21　これらの会議における教育論議を追ってみて興味深いのは，当該の問題に対して複数の見立てがあったにもかかわらず，教育問題の専門家の意見がほとんど採用されていない点である。この点については，会議に参加した教育学者・教育関係者が詳細に報告している(藤田2001；河上2000)。

生きている姿を見ることにならない」(折出2001：59)と捉えるのである[22]。

こうした考えを実践していく上で，現在も含めて問題となっているのが，教師の校務多忙化，同僚性の低下による対応の遅れである[23]。この点に関しても，2001年の時点における折出の見立てを記しておく。「いま各地で学級や学年で指導の成り立たない状況が見られるが，その理由は，新自由主義的政策が指導成立の足場を急速に浸食しているにもかかわらず，その現実分析が大幅に遅れ(校務多忙化政策のもとで，職場でのその研究的討議さえ奪われ)，経験にもとづく牽引者的指導観に依拠せざるをえず，それが市場化の影響下にある子どもたちの市場個人主義的行動や雰囲気(「何でもあり」と称されるのはこれを指している)との間に大きな溝を生んでいるためである」(折出2001：145)。

「新しい荒れ」に対する新自由主義の影響を指摘する上記のような見方がある一方で，2000年代の教育改革の議論は，子どもたちが表出する行動をあくまで個人の問題，あるいは家庭教育の問題，もしくは教員の資質の問題として処理する傾向が強かった。たとえば教育改革国民会議や教育再生会議においては，道徳教育(徳育)の教科化，奉仕活動の義務化，子どもの出席停止制度の活用，家庭教育の責任の明確化，教員評価の強化が議論された。こうした議論の中から，保守主義の要素を抽出することはそれほど難しいことではない。それは自民党の中の文教政策に関心を有する議員の政治的選好に合致するものであった(馳2003；安倍2006)。

この時期，「新しい荒れ」を個人の問題として捉える論理は，別の集団からも提供されていた。「心の教育」である。文部省は，阪神淡路大震災があった1995年から「スクールカウンセラー活用調査研究委託」という事業を開始し，1997年の神戸連続児童殺傷事件を経て，それを大幅に拡大しよ

22　政治社会学者の栗原彬は，子どもたちのアクティング・アウト(内的葛藤の行動表出)について次のように論じている。「子どものアクティング・アウトは，社会システムのダブルバインド(二重的拘束)的な暴力に対する対応の形である。アクティング・アウトとして表現されるまでには，幾重ものシステムの圧力が，自己認知のダブルバインドを積み重ねる。社会は，『自由であってよい』，しかし『規範には従属せよ』という矛盾したメッセージを送り続ける」(栗原1999：124)。

23　2000年代に入ってからの学校における校務の多忙化に関して，苅谷(2008)は学校に対して実際に行ったアンケート調査の結果を紹介しており興味深い。教員間の同僚性については，藤田(2005：309-310)，広田(2011：69-78)参照。

うとしていた。教育行政の心理学への傾斜は著しく，2002年には『心のノート』という読み物が全国の小中学生に配布されるほどであった。こうした事業が展開される背後に，学校教育の空間に活動の場を求める臨床心理学という新しい学問分野の動きがあったことを，複数の論者が批判している（三宅2003；野田2006；小沢2008）。たとえば，「心の教育」に批判的な立場をとる臨床心理学論の小沢牧子は，「心理療法・カウンセリングは，不満の処理に大きく貢献する。それは問題の個人化と内省，自助努力，自己責任の態度を作り出すという点で，新自由主義という経済思想を背後から支えている。両者は，親和的な関係にあるのだ」と論じている（小沢2008：121）。

社会状況にあおられるように問題を起こす子どもたちに対し，臨床心理学がそれを「個人の問題」，「心の問題」として処理してしまうのならば，子どもたちからの社会に対する「異議申し立て」は見えなくされてしまうことになる（折出2003：144）。スクール・カウンセラー事業は，規模が大きくなればなるほど，経験のない臨床心理士が教育現場に入ることになるわけだが，この点について，精神科医の野田正彰は次のように批判している。「生徒の学校教育，先生，大人社会への疑問，失望，怒りなどが，十分に臨床経験のない臨床心理士たちによって歪められていく危険がある。外部への疑問や怒りを抱いても，カウンセラーによって『あなたはそう感じるのね』と切り返され，自分の気持ちの持ち方の問題にすり替えられてしまえば，ますます青少年の精神は内攻し，出口を失う」（野田2004：176-177）。

次の一文は，いじめの問題に対する折出の見立てであるが，病んでいるのは心ではなく，関係性なのではないか，という重要な指摘がなされている。「いじめは個人の『心』に発するよりも関係性の崩れや競争抑圧に発するという認識に立って，実践的には関係性の回復につながる集団づくりをもっと重視するべきである。……ところが文部行政は『心の教育』に力点を置いていじめ発生の問題を『個化』して，カウンセリング重視に傾き，関係の持つ暴力性を結果的に許してしまう。しかも，新たな『サイバーいじめ』の深刻な作用を見ないなど，いじめ克服の社会的課題とは視点がずれている」（折出2007：176）。

5　学校教育を規定するダブルバインドの構造

次々と噴出する問題の原因に関する教育界の認識が一致しない中で，教育改革が劇的な動きを見せたのは2006年の安倍政権のときであった。準憲法的性格を有するとされてきた教育基本法の改正が行われたのである。このとき教育基本法の改正が可能であったのは，2005年の郵政選挙における自民党圧勝ムードが持続していたからに他ならないが，審議会のレベルでは森政権の頃から教育基本法改正に向けての議論がなされていた点を看過してはならない。

新しい教育基本法の登場は，旧教育基本法の精神を教育現場に活かすという論理で展開されてきた教育運動に，大きな打撃を与えた。こうした観点から注目されるのは，「教育の目標」に愛国心を明記した条文(「伝統と文化を尊重し，それらをはぐくんできた我が国と郷土を愛する」)である。この他にも，「教育は，不当な支配に服することなく，国民全体に対し直接に責任を負つて行われるべきものである」という旧法の条文が，「教育は，不当な支配に服することなく，この法律及び他の法律の定めるところにより行われるべきもの」と変更された点が重要である[24]。

新教育基本法を全体として見れば，旧法に比べて条文数が11から18に増えている。新設の項目を挙げると，「生涯学習の理念」，「大学」，「私立学校」，「教員」，「家庭教育」，「幼児期の教育」，「学校，家庭及び地域住民等の相互の連携協力」，「教育振興基本計画」があり(「男女共学」は削除)，政府がこの国の教育全体に積極的に関与していく姿勢が鮮明になったといえる。こうした教育基本法の大規模な改正は，当然に教育法規全体に波及する。安倍政権は，半年後の参議院選挙に間に合わせるかのように，学校教育法，教育職員免許法，地方教育行政法といった法律を改正した。それは，さらに政令・省令の改正，学習指導要領の見直しにつながっていくわけだが，その過程においてはPDCAサイクル(Plan計画→Do実施→Check評価→Action改善)という品質管理の考え方に基づく施策が全面展開することになった[25]。結果と

24　伊吹文明文部科学大臣は，2006年11月22日の参議院教育基本法に関する特別委員会で「国会で決められた法律，政令，告示，これが国民の意思だ。国民の意思でない力によって教育が行われることを不当な支配という」といった趣旨の答弁をしている(『毎日新聞』2006年12月16日)。

25　中央教育審議会の「教育振興基本計画について――『教育立国』の実現に向けて――(答申)」(2008年4月)の第3章には次のような文章がある。「これまで教育施策においては，目標を明確に設定し，成果を客観的に検証し，そこで明らかになった課題等をフィードバックし，新たな取組に反映させるPDCA(Plan-Do - Check-Action)サイクルの実

して文部科学省は「規制・管理の強化という点では教育現場に対する力を増大させるという成果を手にした」(本田2011b：193)のである[26]。

1980年代後半から続く教育の自由化・規制緩和の動きと2000年代に入り浮上してきた政府による管理・規制の動きは，どのような関係にあるのだろうか。比較教育学の研究者である高山敬太は，「教師，学校，地方自治体は，教育のインプットに関しては多くの裁量を与えられるようになったわけだが，国家は，アウトプット(到達目標や評価方法)に関してはむしろ中央統制を強化している。……日本における教育再編の動きは，膨張する文科省の官僚支配への批判を受ける形で，分権化・縮小化にはじまったものの，後に再中央集権化へと移行する経路をたどった」と一連の改革を評価している(高山2009：135-138)。こうしたダブルバインドの性格が強い改革が進展することによって，どのような側面で効果が生まれ，どのような側面で「副作用」が生じるかは，今後も教育学者を中心に検証作業が進められていくだろう[27]。

以上，本章では日本における新自由主義の広がりを把握するために，教育改革の問題に焦点を当てその展開を論述してきた。①規制緩和・自由化が進む局面，②政府の役割が大きくなっていく局面，③保守主義的な要素が取り入れられる局面の同時存在が確認されたことになる。こうした日本の教育改

践が必ずしも十分でなかった。今後は施策によって達成する成果(アウトカム)を指標とした評価方法へと改善を図っていく必要がある。こうした反省に立ち，今回の計画においては，各施策を通じてPDCAサイクルを重視し，より効率的で効果的な教育の実現を目指す必要がある。」

26　近年の教育現場は，学校の種別を問わず，事後にその成果が評価されるという制度的な枠組の下で，限定された自由を与えられ，文部科学省側の評価基準に沿った創意工夫の競争を強いられるという環境に置かれている。本章の注19では，子どもたちの間でトラブルと向き合わない傾向が強くなっていることを指摘したが，それは教育現場を全体として見た場合についてもいえることであろう。教育現場の実状については，朝日新聞教育チーム(2011)参照。

27　日本人の政治行動を考察するに当たっては，大卒・高卒といった外形的な学歴だけではなく，彼／彼女が学校でどのような教育を受けてきたかが重要な論点になり得るだろう。それは，前述のように公的なカリキュラムだけでなく，「隠れたカリキュラム」までを読み解いてこそ，意味を持つ論点である。日本の政治学では，有権者になる以前の人々がどのような状態にあるかについて，ほとんど研究がなされていないことの問題を指摘しておきたい。

革の展開をエリート側の意図という点で見れば，そこにはさまざまな要素が混在しており，それを新自由主義的改革と単純に捉えてしまうことについては異論が出るかもしれない（徳久2012）。しかし，社会への影響という実態レベルで捉えれば，子どもたちは明らかに新自由主義の潮流にさらされており，教育関係者はそのことを問題視している[28]。こうした認識のすれ違いこそが，現在の教育問題の見通しの悪さを生み出していると筆者は考えるが，いずれにしても，改革をする側のエリートの動向と改革の影響を受ける側の弱い立場にある人々の動向を，トータルに把握するための分析枠組の構築と共有が急務であるといえよう。

28　教育社会学者の本田由紀は，「教育政策は自律的な全体ビジョンなきまま，各関与主体がそれぞれの権益を掠め取ろうとするような状況が深まってきたように見える。こうした状況には数々の問題が内包されているが，その中でももっともしわよせを被っているのは，他ならぬ学習者（児童・生徒・学生）であるといえる」と論じている（本田2011b：204）。

参考文献

青木栄一．2004.『教育行政の政府間関係』多賀出版.

青野壽彦・合田昭二編．2015.『工業の地方分散と地域経済社会　奥能登織布業の展開』古今書院.

秋月謙吾．1998.「分水嶺にある日本の圧力団体　政権交代前後にみる団体の態度変化」『レヴァイアサン』臨時増刊号(特集　政権移行期の圧力団体).

秋野豊．1990.「社会主義国家と国際関係」佐藤英夫編『国際関係入門』東京大学出版会.

朝日新聞教育チーム．2011.『いま，先生は』岩波書店.

芦部信喜(高橋和之補訂)．2019.『憲法　第七版』岩波書店.

足立研幾．2002.「地球化と世界志向利益団体」辻中豊編『現代日本の市民社会・利益団体』木鐸社.

——．2010.「グローバル化の進展と日本の世界志向団体」辻中豊・森裕城編『現代社会集団の政治機能　利益団体と市民社会』木鐸社.

アップル，マイケル・W.(門倉正美ほか訳)．1986.『学校幻想とカリキュラム』日本エディタースクール出版部.

——(浅沼茂・松下晴彦訳)．1992.『教育と権力』日本エディタースクール出版部.

安倍晋三．2006.『美しい国へ』文春新書.

阿部斉．1973.『デモクラシーの論理』中公新書.

阿部斉・新藤宗幸・川人貞史．1990.『日本の政治』東京大学出版会.

新井洋輔．2010.「NPO団体におけるスキル継承過程の検討」科学研究費補助金研究成果報告書.

荒木俊夫・相内俊一・川人貞史・蓮池穣．1983.『投票行動における連続と変化』木鐸社.

有賀弘・阿部斉・斎藤眞．1994.『政治　個人と統合[第２版]』東京大学出版会.

イーストン，デヴィッド(岡村忠夫訳)．1968.『政治分析の基礎』みすず書房.

——(山川雄巳訳)．1976.『政治体系　政治学の状態への探求』ぺりかん社.

——(片岡寛光監訳)．1980.『政治生活の体系分析　上下』早稲田大学出版部.

飯塚繁太郎・宇治敏彦・羽原清雅．1985.『結党40年・日本社会党』行政問題研究所.

五十嵐仁．1998.『政党政治と労働組合運動　戦後日本の到達点と二十一世紀への課題』御茶の水書房.

五十嵐仁・木下真志／大原社会問題研究所編．2019.『日本社会党・総評の軌跡と内実　20人のオーラル・ヒストリー』旬報社.

池田謙一．2000.「ネットワークの中のリアリティ，そして投票」飽戸弘編『ソーシャル・ネットワークと投票行動』木鐸社.

石川真澄．1978.『戦後政治構造史』日本評論社.

――．1984.『データ戦後政治史』岩波書店.

――．1991.「選挙制度審議会(第８次)答申とは何か」石川真澄・鷲野忠雄・渡辺治・水島朝穂『日本の政治はどうかわる　小選挙区比例代表制』労働旬報社.

――．1992.「小選挙区比例代表並立制を批判する」『選挙研究』７.

――．2003.「日本社会党　最後の光芒と衰滅」山口二郎・石川真澄編『日本社会党　戦後革新の思想と行動』日本経済評論社.

石川真澄・安東仁兵衛．1995.『社会党の50年(社会新報ブックレット32)』日本社会党中央本部機関紙局.

石田博英．1963.「保守政党のビジョン」『中央公論』１月号.

石橋政嗣．1999.『石橋政嗣回想録「五五年体制」内側からの証言』田畑書店.

泉谷閑示．2006.『「普通がいい」という病　「自分を取りもどす」10講』講談社現代新書.

市川昭午．1995.『臨教審以後の教育政策』教育開発研究所.

――．2010.『教育政策研究五十年　体験的研究入門』日本図書センター.

市川紀男．2001.『再建期後の南部作家像　黒人ナレーターに託されたメッセージ』英宝社.

伊藤光利．1981.「利益集団をめぐる政治理論」『高度産業国家の利益政治と政策　日本』トヨタ財団助成研究報告書.

――．1998.「大企業労使連合再訪　その持続と変容」『レヴァイアサン』臨時増刊号(特集　政権移行期の圧力団体).

伊藤光利・田中愛治・真渕勝．2000.『政治過程論』有斐閣.

伊藤大一．1980.『現代日本の官僚制分析』東京大学出版会.

糸賀一雄．1968.『福祉の思想』NHK出版.

猪口孝．1983.『現代日本政治経済の構図　政府と市場』東洋経済新報社.

――．1985.『社会科学入門　知的武装のすすめ』中公新書.

――．1988.『国家と社会』東京大学出版会.

猪口孝・岩井奉信．1987.『「族議員」の研究　自民党政権を牛耳る主役たち』日本経済新聞社.

猪口孝・大嶽秀夫・村松岐夫．1987.「『レヴァイアサン』発刊趣意」『レヴァイアサン』創刊号.
今井亮佑. 2018.『選挙サイクルと投票行動 「中間選挙」としての参院選の意義』木鐸社.
今中次麿先生追悼記念事業会編. 1982.『今中次麿　生涯と回想』法律文化社.
今中比呂志. 1977.『イギリス革命政治思想史研究』御茶の水書房.
——. 2000.『英国革命と近代政治原理』大明堂.
岩井奉信. 1990.『「政治資金」の研究』日本経済新聞社.
岩内亮一・本吉修二・明石要一(編集代表). 2010.『教育学用語辞典　第4版(改訂版)』学文社.
岩崎美紀子. 2005.『比較政治学』岩波書店.
——. 2021.『一票の較差と選挙制度　民主主義を支える三層構造』ミネルヴァ書房.
犬童一男. 1977.「圧力団体　労働組合と財界を中心として」杣正夫編『国政選挙と政党政治　総合分析1945年～1976年』政治広報センター.
ヴェーバー, マックス(清水幾太郎訳). 1972.『社会学の根本概念』岩波文庫.
上神貴佳・堤英敬編. 2011.『民主党の組織と政策　結党から政権交代まで』東洋経済新報社.
上住充弘. 1992.『日本社会党興亡史』自由社.
ウォーラス, グレーアム(石上良平・川口浩訳). 1958.『政治における人間性』創文社.
内田健三. 1987.『臨教審の軌跡　教育改革1100日』第一法規出版.
内田満. 1972.『政治参加と政治過程　現代日本の政治分析』前野書店.
——. 1977.「選挙地盤」杣正夫編『国政選挙と政党政治』政治広報センター.
——. 1995.『変貌するアメリカ圧力政治』三嶺書房.
宇野重規. 2013.『西洋政治思想史』有斐閣.
エーデルマン, マーレー(法貴良一訳). 1998.『政治の象徴作用』中央大学出版部.
江田三郎. 1977.『新しい政治をめざして　私の信条と心情』日本評論社.
箙田鶴子・千葉敦子. 1987.『いのちの手紙』ちくま文庫.
円藤真一. 1967.『政党の理論』勁草書房.
大江健三郎. 1976.『言葉によって　状況・文学』新潮社.
——. 1978.『小説の方法』現代岩波新書.
大嶽秀夫. 1994a.『自由主義的改革の時代』中央公論社.
——. 1994b.『戦後政治と政治学』東京大学出版会.
——編. 1997.『政界再編の研究　新選挙制度による選挙』有斐閣.

太田堯編．1978.『戦後日本教育史』岩波書店．
大屋定晴・後藤道夫・佐々木隆治・平子友長・大河内泰樹．2018.「座談会　マルクス研究の過去・現在・未来」『唯物論研究年誌』23.
大山礼子．2018.『政治を再建する，いくつかの方法』日本経済新聞出版社．
岡沢憲芙．1988.『政党』東京大学出版会．
小川晃一・蓮池穣・荒木俊夫・阿部四郎．1975.『大都市の革新票　札幌と仙台の場合』木鐸社．
小川正人．2010.『教育改革のゆくえ　国から地方へ』ちくま新書．
尾木直樹．2006.『新・学歴社会がはじまる　分断される子どもたち』青灯社．
小熊英二．2012.「インタビュー　大阪『橋下現象』をどう捉え，くい止めるか」『クレスコ』5月号．
小沢一郎．1993.『日本改造計画』講談社．
小沢牧子．2008.『「心の時代」と教育』青土社．
折出健二．1986.『人格の自立と集団教育』明治図書出版．
――．1994.「新学力観の批判」『愛知教育大学研究報告』43（教育科学編）．
――．2001.『変革期の教育と弁証法』創風社．
――．2003.『市民社会の教育　関係性と方法』創風社．
――．2007.『人間的自立の教育実践学』創風社．
カーティス，ジェラルド（山岡清二訳）．1971.『代議士の誕生　日本保守党の選挙運動』サイマル出版会．
――．1987.『「日本型政治」の本質　自民党支配の民主主義』TBSブリタニカ．
――（野口やよい訳）．2002.『永田町政治の興亡』新潮社．
鹿毛利枝子．1997.「制度認識と政党システム再編」大嶽秀夫編『政界再編の研究　新選挙制度による選挙』有斐閣．
春日雅司．2016.『女性地方議員と地域社会の変貌　女性の政治参画を進めるために』晃洋書房．
春日雅司・竹安栄子．2022.『地域社会と女性リーダー　鳥取県を中心に』神戸学院大学出版会．
片岡正昭・山田真裕．1997.「読売選挙班へのアンケート調査分析」大嶽秀夫編『政界再編の研究　新選挙制度による総選挙』有斐閣．
加藤淳子．2006.「特集のねらい　2005年総選挙をめぐる政治変化」『レヴァイアサン』39.
加藤榮一．2006.『現代資本主義と福祉国家』ミネルヴァ書房．
金子武蔵．1957.『倫理学概論』岩波書店．

蒲島郁夫．1988.『政治参加』東京大学出版会.
――．1990.「マス・メディアと政治」『レヴァイアサン』７.
――．1993.「徹底分析1992年米国大統領選挙」『中央公論』１月号.
――．1998.『政権交代と有権者の態度変容』木鐸社.
――．2004.『戦後政治の軌跡　自民党システムの形成と変容』岩波書店.
蒲島郁夫・石生義人．1998.「政党支持の安定性」『レヴァイアサン』22.
蒲島郁夫・境家史郎．2020.『政治参加論』東京大学出版会.
蒲島郁夫・竹下俊郎・芹川洋一．2007.『メディアと政治』有斐閣.
蒲島郁夫・竹中佳彦．1996.『現代日本人のイデオロギー』東京大学出版会.
――．2012.『イデオロギー』東京大学出版会.
蒲島郁夫・玉木彰・辰野文理．1989.「徹底分析1988年大統領選挙」『中央公論』１月号.
上川龍之進．2010.『小泉改革の政治学　小泉純一郎は本当に「強い首相」だったか』東洋経済新報社.
――．2018.『電力と政治　日本の原子力政策全史　上・下』勁草書房.
苅谷剛彦．2002.『教育改革の幻想』ちくま新書.
――．2008.『教育改革の迷走』筑摩書房.
苅谷剛彦・志水宏吉編．2004.『学力の社会学　調査が示す学力の変化と学習の課題』岩波書店.
苅部直．2011.「政治と非政治」苅部直・宇野重規・中本義彦編『政治学をつかむ』有斐閣.
河上亮一．2000.『教育改革国民会議で何が論じられたか』草思社.
川人貞史．1999.「選挙制度」佐々木毅編『政治改革1800日の真実』講談社.
河村和徳．1999.「90年代の知事選挙における選挙公約の変化」『金沢法学』42 (1).
上林良一．1985.「選挙と圧力団体」『ジュリスト増刊総合特集No.38　選挙』有斐閣.
貴島正道．1979.『構造改革派』現代の理論社.
岸本広司．2000.『バーク政治思想の展開』御茶の水書房.
北岡伸一．1985.「自由民主党　包括政党の合理化」神島二郎編『現代日本の政治構造』法律文化社.
吉瀬征輔．1991.『十九世紀イギリスの議会改革　労働者階級の体制内統合』法律文化社.
木村元一．1958.『近代財政学総論』春秋社.
楠凡之．2015.「現代の子どもの抱える生きづらさと生活指導　個人指導と関係性の指導に視点をあてて」竹内常一・折出健二編『生活指導とは何か』高文研.
熊沢誠. 2007.『格差社会ニッポンで働くということ　雇用と労働のゆくえをみつめて』岩波書店.
栗原彬. 1999.「子どもと暴力の社会学」山崎晃資編『子どもと暴力』金剛出版.
黒川貢三郎・大井真二・岩井奉信・関根二三夫. 1983.『現代政治過程論』北樹出版.
黒田展之. 1979.「絶対主義天皇制における『移行』の論理　那須宏の学問的業績」『岐阜経済大学論集』13 (4).
——. 1993.『天皇制国家形成の史的構造』法律文化社.
黒田展之・那須宏・水崎節文・村上公敏・森田勉. 1967.『科学としての政治学』有信堂.
ケルゼン, ハンス(長尾龍一・植田俊太郎訳). 2015.『民主主義の本質と価値 他一篇』岩波文庫.
月刊社会党編集部. 1976.『日本社会党の30年』日本社会党中央本部機関紙局.
小池正行. 1993.『英国分離諸派の運命　良心の自由の源流』木鐸社.
小林浩二. 2012.『地域研究とは何か　フィールドワークからの発想』古今書院.
小林直樹・横越英一. 1968.「対談　憲法と政治の接点2　議会・政党・官僚」『法学セミナー』148.
小林靖昌. 1989.「金子倫理学とヤスパース哲学」実存思想協会編『実存と時間』以文社.
——. 1998.『経験の現象学への道』理想社.
小林良彰. 1985.『計量政治学』成文堂.
——. 1991.『現代日本の選挙』東京大学出版会.
小宮山宏. 2007.『「課題先進国」日本　キャッチアップからフロントランナーへ』中央公論新社.
近藤真. 2017.「戦後大学における教養教育と岐阜大学での教養教育の33年」『岐阜大学教育推進・学生支援機構年報』3.
齋藤純一. 2008.『政治と複数性　民主的な公共性に向けて』岩波書店.
斎藤貴男. 2004.『教育改革と新自由主義』寺子屋新書.
坂井素思・岩永雅也編. 2011.『格差社会と新自由主義』放送大学教育振興会.
坂田仰・河内祥子・黒川雅子. 2012.『新訂版　図解・表解　教育法規』教育開発研究所.
坂本多加雄. 1991.『市場・道徳・秩序』創文社.
坂本秀夫・山本廣三編. 1992.『文部省の研究　教育の自由と権利を考える』三一

書房.
坂本光男・横山幸一. 1993.『5日制の学校づくりと教育運動のすすめ方』大月書店.
佐々木毅・谷口将紀・吉田慎一・山本修嗣編. 1999.『代議士とカネ　政治資金全国調査報告』朝日選書.
佐藤幸治. 2015.『立憲主義について　成立過程と現代』左右社.
佐藤誠三郎. 1997a.「選挙制度改革論者は敗北した」『諸君』1月号.
――. 1997b.「新・一党優位制の開幕」『中央公論』4月号.
佐藤誠三郎・松崎哲久. 1986.『自民党政権』中央公論社.
佐藤千津・吉岡真樹. 2012.「日本の学校教師，その特性」岩田康之・高野和子編『教職論』学文社.
佐藤英夫. 1989.『対外政策』東京大学出版会.
――編. 1990.『国際関係入門』東京大学出版会.
佐藤嘉幸. 2009.『新自由主義と権力　フーコーから現在性の哲学へ』人文書院.
サルトーリ，ジョヴァンニ(岡沢憲芙・川野秀之訳). 1992.『現代政党学　政党システム論の分析枠組み〔新装版〕』早稲田大学出版部.
――（岡沢憲芙・工藤裕子訳). 2000.『比較政治学　構造・動機・結果』早稲田大学出版部.
サルトル，ジャン・ポール(伊吹武彦他訳). 1955.『実存主義とは何か』人文書院.
品田裕. 2006.「選挙公約政策データについて」『日本政治研究』3(2).
信夫清三郎. 1969.『新装版　安保闘争史　35日間政局史論』世界書院.
信夫清三郎先生追悼文集編集委員会編. 1994.『歴史家・信夫清三郎』勁草書房.
柴田義松編. 2008.『教育課程論　第二版』学文社.
嶋崎譲. 1954.『政治学概説　マルクシズム政治学確立のために』法律文化社.
――. 1983.『もう一つの時計　社会党再生への提言』第一書林.
志水宏吉. 2010.『学校にできること　一人称の教育社会学』角川選書.
社会党広報局編. 1990.『データ・ブック社会党』日本社会党.
社会民主連合. 1989.『社民連十年史　草の根のロマン』社民連十年史刊行会.
初宿正典編. 1986.『教養・憲法十五講　増補版』木鐸社.
子安潤. 2009.『反教育入門[改訂版]　教育課程のアンラーン』白澤社.
シュトレーク，ヴォルフガング(鈴木直訳). 2016.『時間かせぎの資本主義　いつまで危機を先送りできるか』みすず書房.
シュンペーター，J. A.（中山伊知郎・東畑清一訳). 1962.『資本主義・社会主義・民主主義　上』東洋経済新報社.

ショッパ，レオナルド(小川正人監訳)．2005.『日本の教育政策過程　1970～80年代教育改革の政治システム』三省堂.
白鳥令．1983.「『分割統治』80年代中期の政治展望」白鳥令・沖野安春・阪上順夫編『分割統治　比例代表制導入後の日本政治』芦書房.
新川敏光．1993.『日本型福祉の政治経済学』三一書房.
――．1999.『戦後日本政治と社会民主主義　社会党・総評ブロックの興亡』法律文化社.
新・日本的経営システム等研究プロジェクト編．1995.『新時代の「日本的経営」挑戦すべき方向とその具体策』日本経営者団体連盟.
人文地理学会編．2013.『人文地理学事典』丸善出版.
鈴木一敏．2017.「経済グローバル化が利益団体に与えた影響」『年報政治学2017-Ⅰ世界経済の変動と政治秩序』木鐸社.
政治学事典編集部編．1954.『政治学事典』平凡社.
世取山洋介．2008.「序論　新自由主義教育改革研究の到達点と課題」佐貫浩・世取山洋介編『新自由主義教育改革　その理論・実態と対抗軸』大月書店.
曽我謙悟．2005.「高度経済成長期の官僚制とその後」多胡圭一編『日本政治　過去と現在の対話』大阪大学出版会.
杣正夫．1986.『日本選挙制度史 普通選挙法から公職選挙法まで』九州大学出版会.
――編．1970.『日本の総選挙1969年』毎日新聞社.
――編．1974.『国民の選択　1972年総選挙の分析』三一書房.
――編．1979.『1976年日本の総選挙　ロッキード選挙と共産党の敗北』国民政治研究センター.
――編．1982.『日本の総選挙1979～80　保革伯仲より保守優勢への転回』果林房.
――編．1985.『日本の総選挙1983年　田中判決批判選挙の総合分析』九州大学出版会.
――編．1987.『日本の総選挙1986年同日選挙　自民党300時代の登場』九州大学出版会.
返田健．1981.『生きがいの探求』大日本図書.
高木郁朗(中北浩爾編)．2021.『戦後革新の墓碑銘』旬報社.
高木八尺・末延三次・宮沢俊義編．1957.『人権宣言集』岩波文庫.
高橋弦・竹内章郎編．2014.『なぜ，市場化に違和感をいだくのか？　市場の「内」と「外」のせめぎ合い』晃洋書房.
高橋和之編．2012.『新版　世界憲法集』岩波文庫.
高畠通敏．1980.『現代日本の政党と選挙』三一書房.

――. 1983.「『圧勝』逸した中曽根自民党　比例代表制の衝撃のベクトル」『エコノミスト』7月12日号.
――. 1986.『地方の王国』潮出版.
――編. 1989.『社会党　万年野党から抜け出せるか』岩波書店.
高畠通敏・関寛治編. 1978.『政治学』有斐閣.
髙谷清. 2011.『重い障害を生きるということ』岩波新書.
高安健将. 2009.「書評　山口二郎著『ポスト戦後政治への対抗軸』」『選挙研究』24(2).
――. 2018.『議院内閣制　変貌する英国モデル』中公新書.
高山敬太. 2009.「比較教育学への批判的アプローチ　グローバルな抵抗のネットワークの構築に向けて」マイケル・W. アップル／ジェフ・ウィッティ／長尾彰夫編『批判的教育学と公教育の再生　格差を広げる新自由主義改革を問い直す』明石書店.
田口富久治. 1983.「中・後期の戸沢政治学の展開」横越英一編『政治学と現代世界』御茶の水書房.
――. 1985.『日本政治学史の源流　小野塚喜平次の政治学』未来社.
――. 1990.『日本政治学史の展開　今中政治学の形成と展開』未来社.
――. 1993.『政治学講義』名古屋大学出版会.
――. 2001.『戦後日本政治学史』東京大学出版会.
――. 2005.「名古屋における政治学者群像　名大政治学科を中心に」『ARENA』2.
田口富久治・佐々木一郎・加茂利男. 1973.『政治の科学　現代的課題と方法　改訂新版』青木書店.
竹内章郎. 1993.『「弱者」の哲学』大月書店.
――. 2007.『双書哲学塾　新自由主義の嘘』岩波書店.
竹内常一. 1998.『少年期不在　子どものからだの声をきく』青木書店.
竹中千春. 2004.『世界はなぜ仲良くできないの？　暴力の連鎖を解くために』阪急コミュニケーションズ.
竹中治堅. 2006.『首相支配　日本政治の変貌』中公新書.
――編. 2017.『二つの政権交代　政策は変わったのか』勁草書房.
竹中佳彦. 2004.「小選挙区比例代表並立制と政党」北村公彦編『現代日本政党史録　第5巻　55年体制以降の政党政治』第一法規.
辰村吉康・武居一正編. 2007.『ガイドブック憲法』嵯峨野書院.
建林正彦. 2004.『議員行動の政治経済学　自民党支配の制度分析』有斐閣.
――. 2017.『政党政治の制度分析　マルチレベルの政治競争における政党組織』

千倉書房.

建林正彦・曽我謙悟・待鳥聡史. 2008.『比較政治制度論』有斐閣.

田中愛治. 1997.「『政党支持なし』層の意識構造と政党支持概念の再検討」『レヴァイアサン』20.

田中明彦. 2009.『ポスト・クライシスの世界　新多極時代を動かすパワー原理』日本経済新聞出版社.

田中孝彦. 2012.『子ども理解と自己理解』かもがわ出版.

田中友香理. 2019.『＜優勝劣敗＞と明治国家　加藤弘之の社会進化論』ぺりかん社.

田中祥貴. 2012.『委任立法と議会』日本評論社.

田辺国昭・辻中豊・真渕勝. 1994.「多元主義を超えて」『レヴァイアサン』14.

谷聖美. 1986.「社会党の政策決定過程」中野実編『日本型政策決定の変容』東洋経済新報社.

――. 1998.「新選挙制度下の総選挙と政党配置の変化」『岡山大学法学会雑誌』47 (3).

谷口将紀. 2004.『現代日本の選挙政治　選挙制度改革を検証する』東京大学出版会.

玉田大・水島朋則・山田卓平. 2017.『国際法』有斐閣.

俵孝太郎・大野明男. 1972.『人事とはなにか　政党人事に学ぶべきこと企業人事に求められること』日本経営出版会.

ダール, ロバート・A. (高畠通敏・前田脩訳). 2014.『ポリアーキー』岩波文庫.

ダウンズ, アンソニー (古田精司監訳). 1980.『民主主義の経済理論』成文堂.

『追想　具島兼三郎』刊行委員会編. 2006.『追想　具島兼三郎』弦書房.

辻清明. 1950.「社会集団の政治機能」長浜政寿・辻清明・岡義武『近代国家論第二部』弘文堂.

――. 1969.『新版　日本官僚制の研究』東京大学出版会.

辻中豊. 1988.『利益集団』東京大学出版会.

――. 1994.「国内政治構造と外国ロビー　日米における対相手国ロビーの比較分析」『レヴァイアサン』14.

――. 2005.「日本の人文・社会科学振興のための戦略と戦術　日本を含む比較研究と自前調査, そのための多様なファンドの合理的な集積と連携」『学術月報』58 (11).

――. 2006.「二大政党制の圧力団体的基礎」村松岐夫・久米郁男編『日本政治変動の30年　政治家・官僚・団体調査に見る構造変容』東洋経済新報社.

――. 2015.「日本政治学の有意性と中範囲の経験科学」『日本政治学会　会報』70.
――編. 2002.『現代日本の市民社会・利益団体』木鐸社.
――編. 2015.『第３次　団体の基礎構造に関する調査(日本・社会団体調査)報告書』筑波大学.
――編. 2016.『大震災に学ぶ社会科学　第１巻　政治過程と政策』東洋経済新報社.
――編. 2018.『第４次 団体の基礎構造に関する調査(日本・社会団体調査)報告書』筑波大学.
辻中豊・石生義人. 1998.「利益団体ネットワーク構造と政権変動　二層構造の発見」『レヴァイアサン』臨時増刊号(特集　政権移行期の圧力団体).
辻中豊・崔宰栄・山本英弘・三輪博樹・大友貴史. 2007.「日本の市民社会構造と政治参加　自治会, 社会団体, NPOの全体像とその政治関与」『レヴァイアサン』41.
辻中豊・森裕城. 1998.「現代日本における利益団体の存立様式」『筑波法政』24.
――編. 2010.『現代社会集団の政治機能　利益団体と市民社会』木鐸社.
辻中豊・森裕城・山本英弘・竜聖人・和嶋克洋・李俊九・相良知哉・戸川和成・益田高成. 2017.『団体の基礎構造に関する調査(2017年)中間報告書』筑波大学.
辻中豊・山本英弘編. 2021.『現代日本の比較都市ガバナンス・市民社会』木鐸社.
辻村明. 1984.『大衆現象を解く』講談社現代新書.
堤英敬. 1998.「1996年衆院選における候補者の公約と投票行動」『選挙研究』13.
寺島隆吉. 2007.『英語教育学原論』明石書店.
寺脇研. 2008.『官僚批判』講談社.
デュヴェルジェ, モーリス(岡野加穂留訳). 1970.『政党社会学』潮出版社.
徳久恭子. 2012.「連立政権下の教育政策」『年報政治学2012-Ⅰ　自民党と政権交代』, 木鐸社.
徳本正彦. 1987.『政治学原理序説　全体的認識へむけて』九州大学出版会.
戸沢鉄彦. 1936.「政治家の性格(３)」『国家学会雑誌』50 (4).
戸沢鉄彦・黒田展之. 1967.「一政治学者の想い出」『愛知学院大学論叢　法学研究』16 (2・3).
富田信男. 1986.「発刊の辞」『選挙研究』１.
富永健一. 1995.『社会学講義　人と社会の学』中公新書.
豊泉周治. 2010.『若者のための社会学　希望の足場をかける』はるか書房.
トリーペル, H.(美濃部達吉訳). 1929.「憲法と政党」『国家学会雑誌』43 (2).
土井隆義. 2005.「かかわりの病理」井上俊・船津衛編『自己と他者の社会学』有

斐閣.

内藤俊彦・兵藤守男. 2000.「政治と映像　映画を教材とする政治学教育(2)」『法政理論』33 (2).

中北浩爾. 1993.「戦後日本における社会民主主義政党の分裂と政策距離の拡大　日本社会党(1945 − 1964年)を中心として」『国家学会雑誌』106 (11・12).

中谷和弘・植木俊哉・河野真理子・森田章夫・山本良. 2016.『国際法　第3版』有斐閣.

中野実. 1997.『現代国家と集団理論　政治的プラリズムの諸相　[新装版]』早稲田大学出版部.

中野目徹. 1993.『政教社の研究』思文閣出版.

中村義知. 1970.『現代の政治　その論理と構造』法律文化社.

仲本章夫・松井正樹. 1986.「対談　理性では古いのでは?」『思想と現代』3.

永井陽之助. 1984.「政治学とは何か」永井陽之助・篠原一『現代政治学入門　第2版』有斐閣双書.

長澤成次. 2006.『現代生涯学習と社会教育の自由　住民の学習権保障と生涯学習・社会教育法制の課題』学文社.

長良川河口ぜきに反対する市民の会編. 1991.『長良川河口堰　自然破壊か節水か』技術と人間.

成田知巳追悼刊行会編. 1982.『成田知巳・活動の記録』全三巻, 成田知巳追悼刊行会.

成田憲彦. 1996.「政治改革法案の成立過程　官邸と与党の動きを中心として」『北大法学論集』46 (6).

——. 1997.「『政治改革の過程』論の試み　デッサンと証言」『レヴァイアサン』20.

南原繁. 2007.『新装版　文化と国家』東京大学出版会.

西平重喜. 1972.『日本の選挙』至誠堂.

——. 1990.『統計でみた選挙のしくみ　日本の選挙・世界の選挙』講談社.

——. 2003.『各国の選挙　変遷と実状』木鐸社.

日本社会党結党20周年記念事業実行委員会編. 1965.『日本社会党20年の記録』日本社会党機関紙出版局.

日本社会党結党四十周年記念出版刊行委員会編. 1985.『資料 日本社会党四十年史』日本社会党中央本部.

日本社会党50年史編纂委員会編. 1996.『日本社会党史』社会民主党全国連合.

日本社会党本部書記局OB会編. 1998.『われら回想の〝三宅坂〟 日本社会党本部

書記局OB・一言集』日本社会党中央本部書記局OB会.

日本社会党政策資料集成刊行委員会・日本社会党政策審議会編. 1990.『日本社会党政策資料集成』日本社会党中央機関紙局.

日本政治学会編. 1977.『年報政治学1976　行動論以後の政治学』岩波書店.

野田正彰. 2004.『共感する力』みすず書房.

――. 2006.『子どもが見ている背中　良心と抵抗の教育』岩波書店.

橋本満. 1980.「団体所属」中久郎編『国会議員の構成と変化』政治広報センター.

馳浩. 2003『馳浩のやさしい教育論』長崎出版.

長谷川正安. 1961.『昭和憲法史』岩波書店.

服部秀一. 1967.『選挙調査研究紀要1966年第５集　選挙意識と選挙行動の実態　岐阜県内６地点の調査』公明選挙連盟.

――. 1968.『選挙調査研究紀要1967年第２集　選挙意識と選挙行動の実態　岐阜県内３地点の調査』公明選挙連盟.

――. 1969.『選挙調査研究紀要1968年第４集　選挙意識と選挙行動の実態　岐阜市民の政治意識調査』公明選挙連盟.

――. 1971.『選挙調査研究紀要1970年第２集　選挙意識と選挙行動の実態　岐阜県飛騨地方における山村過疎地域の調査』公明選挙連盟.

――. 1974.『選挙調査研究紀要1973年第２集　選挙意識と選挙行動の実態　岐阜県神岡町における調査』公明選挙連盟.

服部秀一・中島義治・水崎節文・山田徹彦. 1966.『新版　憲法学』国元書房.

羽原清雅編. 1997.『日本社会党　盛衰の50年は何だったのか　62党人にアンケート』朝日新聞社総合研究センター調査研究室(社内報告228).

羽生善治. 2014.『羽生善治の定跡の教科書』河出書房新社.

濱本真輔. 2018.『現代日本の政党政治　選挙制度改革は何をもたらしたのか』有斐閣.

――. 2022.『日本の国会議員　政治改革後の限界と可能性』中公新書.

林正子. 1993.『郷愁と憧憬の人生と文学　日本近代現代文学小論集』近代文藝社.

――. 2003.「松本清張文学の淵源と指標　テーマとしての＜森鷗外＞」『岐阜大学地域科学部研究報告』12.

――. 2007.「水上勉『その橋まで』論　小説における〈橋〉の象徴性」『岐阜大学国語国文学』33.

原武史. 2017.『日本政治思想史』放送大学教育振興会.

原田三朗. 1988.『臨教審と教育改革　その矛盾と挫折』三一書房.

バーカー，アーネスト(足立忠夫訳). 1968.『現代政治の考察』勁草書房.

バーク，エドマンド(中野好之訳)．2000.『バーク政治経済論集　保守主義の精神』法政大学出版会.
朴喆熙．2000.『代議士のつくられ方　小選挙区の選挙戦略』文藝春秋.
菱村幸彦．2010.『戦後教育はなぜ紛糾したのか』教育開発研究所.
日高六郎．1980.『戦後思想を考える』岩波新書.
平石直昭．1990.「前近代の政治観　日本と中国を中心に」『思想』6月号.
平井由貴子．2009.「トルコの市民社会から見た多元的共生社会」宇田川妙子編『未来を拓く人文・社会科学シリーズ14　多元的共生を求めて　<市民の社会>をつくる』東信堂.
平井由貴子・辻中豊．2007.「トルコにおける市民社会の構造　団体調査に見るトルコ市民社会組織の概要と行動」『論叢現代文化・公共政策』5.
広岡義之編．2010.『新しい教育課程論』ミネルヴァ書房.
広田照幸．2009.『格差・秩序不安と教育』世織書房.
——．2011.『教育論議の作法　教育の日常を懐疑的に読み解く』時事通信出版局.
ピム，フランシス(戸沢健次訳)．1986.『保守主義の本質』中央公論社.
福沢諭吉．1978.『新訂　福翁自伝』岩波文庫.
福永文夫．1996.「日本社会党の派閥」西川知一・河田潤一編『政党派閥　比較政治学的研究』ミネルヴァ書房.
藤田英典．2001.『新時代の教育をどう構想するか　教育改革国民会議の残した課題』岩波書店.
——．2005.『義務教育を問いなおす』ちくま新書.
フランクル，V. E.（霜山徳爾訳)．1956.『夜と霧』みすず書房.
——（霜山徳爾訳)．1957.『死と愛』みすず書房.
——（池田香代子訳)．2002.『夜と霧　新訳』みすず書房.
古川勝弘・黒田展之編．1973.『政治理論　古典と現代』法律文化社.
ベイ，クリスチャン(横越英一訳)．1979.『自由の構造』法政大学出版局.
ベントリー, A. F.（喜多靖郎・上林良一訳)．1994.『統治過程論　社会圧力の研究』法律文化社.
堀幸雄．1985.「選挙と宗教団体」『ジュリスト増刊総合特集№38　選挙』有斐閣.
堀江湛・梅村光弘編．1986.『投票行動と政治意識』慶応通信.
本田由紀．2011a.『軋む社会　教育・仕事・若者の現在』河出書房新社.
——．2011b.「教育政策論」玉井金五・佐口和郎編『戦後社会政策論』明石書店.
マートン，ロバート・K(森東吾他訳)．1961.『社会理論と社会構造』みすず書房.
前田和男．2010.『民主党政権への伏流』ポット出版.

前田幸男・堤英敬編．2015.『統治の条件　民主党に見る政権運営と党内統治』千倉書房．

真下信一．1979.『学問と人生　真下信一著作集　第1巻』青木書店．

増田四郎．1966.『大学でいかに学ぶか』講談社現代新書．

益田高成．2021.「選挙法改正の政治過程　公職選挙法を中心に」同志社大学法学研究科博士論文．

待鳥聡史．2012.『首相政治の制度分析　現代日本政治の権力基盤形成』千倉書房．

――．2015.『政党システムと政党組織』東京大学出版会．

――．2020.『政治改革再考　変貌を遂げた国家の軌跡』新潮社．

松井正樹．1983.「生活の現代的再考　現代におけるニヒリズムとヒューマニズム」宮本十蔵編『現代を生きる思想』汐文社．

――．1989.「現代における教養とは何か」『思想と現代』17.

――．1998.「今日の理性」名古屋哲学研究会『哲学と現代』15.

――編．1993.『現代文明とフィロソフィー』文理閣．

松崎哲久．1991.『日本型デモクラシーの逆説　2世議員はなぜ生まれるのか』冬樹社．

松田宏一郎．1996.「福沢諭吉と『公』・『私』・『分』の再発見」『立教法学』43.

――．2008.『江戸の知識から明治の政治へ』ぺりかん社．

――．2016a.『擬制の論理　自由の不安　近代日本政治思想論』慶應義塾大学出版会．

――．2016b.「『である』ことと『ということにしておく』こと　共存象徴と擬制について」『政治思想学会会報』43.

松田憲忠・岡田浩編．2018.『よくわかる政治過程論』ミネルヴァ書房．

松本和日子．2002.『過渡期世界経済論の課題と方法　マルクス＝宇野経済学の再構築とグローバル・ソーシャリズム史観』学文社．

真渕勝．1998.「静かな予算編成　自民党単独政権末期の政治過程」『レヴァイアサン』臨時増刊号(特集　政権移行期の圧力団体)．

マルクス，カール(城塚登訳)．1974.『ユダヤ人問題によせて/ヘーゲル法哲学批判序説』岩波文庫．

丸山眞男．1995.『丸山眞男集　第3巻』岩波書店．

――．1997.『丸山眞男集　第12巻』岩波書店．

三浦まり．2011.「労働政治のジェンダー・バイアス　新自由主義を超える可能性」辻村みよ子編『壁を超える　政治と行政のジェンダー主流化』岩波書店．

水木惣太郎．1963.『比較憲法論』有信堂．

――. 1967.『選挙制度論』有信堂.

水崎節文. 1967.「ドイツにおける等級選挙の形成」『岐阜大学教養部研究報告』3.

――. 1981.「衆議院総選挙における地域偏重的集票の計量分析試論」『岐阜大学教養部研究報告』17.

――. 1982.「得票の地域偏重よりみた選挙区特性」『岐阜大学教養部研究報告』18.

――. 1983a.「比較政党研究における計量分析　破片化指数の効果とその応用」横越英一編『政治学と現代世界』御茶の水書房.

――. 1983b.「参議院議員定数不均衡の実態と問題点」『自治研ぎふ』21.

――. 1991.「総選挙データー・ベースの開発とその利用」『岐阜大学教養部研究報告』27.

――. 1992.「選挙と情報の政治学」『岐阜大学附属図書館報　寸胴』8.

――. 1994.「私の研究紹介」第46回岐阜大学祭全学執行委員会編『Windows of the University Vol. Ⅱ　教養部・農学部の研究内容紹介やPR』.

――. 2004.『私の軌跡と政治学　20世紀後半――わが来し方の断章』私家版.

水崎節文・森裕城. 1998.「得票データからみた並立制のメカニズム」『選挙研究』13.

――. 2007.『総選挙の得票分析 1958 − 2005』木鐸社.

見田宗介. 2008.『まなざしの地獄　尽きなく生きることの社会学』河出書房新社.

三宅晶子. 2003.『「心のノート」を考える』岩波書店.

三宅一郎. 1985.『政党支持の分析』創文社.

――. 1989.『投票行動』東京大学出版会.

――. 1990.『政治参加と投票行動　大都市住民の政治生活』ミネルヴァ書房.

――. 1995.『日本の政治と選挙』東京大学出版会.

――. 2001.『選挙制度変革と投票行動』木鐸社.

三宅一郎・西澤由隆・河野勝. 2001.『55年体制下の政治と経済　時事世論調査データの分析』木鐸社.

三宅一郎・綿貫譲治・嶋澄・蒲島郁夫. 1985.『平等をめぐるエリートと対抗エリート』創文社.

ミルズ，ライト(鈴木宏訳). 1965.『社会学的想像力』紀伊国屋書店.

村上泰亮. 1984.『新中間大衆の時代』中央公論社.

村上泰亮・公文俊平・佐藤誠三郎. 1979.『文明としてのイエ社会』中央公論社.

村松岐夫. 1981.『戦後日本の官僚制』東洋経済新報社.

――. 1994.『日本の行政　活動型官僚制の変貌』中央公論社.

――. 1998.「圧力団体の政治行動　政党か行政か」『レヴァイアサン』臨時増刊号(特集　政権移行期の圧力団体).

――. 2010.『政官スクラム型リーダーシップの崩壊』東洋経済新報社.

村松岐夫・伊藤光利・辻中豊. 1986.『戦後日本の圧力団体』東洋経済新報社.

森裕城. 1997.「選挙過程における合理性の衝突　自民党政権の継続と社会党」『筑波法政』23.

――. 2000.「利益団体の選挙活動」筑波大学国際政治経済学研究科『国際政治経済学研究』５.

――. 2001.『日本社会党の研究　路線転換の政治過程』木鐸社.

――. 2002.「団体－政党関係 選挙過程を中心に」辻中豊編『現代日本の市民社会・利益団体』木鐸社.

――. 2003.「利益団体」平野浩・河野勝編『アクセス日本政治論』東洋経済新報社.

――. 2006.「2005年総選挙と政党システム」『レヴァイアサン』39.

――. 2007.「選挙過程の実態把握を目的とする研究について」『レヴァイアサン』40.

――. 2008.「伊奈町史編纂事業の思い出」つくばみらい市伊奈町史編纂委員会編『町史研究　伊奈の歴史』10.

――. 2011.「2009年総選挙の得票分析」『同志社法学』347.

――. 2012a.「文教観光」京都市政史編さん委員会編『京都市政史　第２巻　市政の展開』京都市.

――. 2012b.「新自由主義的教育改革の政治過程とその分析視角」『年報政治学2012-Ⅱ現代日本の団体政治』木鐸社.

――. 2016a.「2012年総選挙の得票分析　震災後の国政選挙にあらわれた民意」辻中豊編『大震災に学ぶ社会科学第１巻　政治過程と政策』東洋経済新報社.

――. 2016b.「2014年総選挙の得票分析」『同志社法学』385.

――. 2018.「小選挙区比例代表並立制と政党競合の展開」『選挙研究』34 (2).

――. 2020.「戦後革新政党と官僚制　日本社会党の場合」中野目徹編『官僚制の思想史　近現代日本社会の断面』吉川弘文館.

森裕城・久保慶明. 2014.「データからみた利益団体の民意表出　有権者調査・利益団体調査・圧力団体調査の分析」日本政治学会編『年報政治学2014-Ⅰ　民意』木鐸社.

――. 2016.「圧力団体政治の前段階　有権者調査と利益団体調査の分析」辻中豊編『政治変動期の圧力団体』有斐閣.

森裕城・益田高成. 2019.「市民社会組織はグローバル化の影響をどのように認識しているか 第4次『団体の基礎構造に関する調査』(JIGS2017)の分析」『同志社法学』403.

——. 2020a.「辻中政治学の対象・方法・展開と『辻中プロジェクト』関係文書公開の意義」『筑波大学アーカイブズ年報』3.

——. 2020b.「2017年総選挙の分析」『選挙研究』36 (2).

森口朗. 2010.『日教組』新潮新書.

森田朗・金井利之編. 2012.『政策変容と制度設計　政界・省庁再編前後の行政』ミネルヴァ書房.

森脇俊雅. 1981.「選挙と投票行動の理論」三宅一郎編『合理的選択の政治学』ミネルヴァ書房.

モンテスキュー, シャルル(野田良之・稲本洋之助・上原行雄・田中治男・三辺博之・横田地弘訳). 1989.『法の精神　上』岩波文庫.

八代尚宏. 2011.『新自由主義の復権　日本経済はなぜ停滞しているのか』中公新書.

安野修右. 2019.「1950年代における後援会普及と選挙運動規制」『年報政治学2019-Ⅰ　主権はいま』筑摩書房.

柳父章. 1982.『翻訳語成立事情』岩波新書.

山川雄巳. 1968.『政治体系理論Ⅰ』有信堂.

——. 1982.『増補　アメリカ政治学研究』世界思想社.

——. 1997.「阪神・淡路大震災における村山首相の危機管理リーダーシップ」『法學論集』47 (5).

山口二郎. 2007.『ポスト戦後政治への対抗軸』岩波書店.

山口二郎・宮本太郎. 2006.「市民は「格差社会」をどう考えているか, 政府に何を望んでいるか 「つつましい平等主義」と小泉改革ブームのすれ違い」『論座』6月号.

——. 2008.「日本人はどのような社会経済システムを望んでいるのか」『世界』3月号.

山崎政人. 1986.『自民党と教育政策　教育委員任命制から臨教審まで』岩波新書.

山田智也. 2008.「市民団体のロビー戦術に関する研究　訴訟提起がもたらす2つの効果」同志社大学法学研究科修士論文.

山田真裕. 1997.「選挙運動の理論」白鳥令編『選挙と投票行動の理論』東海大学出版会.

——. 2017.『二大政党制の崩壊と政権担当能力評価』木鐸社.

山本英弘．2019.「新自由主義時代における利益団体の政策選好」『選挙研究』35（1）．

横越英一．1960.『近代政党史研究』勁草書房．

――．1962.『政治学体系』勁草書房．

――．1964a.『政治学』日本評論社．

――．1964b.「統治の構造と機能　行政権の拡大強化」『法律時報』421.

――．1983.「戸沢政治学における政治概念と国家論」横越英一編『政治学と現代世界』御茶の水書房．

――編．1983.『政治学と現代世界』御茶の水書房．

横越英彦・伊藤康子編．1994.『遥かなる想い　遺されしもの　横越英一の軌跡』株式会社インサツセンター（編集・印刷・製本）．

リンゼイ，A. D.（永岡薫訳）．1992.『［増補］民主主義の本質　イギリス・デモクラシーとピュウリタニズム』未来社．

ルークス，スティーヴン（中島吉弘訳）．1995.『現代権力論批判』未来社．

若狭勝．2018.『若狭は見た！　議事堂内の「清濁政治」 三流政治の原因はここにあった！』ブイツーソリューション．

和嶋克洋・辻中豊．2021.「職業別電話帳（タウンページ）からみる日本の市民社会・利益団体の変化2006年と2021年の比較」『筑波法政』87.

渡辺治．1991.「現代日本社会と社会民主主義　『西欧型社会民主主義』への模索とその隘路」東京大学社会科学研究所編『現代日本社会第５巻　構造』東京大学出版会．

渡辺治・二宮厚美・岡田知宏・後藤道夫．2009.『新自由主義か新福祉国家か　民主党政権下の行方』旬報社．

渡辺嘉蔵．1998.『渡辺カ三政治日記　村山総理をつくった男　中』日本評論社．

綿貫譲治．1976.『日本政治の分析視角』中央公論社．

綿貫譲治・三宅一郎・猪口孝・蒲島郁夫．1986.『日本人の選挙行動』東京大学出版会．

和辻哲郎．2007.『人間の学としての倫理学』岩波文庫．

人名索引

あ行

か行

さ行

た行

な行

は行

ま行

や行

ら行

わ行

＜著者紹介＞

森　裕城（もり　ひろき）

1971 年　広島県三原市城町に生まれる

1994 年　岐阜大学教育学部中学校教員養成課程社会学科（法律・経済学）卒業

2000 年　筑波大学大学院博士課程国際政治経済学研究科修了。博士（国際政治経済学）

京都女子大学現代社会学部講師を経て,

現　在　同志社大学法学部教授

著　書　『日本社会党の研究　路線転換の政治過程』木鐸社, 2001 年

『総選挙の得票分析　1958−2005』（共著）, 木鐸社, 2007 年

『現代社会集団の政治機能　利益団体と市民社会』（共編著）, 木鐸社, 2010 年

日本の政治過程　選挙・政党・利益団体研究編

2022年12月20日第1版第1刷　印刷発行　©

著者との了解により検印省略

著　者　森　裕　城

発行者　坂　口　節　子

発行所　㈲　木　鐸　社

印刷　TOP印刷　製本　吉澤製本

〒112−0002　東京都文京区小石川 5-11-15-302

電話 (03) 3814-4195番　FAX (03) 3814-4196番

振替 00100-5-126746　http://www.bokutakusha.com

（乱丁・落丁本はお取替致します）

ISBN978-4-8332-2558-8 C3010